因為生活充滿 OOXX，

# 樂觀商數

## 的心理學

多比效應 / 習得性失助 / 積極體驗

現在起提升「樂商」，
哪怕沒有贏在
智商跟情商！

OPTIMISTIC
INTELLIGENCE
QUOTIENT

任俊，應小萍 —— 著

整形會改變一個人的笑點高低？
專家：影響持續一輩子！
人們傾向在說謊之後漱口、
做完壞事去洗手？道德情緒影響行為！

正向心理學
積極潛能
教育實踐

這不是在書店中
氾濫的心理學屁話書，
這是一本看得懂的、
正經的心理學！

# 目 錄

# 序言　Preface

　　在加拿大學者基思‧斯塔諾威克（Keith E. Stanovich）《對「偽心理學」說不》（*How to think Straight about Psychology*）一書中，他認為現在的書店主要擺放了三類心理學書籍：第一類是一些心理學名家的經典名著，特別是佛洛伊德、伯爾赫斯‧弗雷德里克‧史金納（Burrhus Frederic Skinner）、埃里希‧弗羅姆（Erich Fromm）、榮格、愛利克‧艾瑞克森（Erik H. Erikson）、馬斯洛等人早期的作品；第二類是偽科學心理學，主要研究一些特異現象，特別是研究氣功、超常感知能力等；第三類是心理學自助讀物，包括勵志、開發潛能、猜測他人心理、減肥、提高性生活品質等內容，還涉及一些所謂解決某些重大問題的特殊療法等。

　　對於第一類書，除了研究心理學史，這些經典其實已經和現代心理學關係不大，並且對提升現代人的心理學研究沒有什麼作用。第二類書大多是臆造或子虛烏有，它們披上心理學的外衣只是為了使自己獲得合法性和科學性。第三類書有兩種情況，一種是真正的心理學研究，它們大多是把科學心理學的研究成果和個人的生活經驗結合起來；另一種則是噱頭，主要是為了賺錢，比如養身、養性，或「把吃出來的病吃回去」等。

　　由此，我想寫一本有關快樂或幸福的真正的心理學研究的書，即把科學心理學的研究成果用通俗的語言表達出來，讓更多的人了解真正的科學心理學在快樂幸福方面所取得的成就。這裡有兩層意思：

　　第一，展現科學心理學的特點（或科學心理學的簡化標準）。從科學的角度來說，所有的結論，都可以用實驗來證明，而不是用例子來說明，再多的例子也比不上一個實驗的證明力。真正的科學心理學所提出的結論是在嚴格控制的實驗條件下能被證明的，它們中的絕大多數應該是能被重複的（或接近重複，即趨勢一致或大致相近）。回首這20多萬字，我正是朝

著這個方向去做的，所以感覺每個字都飽含辛苦。

　　第二，讓更多的人讀得懂。這意味著本書中的一些專業術語會被生活化地表達，同時簡化一些概念之間的嚴格區別，類似於把「很多蘿蔔的組合」寫成「一堆蘿蔔」。書寫出來是讓人讀的，而不是讓人放在書架上的，作者必須花心力在書的內容上，寫出一些讓人看了心動的文字。如果很厚的一本書，只剩下封面或標題有自己的特色，那這樣的書還是不寫為好。

　　本書提出「樂商」這個概念，是因為在今天這個以幸福為主題的社會，每個人都想獲得快樂或幸福，但快樂或幸福又是極具個性化的。我希望能用樂商這個概念把這些分散在每個人身上的快樂或幸福整合起來，從而找到一條提高快樂或幸福的有效途徑。

　　記得多年前看過這樣一個故事，有一次羅斯福家中遭竊了，丟失了很多東西，一位朋友聞訊後，忙寫信安慰他，勸他不必太在意。羅斯福看了之後，寫給朋友一封回信。他是這麼說的：「親愛的朋友，謝謝你來安慰我，我現在很平安，感謝生活。因為，第一，賊偷走的是我的東西，而沒傷害我的生命；第二，賊只偷走我的部分東西，而不是全部；第三，最值得慶幸的是，做賊的是他，而不是我。」這則小故事意味著對待同一生活事件（尤其是負面事件）人們可以有不同的生活態度，那人們為什麼不對它持一種樂觀態度呢？！

　　當別人悲觀失望，對生活失去熱情的時候，我們總是習慣性地告訴他們：「要樂觀，要積極，要相信明天會更好……」可是，當事情發生在我們自己身上時，我們原先拿來勸解別人的道理似乎就沒那麼管用了，這或許是因為我們沒有真正理解樂觀的內涵，或許是因為我們沒有學會如何將樂觀轉化為一種戰勝生活挫敗的武器，更或許是因為我們本來就不是樂觀的人，而這些實際上都是影響樂商的因素。

　　樂商是一個心理學原理和機制層面的概念，它支撐了人快樂或幸福的

大廈。有些人看了很多的書，深諳一些生活經驗，但這些人生真理往往最終成了他們的負擔，因為這些書在多數情況下習慣於用事後成功或所謂的幸福作為誘餌，來抹殺原理或機制上的荒謬，這樣按圖索驥肯定找不到真正屬於自己的幸福。事實上，人們經常在歡笑過後覺得空虛，寒暄和關愛他人之後覺得失落，而自己並不喜歡的活動卻意外地帶來了喜悅。所以任何行為的塑造或學習都需要原理或機制層面的支持。

今天人們所處的時代，科學技術日新月異，經濟發展轉型升級，社會政治不斷革新，由此而帶來的一系列不穩定和不可控因素可能使許多人感到有些茫然無措，似乎對生活缺乏控制感，再加上新聞報紙上頻頻報導的各種負面事件使人們更加悲觀。如果人們長期處於這種狀態，得不到調整和疏導，那麼任何細小的生活事件都有可能成為「壓死駱駝的最後一根稻草」。

從正向心理學之父 —— 馬丁 · E. P. 塞里格曼（Martin E. P. Seligman）大力倡導正向心理學運動以來，大家逐漸意識到，除了研究心理問題之外，發掘人的潛力、培養人的積極力量也是心理學研究的重要課題，而這就涉及提高人的樂商。

樂商除了要積極應對消極生活事件之外，還包括擴建人已有的積極體驗。當一個人面對快樂事件時，如何讓這種快樂延長得更久？正向心理學認為，人要學會好好品味積極事件，所以品味積極事件的技術也是樂商的一個重要組成部分。樂商還包括影響他人變樂觀的能力，高樂商的人不僅能利用各種技術或辦法來有效提高自己的快樂，同時也能有效提高周圍人的快樂。本書正是基於樂商的這三個層面的內涵，從介紹什麼是習得性失助到引導人們怎樣發掘自身的積極力量，利用自己的心理資源去樂觀地生活，最終學會如何做一個快樂的人。我期望將單調晦澀的理論以一個個生動而又不失科學嚴謹的生活事例呈現給讀者，期望讀者在輕鬆閱讀之餘又獲得一些啟發。

　　所以從這個角度來說，這本書可以算是一本學術著作，也可以算是一本科普讀物，它沒有傳統教科書那麼濃重的「說教」色彩，而是在故事和真實生活事件中，讓我們學會提高自己的樂商。在當下，提高樂商對於大眾以及傳統教育來說，具有「補課」的效用，同時對於提升民眾的幸福感也具有重要的現實意義。

任俊

# 第一章
## 習得性失助 ── 傷了心也傷了幸福

不知不覺，你居然習得了可怕的無助，
從此，它將長久伴隨著你，輕易不肯離去。

曾經，電視臺推出了特別調查節目「幸福是什麼？」。一句「你幸福嗎？」讓無數人的人開始思考自己的生活品質。採訪對象大多是基層民眾，面對電視鏡頭，許多人認為自己很幸福，我們且不去質疑這一結果的真實性，因為幸福本身就是一個相對指數，沒有統一的標準。這或許從另一個側面說明多數人可能真的比過去更幸福了。

但不管如何，絕大多數人的幸福還很不夠，提升空間還相當大。那為什麼許多人會不幸福呢？現在的流行媒體和雜誌對這個問題進行了很多方面的探討，如「金錢和幸福之間的關係」、「社會文化特點與幸福之間的關係」、「各種人口統計學變量和幸福之間的關係」、「地理環境與幸福之間的關係」、「身體健康與幸福之間的關係」、「婚姻狀況與幸福之間的關係」、「人際交往與幸福之間的關係」等。但在這些問題的探討上，有一個因素或許被遺忘了，那就是人的心態，特別是習得性失助心態對人的幸福具有極大的破壞作用。所以，如果想破除這一因素對人幸福的影響，人們首先就要從根本上了解習得性失助心態的特點和形成機制。

## 第一節
## 習得性失助的由來

為了更清楚地說明習得性失助這一概念，還是先看一個心理學史上有關學習的經典心理學實驗。

美國著名心理學家、教育心理學的創始人愛德華・李・桑代克（Edward Lee Thorndike）是一個科學心理學天才，他除了擅長用小雞來研究學習之外，也擅長用貓來研究學習。他曾經設計了一個迷箱（如圖1.1所示），專門用實驗來研究什麼是學習。桑代克把一隻餓了一天的貓放進這個迷箱，迷箱外面用貓最愛吃的魚來引誘牠，然後觀察貓要花費多少時間

才能從迷箱裡面出來。桑代克設計的迷箱很巧妙，它的底部有一塊踏板，如果餓貓能踩到這塊踏板，迷箱的門就會被打開，餓貓就能逃出迷箱而吃到外面的魚。

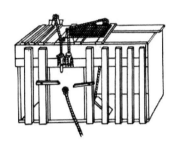

圖 1.1 桑代克的實驗迷箱

不過如果研究者在這裡使用一個小小的詭計，即每次當餓貓很辛苦地逃出迷箱之後，就一把抓住牠而不讓牠吃到外面那條引誘牠的魚，然後把貓重新送回箱子裡面，即貓每次的努力都只能以失敗或挫折告終，貓在這種情境條件下會出現什麼行為呢？實驗所獲得的結果讓人意想不到，貓的行為主要可以分為三種情形：

第一種情形，一些貓會一直努力嘗試逃出迷箱去吃那條魚，不管牠失敗了多少次，牠總是在下一次還是想要逃出迷箱，並且這些貓逃出迷箱所花費的時間也會越來越短，表現出越挫越勇的樣子，我們姑且稱這些貓為「堅強貓」。

第二種情形，另外一些貓則出現了自我攻擊行為，這些貓會用自己的頭猛撞迷箱的框架，最後弄得頭破血流，有些貓甚至還會用牙齒咬迷箱。似乎這些貓已經失去了自我，毫不珍惜自己，我們姑且稱這些貓為「瘋狂貓」。

第三種情形，還有一些貓則不再做出任何逃出迷箱的行為，乾脆趴在迷箱的底部，眼睛充滿哀傷的淚，看著外面的魚而發出哀叫，這些貓好像患上了憂鬱症一樣，我們姑且稱之為「憂鬱貓」。

當時的研究者對第二種情形「瘋狂貓」的印象比較深刻，因為人們從這個簡單的實驗中發現，總是承受失敗或挫折有可能會使個體出現失去自我控制的瘋狂行為，而這種行為對社會或其個人的傷害會非常大，這使得心理學在很長一段時間總是致力於研究與此相關的心理問題。至於其他兩種行為，研究者認為它們似乎既不會影響社會的發展，也不會影響個體自身的發展。

但到了1960年代後期，另一位美國著名心理學家 —— 賽里格曼以狗為研究對象，用一種新的實驗模式再次發現了類似於上述第三種「憂鬱貓」的情形，賽里格曼把這種情形命名為習得性失助 (learned helpless-ness)，並在此後的一生中對此進行了系統研究。

而這一次，賽里格曼告訴世界，習得性失助也許和人的憂鬱症有密切的關係。

在談論習得性失助這一心理現象之前，還是讓我們先來看一個生活中常常可以見到的現象。

一個夕陽西下的傍晚，一位詩人到鄉間散步，在路過一間農屋門口的時候，他正好看見一位老農牽著一頭足有幾百公斤重的大水牛回來。詩人看老農隨手把牽牛繩繫在了一個小小的木樁上就準備回屋，他走上前好心地提醒說：「老大爺，您用這麼小的木樁來繫這麼大的水牛，小心牠跑掉了。」

老農看了看大水牛，呵呵一笑，十分肯定地說：「年輕人，牠不會跑掉的，我用這個木樁拴牠已經好多年了。」

詩人感到有些疑惑，忍不住問道：「牠為什麼不會跑掉呢？您看這木樁這麼小，大水牛只要稍稍用點力不就能把它拔出來嗎？」

老農靠近詩人壓低聲音說：「年輕人，我告訴你個祕密，當這頭牛還很小的時候，我就把牠繫在這個木樁上了。剛開始時牠可不像現在這麼老實待著，總是想撒野從木樁上掙脫跑出去。不過那時候牠力氣還小，折騰了好一陣還是只能在原地打轉，慢慢地就放棄了，再也不跟這木樁對抗

了。現在儘管牠長大了，有力氣可以掙脫了，但牠還是和以前一樣老實地待在原地不動。有一次，我餵草料給牠，不小心把一些草料撒在了牠脖子勾不到的地方，我原以為牠肯定會掙脫木樁去吃，可是牠沒有，只是『哞哞』地待在木樁旁邊傻叫，好像是在叫我把草料放到牠碰得著的地方去，你說這多有趣！」

究竟是什麼力量讓一頭大水牛掙脫不了一根小小的木樁呢？

還有一個有關動物的行為也很有趣。

研究者將一個很大的魚缸用玻璃隔成了兩半，魚缸的一半放進幾條大魚，連續幾天不餵食這些大魚，之後，在另一半魚缸裡放進很多小魚。飢腸轆轆的大魚看到了小魚，徑直就朝小魚游去，但牠沒想到中間隔著一層玻璃，就被玻璃頂了回來。連續數次，牠們朝小魚衝去，但結果都一樣，逐漸地，牠們開始放棄眼前的美食，不再徒勞。爾後，研究者將魚缸中間的玻璃悄悄抽掉，小魚優哉游哉地游到大魚面前，而此時飢餓的大魚卻再也沒有吃掉小魚的慾望了，眼睜睜地看著小魚在自己面前游來游去……

其實人也有類似的現象，當一個孩子的英語成績很差時，他會怎樣做呢？通常情況下他就會反覆地背誦、默寫單字、練習口說、學習文法，但如果經過多次這樣的努力，他仍然沒有提高自己的英語學習成績，那他還會持續不懈地努力嗎？我們可能都會猜到這個孩子在面對連續的失敗時，不會持續地努力了，因為人會在一次次的努力卻又失敗的經驗中，學習到一種無可奈何的行為信念，然後他就會用這種信念去應對自己隨後的生活情境。

## 一、什麼是習得性失助？

也許賽里格曼最有資格來為我們解答這個問題，因為他是歷史上第一個對習得性失助問題進行了多年系統研究，並提出了一套完整且很有見地的理論主張的學者。

## （一）這些狗為什麼會這樣？

　　1964年的一天，21歲的賽里格曼帶著幾分激動，興沖沖地走在賓夕法尼亞大學的校園裡，因為他要到行為主義大師，美國著名的比較心理學家理查德‧萊斯特‧所羅門（Richard Lester Solomon）教授所在的心理學實驗室報到。想到自己即將攻讀實驗心理學的研究生，將投身嚮往已久的心理學研究的廣闊天地，又想到自己將師從所羅門這位令人仰慕的實驗心理學大師，賽里格曼按了按夾在腋下的幾本心理學教科書，不由得加快了腳步。

　　推開實驗室的大門，賽里格曼被眼前看到的情景嚇了一跳：地板上有一個很大的鐵籠子，籠子的一端躺著兩隻「嗚嗚」哀叫的狗，所羅門教授和他的一群弟子圍著這兩隻狗忙得不可開交，他們時而小聲討論，時而緊鎖眉頭，每個人的臉上都帶著迷惑不解而又失望的表情。

　　賽里格曼很快從旁邊的同學那裡弄清了事情的原委，原來所羅門教授和他的弟子們正在準備做一個心理學實驗。他們想要證明「情緒學習可以在不同的情境之中遷移」的假設。他們準備了一個大鐵籠子，鐵籠子的中間被一個較矮的柵欄隔開了，狗可以輕易跳過這個矮柵欄，從鐵籠子的一端逃到另一端。鐵籠子的一端有電擊，而另一端沒有。按照預先的實驗設想，由於條件反射的作用，狗在聽到與電擊對應的一個高頻率聲音以後應該會跳過柵欄，逃到籠子的另一端沒有電擊的地方去。但實驗中的狗似乎並不願意跳過柵欄，而只是趴在原地一動不動地哀叫著，似乎在無可奈何地準備接受即將到來的電擊。

　　在與同學進行了更詳細的交流之後，賽里格曼又了解到，在做這個實驗之前，所羅門教授和他的弟子們已經完成了一個預備性實驗，即對實驗中的狗進行了預處理。他們把這些狗拴在實驗室的柱子上，每天都讓牠們接受成對出現的刺激：先是一個高頻率的聲音信號，緊接著是一個短促的電擊，這

種電擊儘管不會對這些狗造成重大傷害，但會使牠們感到非常痛苦和難受。在多次進行這樣的訓練之後，實驗中的這些狗都已經學會了將這一高頻聲音刺激和電擊連繫在一起，形成了心理學中巴夫洛夫式的條件反射，牠們知道每當高頻率聲音信號出現之後，牠們就一定會遭受電擊，從而也對這個高頻聲音信號產生類似的恐懼。現在進行的是第二階段的實驗，實驗任務並不難，只是訓練這些狗在聽到與電擊相關聯的高頻率聲音信號後，要學會跳過柵欄而逃到鐵籠子的另一端去，從而躲避即將到來的電擊。

但現在這兩隻狗卻出現了一些狀況，牠們在聽到高頻率聲音信號（甚至是在受到真實的電擊）後，並沒有跳過鐵籠子中間的柵欄逃到另一邊去。事實上，鐵籠子裡的這個柵欄非常矮，還不到狗背的高度，在預備性實驗中發現，讓全部的狗學會跳過柵欄是完全沒有問題的。可眼前的這兩隻狗卻都趴在籠子的地上一動不動，更別說站起來完成大家所期望的跳躍動作了。

包括所羅門教授在內，誰也沒想到這個實驗居然在陰溝裡翻船了，這兩隻狗寧可忍受電擊，也不去努力學習跳過柵欄。這意味著大家就沒有辦法進行接下來的關鍵實驗。想到之前好幾個星期的努力都白費了，大家都感到非常沮喪。他們都把這個現象看作實驗中出現的一個失敗個案，並不認為這個現象本身有多大的研究價值。

但是這個現象卻使年輕的賽里格曼若有所思，他像發現了一塊新大陸一樣。由於賽里格曼沒有參加過之前的系列實驗，所以並沒有預期的實驗設想，這使他不像他的師兄們那樣感到沮喪和失望，反倒是被這一現象背後的意義所吸引。

看著這兩隻狗趴在地上「嗚嗚」哀鳴，一味地等待電擊，毫不反抗的樣子，賽里格曼的腦中飛快地閃過了自己父親中風後絕望的神情……兩種情景似乎有著太多的共同點。曾經很能幹、很強勢的父親在中風後躺在床上時不也是這種情形嗎？父親的生命最終不正是毀在這種絕望神情上的

嗎？賽里格曼一輩子都忘不了父親生病後和去世時的情景！他一直非常想要揭開這種絕望眼神背後的謎底，但之前他還沒有發現任何關於這方面的資料和相關的科學研究。

生活中常常還能看到許多類似的情形：剛出生躺在小床上啼哭的嬰兒，醫院病床上躺著的那些身患絕症的病人，還有貧民窟裡吃了上頓沒有下頓的窮人……這些人的眼中似乎也都有著如這兩隻實驗狗所表現出來的類似的神情，而也正是這種神情在肆虐地摧殘著這些人的健康和心情。

賽里格曼把這一現象稱為習得性失助，無助感是指人們對現實或即將發生的事所產生的一種無可奈何的感覺，也就是你對這些即將發生的或面臨的事不能進行有效控制。無助感在每個普通人身上都有，許多時候似乎是人天生的一種感覺，如要求一個男人懷孕生子時，這個男人就會產生無助感。但在所羅門教授實驗中的狗產生的無助感卻有獨特性，這種無助感是由過去經歷的生活以及學習造成的，因此是習得性失助。

如果說你對無助這一概念還是覺得陌生，或者覺得這個概念有點過於學術化的話，那可以問你一個簡單的問題：你體驗過絕望的感覺嗎？從本質上說，絕望就是一種極端無助的感覺，是你無論怎麼努力也無法逃脫威脅的感覺，屬於無助感的最高級別。絕望者是很痛苦的人，因為他無法透過自己的努力來改變目前的處境；絕望者更是悲觀的人，因為他已經不願意再去嘗試任何新的努力了，只能被動地等待著命運的安排。

這一天，賽里格曼相當激動，雖然他是第一次在實驗室裡見到「習得性失助」的情景，但賽里格曼立刻就意識到自己需要做些什麼 —— 過去的經驗使他看到了這個現象背後可能存在的真相。他在心中飛速地盤算著：是不是所有的狗都有這種現象？有關動物的研究模式可不可以成為人類無助感研究的實驗模式呢？我怎麼用這個模式去了解無助的來源？又怎麼去治療它？怎麼去預防它？什麼藥物會對它有效？有哪些人更容易遭受

它的侵害？這一天以後，賽里格曼清楚地知道了自己未來將要研究的問題和今後的科學研究方向 —— 創建習得性失助理論，並在此後進行了幾十年的系統研究，最終使之成為心理學史上最為經典的理論之一。

還是讓我們回到本小節開始時那頭大水牛的例子吧，賽里格曼認為並不是什麼外在神奇的力量讓這頭大水牛變得如此老實而窘迫，而是牠在過去的經歷中學會了無助。過去無數遍的挫折或失敗經歷使這頭水牛具有了這樣一種信念：不管怎麼努力掙扎，都無法掙脫這根木樁，於是這頭大水牛習得了無法脫逃這根木樁的無助感，並把牠作為自己的生活準則。就算現在這頭大水牛完全有能力掙脫這根木樁，但這種生活準則已經導致牠不願再去進行任何新的嘗試。

## （二）關於對實驗狗的痛苦的內心衝突

儘管賽里格曼第一次到所羅門教授的實驗室後就確定了自己的研究方向，但之後，賽里格曼卻深深陷入了兩難境地。一方面他強烈地想對無助感進行實驗研究，但另一方面他又被動物實驗的倫理所困惑。因為如果要進行無助感實驗，他就必須和他的同門師兄們一樣，對這些無辜的狗不斷地施以電擊，儘管這些電擊不足以致命，卻帶給這些狗巨大的痛苦。賽里格曼一向喜愛動物，這是他不忍心的，尤其是這些狗忍受電擊時的眼神讓賽里格曼的內心相當不安。另外，用狗的實驗得出的習得性失助這一理論就一定適用於人嗎？如果透過動物實驗得出來的理論不適用於人，那為什麼要用這些可憐的動物來做實驗呢？

賽里格曼陷入了庫爾特‧勒溫（Kurt Lewin）提出的「趨避動機衝突」（即又想做又不想做的狀態）中，他想了很久還是沒有找到有效的方法來解決自己內心的這種衝突，於是他決定利用週末去向曾經教過自己的一位老師尋求幫助。

這位老師是他在普林斯頓大學時的哲學教授，雖然很年輕，只比賽里格曼大幾歲，但在科學哲學和倫理學上有很深的造詣，一直是賽里格曼崇拜的偶像之一。教授聽了賽里格曼的敘述，並沒有直接給予明確的評判，而是敏銳地拋出了兩個關鍵性問題讓他思考。

　　第一個問題是，權衡兩種痛苦的價值大小。教授讓賽里格曼自己權衡這一研究結果將來可能為人類減輕的憂鬱痛苦，與實驗中施加給動物的痛苦，二者之間哪個價值更大。如果這一理論為人類減輕的痛苦小於實驗中所施加給狗的痛苦，那這個實驗就不能做，反之就應該做。

　　第二個問題是，動物實驗的類推問題。也就是說，動物實驗的結果能不能類推到人類身上呢？教授告訴賽里格曼，也許演化理論並不一定完全正確，但它是迄今為止有最多證據的理論，如果人和動物之間具有某種生物屬性的連續性，那人和動物心理之間的連續性自是不言而喻，教授還讓賽里格曼去仔細閱讀達爾文的書，透過閱讀來釐清思想。

　　不過在這次談話的最後，年輕的教授還是告誡賽里格曼，有些科學家常常會被想要成名或成才的野心所遮蔽，從而忘記了自己實驗的最初目的。因此，教授讓賽里格曼在實驗之前先對自己做出兩個承諾：第一，一旦在實驗中發現了想要尋找的東西，就立即停止對狗進行繼續實驗，並對實驗用狗進行適當的人道救助（包括實驗中出現的「瘋狂狗」）；第二，一旦透過動物實驗已經得到了明確的答案，就要立即停止所有有關的動物實驗。

　　這一次的談話不僅幫助賽里格曼順利解決了自己的內心衝突，還使他堅定了一生都堅守動物實驗倫理原則的決心，他知道自己應該做出怎樣的選擇了。賽里格曼回到所羅門教授的實驗室之後，心中的迷霧已經被撥開了，他決定要開始實施自己期待已久的無助感研究實驗。為了時時牢記自己做這些動物實驗的目的，他把哲學教授對自己的要求作為自己的兩個承諾，鄭重地貼在了自己的床頭。他告誡自己要每天看這兩個承諾後再去實驗室。

## 二、失敗和挫折一定會引起習得性失助嗎？

實驗室有關動物實驗的結果以及生活中的一些經驗告訴人們：習得性失助主要是由失敗或挫折所導致的，那它是不是失敗或挫折之後的必然結果呢？如果是的話，那這個世界肯定充斥了大量習得性失助的人或動物，甚至可以說每個人或動物都有可能變成習得性失助。因為這個世界上的每一個人或動物在從小到大的生活過程中都一定或多或少地經受過生活挫折和失敗。

所以從這個意義上來說，也許一定要有另外一個要素（或一種條件）與失敗或挫折同時出現，才更有可能導致個體產生習得性失助，那這個可能的因素是什麼呢？為了回答這個問題，我們還是來對賽里格曼的習得性失助實驗過程進行詳細回顧。

### (一) 動物習得性失助實驗

在仔細思考了有關習得性失助的可能性之後，賽里格曼在實驗室裡充滿信心地跟師兄們講了自己有關習得性失助實驗的想法，讓他沒有想到的是，他的這個想法一提出來就遭到了大家的質疑。大家覺得這個新來的博士研究生有點異想天開：學習居然不是產生在行為上，而是產生在情感態度上！這不是完全背離了行為主義心理學的原理嗎？不過，在眾多同門師兄的質疑中，幸好還有一位堅定的認同者，這個人名叫史蒂夫·麥爾（Steve Maier）。麥爾出身貧窮，是一個典型的下層社會子弟，不過他學習成績優異，也是美國一流大學的畢業生，有著很好的實驗心理學功底，深受所羅門教授的喜愛。麥爾出生於美國著名的紐約布魯克林貧民窟，並在那裡長大成人，在這個充斥了貧窮和暴力的地方，他從小就目睹了真實世界裡的無助感是什麼樣子，而且也曾多次體驗過無助的滋味，所以他堅定地和賽里格曼站到了一起，認為這一研究是可行的，並和賽里格曼共同進行無助感實驗的設計和分析。

賽里格曼和麥爾設計了一個經典的習得性失助實驗：把一些狗隨機地分為三組，兩個實驗組和一個對照組。他們為第一組狗（實驗一組）設定了電擊但透過努力可以逃避的情景，也就是對即將和正在發生的結果有控制感；第二組狗（實驗二組）與第一組狗受到的電擊完全一樣，即電擊強度、時間長度、次數等都是一模一樣的，不過，第二組狗不能透過自己的努力來停止電擊，對即將和正在發生的結果沒有控制感。只有當第一組狗透過自己的努力停止了所受的電擊時，加在第二組狗身上的電擊才會同時被停止（即心理學上所謂的共軛）。第三組狗（對照組）做與上述兩個實驗組狗相同的行為，但在整個過程中不受任何電擊。

　　當三組狗經過這樣的預處理之後，再把牠們分別放進之前所羅門教授實驗時使用的那個中間有柵欄的大鐵籠子裡（即下文的往返箱），並施以電擊，然後看這些狗能否學會跳過中間那道柵欄來逃避電擊。賽里格曼團隊假設認為，和第三組對照組的狗進行比較，第一組實驗狗應該很容易就學會逃避痛苦的電擊；第二組實驗狗應該更可能待在原地不動，承受痛苦的電擊，因為這組狗產生了不管做什麼都沒有用的信念，也就是習得了無助感心理。

　　當賽里格曼團隊把這個實驗設計拿出來進行小組討論時，實驗室裡的其他成員一片譁然，因為當時整個心理學界盛行行為主義心理學。行為主義心理學的最大特點是奉行嚴格的客觀主義，強調心理學只研究行為，只有行為才是客觀的。也就是說，行為主義認為所謂的「心理」是看不見、摸不著的，只是一個猜測的概念，應該用外顯的客觀行為來代替心理這個概念，心理學應該修改為行為學。在行為主義者心目中，動物是沒有心智的，牠們學習到的任何一種行為都只是刺激和反應之間的簡單連結，因此，動物怎麼可能在頭腦裡學習到複雜的無助感呢？

　　不僅如此，賽里格曼團隊想證明無助感是可以透過學習而得來的，但

是，從行為主義心理學的角度來看，這種實驗設計根本不符合學習產生所應具備的情境條件，也就是說這個實驗設計中沒有「強化」這一環節。任何一個熟練的行為主義者都知道，只有在行為帶來獎勵或取消獎勵的前提下（強化），有機體才可能產生學習。

因此，在當時的許多人看來，賽里格曼團隊這樣的設計簡直是不可思議，不符合現行的任何一種學習理論，所以沒有人相信無助感可以透過這種方式來進行研究，甚至他的導師所羅門教授也一度對他們的想法公開表示懷疑。

到了1965年，在賽里格曼團隊的堅持下，經過和導師所羅門教授的多次溝通與交流，在進一步完善之前的實驗方案的基礎上，所羅門教授終於同意賽里格曼團隊在自己的實驗室裡正式實施無助感實驗研究。

賽里格曼團隊選取了24隻身高在38～48公分、體重在11.25～13公斤的混血狗當作實驗對象。這些狗被隨機地分為三組，每一組8隻，按照之前的設計分別是：實驗一組（可逃脫組，透過努力可以逃脫電擊）、實驗二組（不可逃脫組，透過努力也不能逃脫電擊）、實驗三組（不接受任何電擊處理的對照組）。可逃脫組和不可逃脫組的狗都被單獨關進籠子裡，然後被套上一種專門設計的狗套（這種裝置類似於巴夫洛夫經典條件反射實驗中用的實驗裝置），除了頭部，這些狗的身體的其他任何部位都不能自由活動。賽里格曼在每一隻狗頸部的狗套兩側各安裝了一個鞍墊，這樣可以確保每當狗移動自己的頭部時就會擠壓到頸部兩邊的鞍墊。

然後，賽里格曼團隊開始分別對這些狗施加電擊。可逃脫組的狗受到電擊後，如果牠們擠壓頭部兩邊的鞍墊，電擊就會立即終止。而不可逃脫組的狗也在同一時間接受完全相同的電擊，區別在於牠們不能自己控制電擊，也就是說，不論這些狗做什麼（包括擠壓頭部兩邊的鞍墊），電擊都會持續，一直到同時參與實驗的可逃脫組狗擠壓到鞍墊終止電擊為止（即這一組的狗與第一組實驗狗共軛在一起）。這樣的設計能確保兩個實驗組

的狗所接受電擊的時間、強度完全相同，兩組間唯一的不同之處在於第一組狗能自己終止電擊，而第二組狗卻不能。可逃脫組和不可逃脫組的狗在90秒的時間裡均要接受64次電擊，而對照組的狗在這一實驗階段沒有接受任何電擊。

　　24小時以後，這三組狗被分別放入一個稱為往返箱的裝置中（如圖1.2所示）。這個往返箱被一塊隔板分為兩部分，狗可以從自己所在的一側跳過隔板到另一側去。箱子的一側裝有燈，當燈光熄滅時，電流將在10秒鐘後通過箱子的底部。如果狗在這10秒內跳過隔板去另一側，牠就能完全避免電擊，如果牠不這樣做，就將持續遭受電擊直到跳過隔板，或者一直到60秒電擊結束。每隻狗都在這個往返箱中進行10次實驗。另外，不可逃脫組的狗在此實驗7天後在往返箱中再次接受10次額外測試，以評估前一階段實驗處理的持續效果。

圖1.2 往返箱

　　賽里格曼團隊採用了以下指標來衡量實驗中的狗的學習程度。第一，從燈光熄滅到狗跳過隔板，每組平均需要多長時間；第二，完全沒有學會逃脫電擊的狗在每組中所占的比率（完全沒有學會的標準：10次實驗裡至少9次沒有跳過隔板）。

　　實驗主要得到了以下三個方面的結果。

　　第一，學會逃脫的狗跳過隔板的平均時間分別為：可逃脫組28秒，不

可逃脫組50秒，對照組26秒。不可逃脫組與其他兩組間存在顯著差異，但可逃脫組與對照組之間的差異不顯著。

第二，沒有學會跳過隔板來逃脫的狗的百分比分別為：可逃脫組0％，不可逃脫組75％，對照組12.5％。可逃脫組與不可逃脫組之間存在非常顯著的差異，與對照組之間也存在非常顯著的差異，其中不可逃脫組中有6隻狗在9～10次嘗試中完全失敗。

第三，7天以後，不可逃脫組中沒有學會跳過隔板的那6隻狗被放入往返箱中再次進行實驗，結果其中5隻沒有出現任何一次逃脫電擊的嘗試。

此外還發現，在64次電擊過程中，可逃脫組狗擠壓鞍墊使電擊終止的時間迅速縮短，這一過程類似於前面桑代克實驗中餓貓逃出籠子的時間越來越短，說明學習行為發生了。也就是說，可逃脫組狗很快學會了擠壓旁邊的鞍墊來終止電擊，這個擠壓行為也讓不可逃脫組狗脫離了電擊，而不可逃脫組狗擠壓鞍墊行為在30次嘗試後便完全停止。

## (二) 控制感和習得性失助

上文實驗中可逃脫組狗在往返箱中之所以能正常學會跳過隔板、逃脫電擊，主要是因為這一組狗在前面的實驗過程中，已經習得了透過自己的努力可以終止電擊的信念；而不可逃脫組狗則在實驗過程中習得了自己的行為不能終止電擊的信念，認為自己再怎麼努力，也不可能中止即將和正在發生的電擊，所以當同樣在往返箱中學習逃脫電擊的技能時，這一組狗就不認為自己能終止電擊，自然也就不去主動嘗試逃脫。

仔細分析一下這個經典的無助感實驗就會發現，實驗中可逃脫組狗與不可逃脫組狗之間的唯一不同之處在於：透過自己的努力能否主動終止電擊。因此，實驗結果證明了一個非常重要的假設：對行為挫折和失敗等結果缺乏控制感，將更可能導致習得性失助的產生。這就是說，對失敗結果

是否具有控制感，應該是習得性失助形成的核心關鍵。

因此，可以得出這樣的結論：失敗或挫折並不會必然導致習得性失助，只有當個體的失敗或挫折和其失去控制感同時產生時，無助感才更有可能發生。也就是說，當失敗或挫折發生時，自己的努力對這種挫折和失敗毫無影響，才有可能導致個體產生無助感。

這樣的例子在生活中也經常出現，比如有兩個人分別都和其他人談了10次戀愛卻一次也沒有成功（也即最終沒有成功結婚），但第一個人A總是在戀愛中被別人拋棄（這個人對戀愛結果沒有控制感），而第二個人B則總是在戀愛中拋棄別人（這個人對戀愛結果有控制感），儘管A和B這兩個人都曾經失敗過10次，但誰更可能形成習得性失助呢？生活經驗告訴我們，第一個人可能性大，而第二個人通常不會形成習得性失助。

不過這裡還有一個問題比較重要，即實驗中的狗習得的無助有沒有可能不是心態而只是一種行為特徵呢？即狗只是面對這一種場景或電擊場景而出現了一種特定的行為方式。如果習得性失助只是一種行為方式，那它的影響就不是太大，因為不管是動物還是人，其行為基本是個性化的。

從人的角度來看，這個世界上的每個人都會有自己獨特的行為特徵，在多數情況下，各種行為特徵之間不存在明顯的價值差異。但心態和行為特徵不一樣，心態多數情況下可以影響人生活的各個方面，其價值性非常明顯。比如，某些人學會了用筷子吃飯，但這並不會因此而使人發生明顯的價值變化，也就是說，你用筷子吃飯並不會使你價值更高，也不會使你價值更低。不過，如果一個人持有「學會了吃飯就需要使用筷子」的心態，那這個人就會在任何時候、任何場合都一定要使用筷子來吃飯，這就會使人的價值發生變化，在不能使用筷子的場合而使用筷子，就會顯得愚蠢。

賽里格曼團隊的實驗證明習得性失助不是一種行為，更主要是一種心態，這主要基於兩個方面的證據：

第一，透過往返箱實驗發現，也有個別不可逃脫組的狗偶然會有一次成功逃脫電擊的行為，即這隻狗跳過了柵欄而到了另一端邊沒有電的地方，但當研究者把這隻狗重新放入往返箱中後，這隻狗卻又恢復到了無助狀態，不再做出任何逃脫的努力。這說明這隻狗之前的成功逃脫電擊行為只不過是偶然的無意行為，狗確實在心態上已經形成了無助感。

第二，不僅如此，賽里格曼在後期的實驗還發現，實驗狗一旦形成了習得性失助，即使旁邊有成功的榜樣，這些狗依然會表現出無助，並且無助力量非常強大，幾乎大到和人格力量相類似。賽里格曼團隊曾做過一個很有說服力的實驗，他們先把一隻狗處理成習得性失助，然後把這隻狗和其他一些正常的、從沒有被處理過的狗一起放入一個往返箱的一端。當把狗所待的一端接通電源之後，那些沒有被處理過的正常狗就會由於受到電擊而亂成一團，經過一段時間的騷動以後，牠們都先後成功跳躍往返箱中間的柵欄，逃到沒有電擊的另一端。可是，那隻之前接受過無助處理的狗卻依然可憐地承受著難過的電擊，儘管被電擊得嗚嗚叫，但這隻狗依然一動不動地趴在原地並露出絕望的神情。這一實驗清楚地表明：狗習得的是一種無助的心態，而不只是一種行為。

從性質上說，行為本身很容易被模仿和同化，而心態的力量卻非常強大，一旦習得了，則不容易改變。

## 第二節
## 人有習得性失助嗎？

之前有關習得性失助的研究主要是基於動物實驗，那麼人有沒有這種心理現象呢？儘管從演化心理學（evolutionary psychology）的角度來看，人的心理和動物的心理具有某種連續性，即動物的多數心理有時可以直接類

推到人的身上，但這只是理論上的一種假設。對於越來越注重實證的心理學來說，提供看得見、摸得著的實驗現象或數據應該是解釋人有沒有習得性失助的最好證據。

如果要把習得性失助實驗模式推廣到人的身上，有一個問題必須妥善解決，那就是心理學實驗中最重要的倫理道德問題。人是這個世界具有自由意志的主體，一般情況下不允許先有意在人身上誘發出一個心理問題，然後再用一定的辦法去解決或消除這個問題，因為誰也不能保證所誘發的問題會全部得到解決。而即使誘發的問題能全部得到解決，但誘發過程的副作用也可能無法估量，因此心理學對於用人做受試者的研究慎之又慎。所以，關於人是否存在習得性失助的研究就不能沿用之前動物研究的模式，而必須設計出一種不會帶給人任何傷害的新模式。

## 一、關於人的習得性失助實驗

從1971年起，賽里格曼團隊開始圍繞著研究人的習得性失助而設計相關實驗。在對之前有關動物習得性失助實驗進行仔細考察之後，他們以控制感為核心，保留了以前動物實驗的基本模式，但把動物實驗中的「電擊」刺激修改為「噪聲」刺激。因為賽里格曼發現，之前實驗中的電擊刺激在本質上其實就是一個厭惡刺激，因此心理學只要尋找到一個讓人厭惡的刺激就可以了。事實上，對人來說，刺激類型主要分為三種：厭惡刺激、中性刺激和喜愛刺激，而人的多數心理問題則主要是由厭惡刺激所導致。

實驗是以大學生為受試者進行的。賽里格曼團隊招募了一些大學生，並把這些大學生隨機分為三組：

第一組受試者（實驗一組）在實驗室裡被迫聽一種讓人心煩的噪聲，不過這些受試者透過自己的努力最終可以找到一個開關來停止這種噪聲（對噪聲有控制感）。

第二組受試者（實驗二組）也被迫聽和實驗一組同樣的噪聲，不幸的是實驗二組受試者無論怎樣透過自己的努力也不能使噪聲停止（對噪聲沒有控制感）。只有當實驗一組受試者透過努力而停止了他們自己的噪聲時，實驗二組受試者的噪聲也才會被同時停止，也即實驗二組受試者與實驗一組受試者共軛在一起。

　　第三組受試者（對照組）不接受噪聲刺激或其他任何特殊處理。

　　當這三組受試者在各自的條件狀態下進行一段時間的實驗任務之後，再讓他們緊接著做另外一項實驗任務：用手指的移動來停止噪聲刺激。實驗裝置是一個「手指往返箱」，也就是當受試者把手指放在往返箱的一端時，就會聽到一種強烈的噪聲刺激，而當受試者一旦把自己的手指放到箱子的另一端去後，這種噪聲就會消失。

　　實驗結果證明：人也會患上習得性失助。

　　實驗一組那些能透過自己的努力停止噪聲的受試者，還有那些之前從來沒有接受過任何噪聲刺激的對照組受試者，他們在「手指往返箱」實驗中很快就學會了把手指移到箱子的另一端來停止噪聲。

　　而實驗二組受試者，就是之前在實驗處理中無論怎樣努力都不能使噪聲停止的那些受試者，他們中的多數人任由刺耳的噪聲一直持續地響下去，一直忍耐著不去做任何改變的努力，直到研究者中止實驗任務。事實上，這些受試者只要把自己的手指移動到箱子的另一端就可以有效地避免這種噪聲了，但實驗中這些受試者的手指卻始終停留在原處，就是不願意移到箱子的另一邊（和之前動物實驗中狗的行為類似），這些受試者無疑形成了習得性失助。

　　我和我的研究生也做了一個有關兒童習得性失助形成時間的實驗，該實驗結果表明，兒童形成習得性失助比成年人更快，他們在失去控制感的情景中只需要很短的時間（我們的實驗研究是 30 分鐘）就可能形成習得性

失助。我們讓兩個8歲的兒童完成同一項任務：把一篇文章輸入電腦，兩個兒童分別在各自的房間同時開始實驗任務。當兒童進入房間後，房間中的電腦就會發出一種噪聲，A房間中的A兒童只要去按壓自己電腦鍵盤上的鍵，他就會找到一個關掉這種噪聲的開關；而B房間中的B兒童不管怎麼努力，都關不掉自己電腦發出的噪聲，只有當A房間中的A兒童關掉自己電腦發出的噪聲時，B房間中B兒童電腦的噪聲才會被同時關掉，即A房間和B房間的兩臺電腦被共軛在一起。

30分鐘之後，兩個兒童被要求分別到另一個房間裡去完成一項蓋積木的任務。當兒童進入房間時，房間充滿了之前的那種噪聲，而這次關掉這種噪聲刺激的開關在門的旁邊。實驗結果發現，A兒童進入房間後會立刻尋找到開關把這種噪聲關掉，然後再完成實驗任務；而B兒童進入房間後則忍受著噪聲，悶頭完成實驗任務，B兒童形成了習得性失助。

隨後研究者用同樣的實驗模式對大學生進行了實驗，結果發現30分鐘失去控制感的噪聲經歷並不會讓大學生出現習得性失助現象，這說明兒童比成年人更容易形成習得性失助。

之所以要特別強調兒童比成年人更容易形成習得性失助，主要是因為我們許多人在生活中有一些看起來很正常的行為方式，可能無意中就會讓孩子形成習得性失助。看看以下這些情景吧。

情景一：媽媽要去上班（或者要去做別的事），但孩子哭鬧著不讓媽媽出去，非要媽媽留下來陪著自己，於是許多媽媽開始採用哄騙的辦法來讓自己脫身。「寶貝乖，不哭，媽媽不走了。」媽媽開始用一些方法刻意分散孩子的注意力，然後趁孩子不注意時悄悄地離開了。

很多媽媽都用過這種方法與自己的孩子相處，因為她們相信這種方法既可以達到使自己離開的目的，同時又可以避免孩子出現大哭大鬧的情形。但殊不知這種情形多次出現會使孩子逐漸對自己的生活失去控制感，

並最終使孩子產生習得性失助。在這種生活情景中，媽媽在孩子的心目中就像一個「幽靈」：反覆無常（說不走的，怎麼就走了呢？），來無影去無蹤。孩子由於生活能力比較差，一般比較依戀成人，他們控制自己生活的方式也比較簡單──哭鬧，餓了哭，不舒服時哭，依戀媽媽時哭，想要什麼東西時還是哭，也就是說，孩子的哭就相當於他的努力。當孩子發現自己的哭（努力）不管用時，其實是他意識到自己不能控制自己的生活了。當以上的情景一而再，再而三地出現之後，許多孩子真的在媽媽再次離開時不哭（努力）了，家長們還竊喜自己之前的方式有效了，實際上這時候孩子已經對媽媽的離開表現出了無可奈何，至少孩子已經在媽媽離開的情景上產生了習得性失助。

所以，從目前的心理學研究來看，和孩子相處，尤其是和生活能力比較差的嬰幼兒相處，成人應該在孩子的感知範圍內進行活動，也就是說，成人所做的各種活動應該要讓孩子聽得到、看得到。回到上文的這個問題，當孩子哭鬧著不讓媽媽去上班時，媽媽首先要耐心地和孩子解釋一番（別以為孩子不懂而不做任何解釋），然後讓孩子知道媽媽很愛他（可以親他、抱他一下），最後在孩子的目光下離開。儘管孩子可能會在媽媽離開時哭鬧，但孩子在這過程中其實意識到了自己的行為已經對媽媽發揮作用了（媽媽已經和自己解釋了一陣子，還親了自己一下等），因此，也就不會失去控制感。

情景二：媽媽覺得應該讓孩子去做一些力所能及的事來提高孩子的各種能力，於是當媽媽認為一件事對孩子有利時就會用自己的權威直接叫孩子去做。例如，「孩子，你去把自己的房間整理一下」「孩子，去打一下籃球吧」等。

在如今這個什麼都追求快的社會文化氛圍，多數人習慣於利用年齡、地位、文化、權力來支配他人，以期迅速達到目的。實際上，我們應該在多數

事情上慢一點，這種慢在某種意義上可以保護孩子的創造力和創新精神。

　　例如，當我們希望孩子去做一件事時，完全可以和孩子慢慢地協商。當一個媽媽和孩子協商了很久，孩子終於去整理自己的房間了，儘管從完成任務的效率上看差了一些，但這種民主的協商過程卻增強了孩子做這件事的控制感。因此，除非特別追求效率（如軍隊執行任務等），一般情況下民主協商會讓人們生活得更開心，也會激發出更多的創新。

　　情景三：我高中時的一個同學現在是一所明星學校的數學老師，回老家時我們見了一面，我發現他的性情大變，幾乎變成了另外一個人，對什麼都興致不高。同學們議論的時候，他也只是小心翼翼地在旁邊聽著，幾乎不發表任何意見。在私下我問他怎麼不說話。他告訴我，他以前一直教高三畢業班的數學，那幾年他工作很努力，每天「從雞叫忙到鬼叫」，所教學生的數學成績在考試中也總是名列前茅，但在年終打考績時，「校長每次都把那些會拍馬屁的人評為優秀」，從來沒有輪到過他。因此他覺得自己的努力沒有用，從此以後就逐漸開始只做好本職工作，而對其他的事一概不管，所謂「點到上班，鐘到下班」。

　　實際上，我的這個同學已經形成了習得性失助的心理。人們為什麼要在工作中努力？道理很簡單，人們希望借助自己的努力來控制自己的生活，使自己的生活能朝預定的方向發展。當人們發現自己的努力並不能帶來那些可預見的變化時，他的失望其實來自他對生活失去了控制感。所以，公正從某種角度上說既是社會和諧的因素，同時也是個體保持創造和創新精神的基本條件。在一個不公正的環境下，個體都會或多或少變得有點習得性失助。

## 二、習得性失助形成過程中的一些行為特徵

　　科學實驗明確證明了人也會產生習得性失助，隨後的一些研究更是發現，個體習得性失助的形成是一個過程，習得性失助在從無到有的過程中，個體的心理或行為常常會出現很大變化，許多時候甚至讓人覺得不可思議。讓我們看看以下這些讓人詫異的行為，這些行為或許並不完全是習得性失助所導致的結果，但至少都和習得性失助有一定的關係。從目前已有的研究來看，習得性失助形成之後可能會出現一些所謂的小憂傷，這些小憂傷在當時看起來沒什麼大不了，但如果不加以提防，它們也會對人造成一些巨大傷害。

　　2012年5月6日，這是一個普通的星期日，但我所在的學校卻發生了一件讓人目瞪口呆的事。

　　女主人蔣某和她13歲的兒子在家休息，而丈夫則外出上課。上午8點多，早早起床的蔣某做好了早餐，她看兒子還在自己的房間睡覺，便叫了幾聲，可是沒有任何回應。雖然是週末，但是蔣某之前就和兒子定下規矩，週末可以睡懶覺，但是不能超過9點。於是蔣某走進兒子的房間，掐了一下他的脖子，看兒子還是沒有反應，又掐了一下。蔣某以為兒子這下一定會起床，就走出了房間。

　　據蔣某事後說，掐脖子只是她和兒子常玩的一種遊戲，以前也這樣做過，當時連掐了兒子兩下，兒子不理她，她以為兒子在和自己鬧著玩，所以就不再理他。

　　定下的規矩不能變，眼看快到9點了，蔣某見兒子還是沒有起床，就有點生氣了，她再次走進兒子房間，用手掐住兒子的脖子，這次她聽到兒子咳嗽了兩聲。因為蔣某平時最關心兒子的身體，現在看到兒子生病了居然還和自己鬧著玩，就更加惱火，於是手勁不自覺加大了些，而隨著手勁加大，蔣某發現兒子不正常了，伸手一摸，兒子竟沒有了呼吸。

蔣某在周圍人的心目中是一個非常疼孩子的媽媽，孩子的一點小事她經常都會大驚小怪，但為什麼會親手掐死了自己的孩子呢？

其實，蔣某在成為一名老師之後，一直在工作、事業上沒有什麼大的發展，但她是個有上進心且好勝的人，因此她開始在培養孩子的過程中獲得成就感，孩子的任何變化（她心目中的所謂好變化）都是她自己成功的標示。但實際上，孩子在不斷長大的過程中伴隨著自主性的增長，越來越不聽話，這使得蔣某對孩子的許多行為越來越無可奈何（失去控制感），再加上她的精心培育並沒有使孩子達到她心目中的理想狀態，她在潛意識中已經對孩子產生了某種程度的怨恨，從而導致其失手掐死了孩子。從本質上說，很多父母為孩子做了多餘的事，主要是因為父母不恰當的成功觀導致自己和孩子進行控制感的競爭。父母要透過對孩子的控制感來展現自己的成功，而孩子則想透過自主性來實現控制自己生活的願望。從這種意義上說，孩子有時成了大人為了達到目標、實現自己控制感願望的工具，而大人卻在這個過程中打著教育的名義。

不過這裡有一點必須說明，個體在形成習得性失助過程中可能會出現以下一些小憂傷，但這並不意味著一旦個體出現了以下這些小憂傷就一定正在形成（或已經形成）習得性失助。

第一，經常會感到生活壓力很大。儘管在今天這個越來越重視福利的社會，即使一個人不做任何工作也會得到政府或社會的救助，但每個人還是面臨著多種多樣的發展壓力，尤其是社會發展壓力。不過正常情況下，人們只是在特定的刺激或因素影響下才會覺察到自己所面臨的壓力，通常情況下人們會漠視這些壓力。但是，一旦個體在心態上形成了習得性失助，那他就會對自己所面臨的壓力產生敏感性反應，也就是在生活中時時刻刻都會覺察到自己的壓力。

第二，總覺得自己荒廢了一天又一天，卻又不知道怎樣來充實自己。

習得性失助的人會對自我失去信心，所以，他會覺得自己的一切失敗都不可避免，但由於覺得這種失敗源於自己，因而覺得自己沒有辦法改變現狀。有個學生在正向心理學（Positive Psychology）課程的作業中這樣記錄了自己的生活：

> 我很怕一個人（獨處），但是，我又從來不出去和同學玩，放學回家後就一個人待著。我喜歡熱鬧，喜歡有人和自己玩，但是，我更害怕熱鬧過後的冷清，從而再也不能適應一個人的世界。我有一個姐姐，我和她的年齡相差比較大，所以當我上小學的時候，我姐已經去外地讀書了，她在家的時間很少，每次我姐回家我都會很開心。寒假的時候，我最期待和我的表哥和表姐一起玩，但當他們離開時，我總是會哭，哭很久很久。在我哭的時候，我的母親就會抱著我，我覺得很溫暖。母親也會哄我，但我還是哭聲依舊。除了在母親面前，大多數的時候我都是背著人哭的，我不喜歡把自己的傷心呈現在親人和朋友面前。

第三，常常不喜歡現在這樣的自己，同時也不喜歡周圍的人或事。對已有狀況無可奈何的一個直接後果是不喜歡自己，然後在此基礎上會不喜歡自我所涉及的一切，包括自己的同事及家庭。從大學四個年級學生的發展特點來看，這一問題在大學二年級時表現得最明顯，是所謂的「大二問題」的核心問題。也就是到了大學二年級時，學生比較容易產生這一問題。而心理學在研究上也有一個特點，大部分心理學實驗的受試者恰恰是大二的學生。讀者或許可以從這種巧合中獲得某種體會。

第四，缺乏「安全感」，凡事不願意主動發表自己的意見，做任何事總希望有個人來幫自己。安全感是建立在對自己有信心的基礎上，當個體覺得自己不能對生活進行有效控制時，他就會刻意地過度保護自己，如凡事都會特別小心，不願意和別人過多交往，盡可能做較少的事等。這些人總想躲起來不被其他人知道或注意到，希望能到一個沒人能找到自己的地

方，不僅如此，他們還常常感到孤獨，喜歡養小動物，並能在這些小動物身上花費很多時間（陪牠們說話等），同時也會因為動物的行為感到生氣。

第五，面對新的情境會產生某種生理反應，吃不好飯或睡不好覺。過度敏感是習得性失助所導致的一個最經常的行為特徵，這種敏感有時會伴隨著某種生理反應，包括頭痛、失眠或胃口變差等。但有時敏感又僅限於心理，如經常多愁善感，會為一些不經意的小事或一些正常的自然現象掉眼淚等。

第六，每天都感覺自己好累，但又不知道自己到底為什麼累。習得性失助的人總想著透過各種的自我控制來保護自己，但又覺得自己控制不住相關的情形。越是覺得控制不住就會越想要自我控制，這導致的直接後果是消耗大量的心理資源，心理資源不足的一個直接後果就是覺得自己好疲憊。在這一點上尤其要提醒教育者，當你想禁止孩子出現或從事某種行為時，你最好不要整天嘮叨，因為越是禁止孩子，越有可能對孩子產生更大的吸引力。

## 第三節
## 怎樣消除和預防習得性失助？

有關兒童的實驗告訴人們，人也會產生習得性失助。有沒有一些辦法可以有效消除已經獲得的習得性失助、或預防可能會發生的習得性失助呢？我們還是回到相關的動物實驗。

### 一、習得性失助的消除

賽里格曼團隊從動物實驗所獲得的結果表明，如果動物多次努力卻無法改變環境或者避免即將面臨的厭惡刺激，牠就有可能不再繼續進行任何

改變的努力，而是默默地、無可奈何地接受所處的境況，這意味著這些動物已經獲得了自己的能力不足以改變自己所處的狀態，或不足以中止即將到來的厭惡刺激的信念，因而這些動物也就不願做出繼續努力的嘗試了。

習得性失助的動物實驗清楚地表明了這些動物的無助感心理機制：無助來源於過去的生活經驗，動物經歷過不管怎麼做都沒有用，也就是牠的多次行為努力都不能帶來想要的結果，因此而學會一種對未來無能為力的期待。這種期待會進一步地泛化，即使在以後換了不同的時間和不同的環境，這些動物依然會覺得自己的行為努力是無效的，因而在其他類似的情景條件下自然也就不再努力了。

無助感既然是透過學習而得來的，那有沒有辦法再透過某種形式的學習來消除它呢？

賽里格曼團隊設想，過去的挫折或失敗經歷導致動物獲得習得性失助，那如果增加這些動物成功逃脫、戰勝挫折或失敗的經歷，或許就可以幫助牠們消除已獲得的習得性失助了。

賽里格曼團隊把之前實驗中那些已經形成了習得性失助的狗重新放進了往返箱裡，然後用一些方法來增加牠們逃避電擊的經驗。

最簡單的做法就是研究者用手把這些不願意動的狗，從有電擊的一端拖到沒有電擊的一端，這樣不斷地拖過來又拖過去，幫助這些狗反覆跳過往返箱中間的矮柵欄以獲得逃避電擊的經驗，過了幾次，這些狗就學會了主動跳躍柵欄來逃避電擊。在這種幫助實驗中，不同的狗需要獲得幫助的次數有很大差異，就目前的研究結果來看，這或許和狗的基因特點有關。

賽里格曼團隊這種簡單的做法真的帶來了效果：一旦這些狗發現自己（或者在他人的幫助下）跳過柵欄的動作可以停止電擊（也就是透過自己的努力可以控制即將發生的厭惡性後果），那些原來已經形成了習得性失助的狗，在隨後的測驗中就會主動地跳過柵欄以逃避電擊，而且這種情形出

現的機率達到了100%，再也沒有出現之前的習得性失助情景，這說明增加成功的經驗確實可以幫助這些狗擺脫已形成的無助感。

隨後的進一步追蹤研究發現，即使過了相當長的一段時間（超過一年或兩年），這些狗依然會在相類似的實驗中出現主動跳躍柵欄的行為，這說明透過增加這些狗成功逃脫電擊經驗的做法，可以有效幫助其長期擺脫已經習得的無助感。這種消除效應是永久性的，不會隨著時間或情境的變化而變化。

隨後，賽里格曼團隊也開始做人的無助感消除實驗。他們在實驗中發現，和動物相類似，如果之前已經形成習得性失助的受試者，在他人的幫助下透過移動手指能夠使噪聲停止的話，這些受試者很快就能學會自己主動移動手指使噪聲停止，也即消除了已有的習得性失助。這證明和動物相類似，增加人的成功經驗（即在他人幫助下）也會幫助個體消除業已形成的習得性失助。

## 二、習得性失助的預防

打鐵趁熱，賽里格曼團隊又開始思考另一個更有應用和實際價值的重要問題：習得性失助的心理能不能有效預防？

### （一）增加成功體驗

賽里格曼團隊在之前也做過另一個相對更簡單的習得性失助實驗，這一實驗是把狗用項圈拴在一棵樹上，然後對狗進行電擊，當狗總是逃脫不了即將到來的電擊後，狗也會形成習得性失助。不過他們在這次簡單的實驗中還有另一個發現，如果一隻狗在之前經受電擊時曾經有過成功逃脫的經歷（比如因為捆綁不牢而使狗無意中掙脫了一次），那這隻狗就很難再形成習得性失助心態。

根據這一額外的實驗結果，賽里格曼團隊假設，如果讓狗一開始就有逃脫電擊的經驗，這種經驗或許對其後來形成習得性失助會有一定的預防作用，為此，他們設計了一個新的實驗來驗證這一想法。

　　第一步，他們將狗放置在可逃脫的情景條件下，狗可以透過擠壓脖子上的鞍墊來終止電擊。

　　第二步，將這些狗轉移到不可逃脫的情景條件下，無論這些狗怎麼努力都不能逃脫所面臨的電擊（和之前的習得性失助實驗相同）。

　　第三步，將這些經歷過以上兩種情景條件的狗放入往返箱中接受10次測試。

　　結果發現，在這種情況下，這些狗會不斷嘗試擠壓鞍墊，並不像在經典研究中的第二組狗（不可逃脫組）那麼快地放棄嘗試。更令人驚嘆的是，這些狗最後都在往返箱中成功地學會了逃脫和迴避電擊。

　　也有另外的研究者設計了一個類似的有關老鼠游泳的實驗。研究者把A、B兩隻老鼠分別放進兩個盛滿水的水缸裡，這兩隻老鼠被迫只能一直在各自的水缸裡游泳，因為如果不游的話，牠們就會被淹死。當牠們游了5分鐘之後，研究者在A老鼠的水缸裡放了一塊漂浮的小木板，結果A老鼠迅速地爬到小木板上歇息。與此同時，另一隻水缸裡的B老鼠則沒有任何東西，牠就只能不斷游泳。又過了2分鐘之後（即總時間7分鐘之後），A、B兩隻老鼠都被撈起來進食，並讓牠們休息以恢復體力。當牠們恢復了體力之後，再次被放入同一個盛滿水的水缸。這次A、B兩隻老鼠不再得到任何救助，而是一直待在水裡直至被淹死。研究者統計了A、B兩隻老鼠被淹死的時間，結果發現，之前在游泳過程中碰到過小木板的A老鼠在水中存活的時間顯著性長於B老鼠（其中的幾次實驗中，這些碰到過木板的A老鼠甚至會比沒有碰到過木板的B老鼠的存活時間長一倍）。隨後人們對這一實驗重複了許多次，結果每次都相同。

為什麼 A 老鼠存活的時間會顯著性長於 B 老鼠？這主要是因為 A 老鼠在之前的游泳經歷中碰到過一塊救生木板，也就是牠曾經有過成功逃生的經歷，因而牠在第二次的游泳過程中有一種可能會成功的信念，這促使牠奮力堅持，最後因為實在游不動了才被淹死；而 B 老鼠在之前的經歷中從沒有過成功的經歷，這導致牠在第二次游泳時有一種反正逃不了的想法，這一想法使牠很快就失去了堅持下去的勇氣，當然很快就被淹死了。

　　這些動物實驗的結果表明，一旦動物習得了有效逃避厭惡刺激的行為（或者叫成功行為），隨後的失敗經歷也並不足以完全消除牠們願意努力改變自己命運的動機，賽里格曼團隊把這種現象稱為心理「免疫（immunization）」。

　　這就是說，如果事前在某個領域學習的行為是有效的，那麼這個學習就可以有效預防個體隨後在這個領域發生無助學習。這實際上意味著，成功體驗同樣也具有很好的免疫作用。

　　研究者在後來的追蹤研究中甚至還發現，即使在一隻狗小的時候，如果讓牠經歷過一段可逃脫電擊的情境，等牠長大後，再經歷多少次不可逃脫電擊情境，這隻狗也很難形成習得性失助。這似乎意味著，一隻小狗一旦學習了一種對自己有效的行為（成功行為），會令牠終生受用，在牠隨後的一生中都對形成習得性失助心理具有很好的免疫作用。

　　在取得了這些實驗結果之後，賽里格曼遵守了實驗之初向普林斯頓大學年輕的哲學教授許下的約定，賽里格曼團隊從此以後停止了一切關於狗的實驗。

　　有關人的實驗也取得了同樣的結果，研究者發現，如果讓受試者預先獲得一些成功體驗（即獲得成功行為），那這些受試者就很難在隨後的相關活動中形成習得性失助心態，也就是說，之前相關的成功經驗對個體患上習得性失助具有很好的免疫作用，這一點在前後相同的活動領域中尤其明顯。

這些實驗結果提示人們，如果教育者或成人在生活實踐中能主動給兒童或他人（受試者）一些成功體驗，有時甚至是一些積極鼓勵、積極強化刺激等都會成為他們堅定繼續努力信心的一個重要組成部分。不管是在消除受試者已形成的習得性失助方面，還是在預防受試者患上習得性失助方面，這些做法都會產生很大的積極作用。

　　從以上有關動物和人的實驗研究來看，成功體驗（經驗）—— 不管是習得性失助形成之前的，還是習得性失助形成之後的 —— 對個體的發展有很大影響。在習得性失助形成之前獲得的成功體驗，有助於幫助個體對習得性失助免疫；在習得性失助形成之後獲得的成功體驗，則有助於幫助個體消除已形成的習得性失助。所以，至少從對抗習得性失助的角度來看，從小讓孩子獲得各種成功體驗對孩子的發展有相當大的益處。

　　不過，和前面有關動物的習得性失助消除和免疫研究進行比較，研究者發現有關人的習得性失助消除和免疫還是具有一些明顯的特點：

　　第一，在外力的幫助下，人消除已形成的習得性失助要遠快於動物。我們相信這一結果可能是由實驗設計的特點所造成的，但從另一個方面來說，這一結果似乎也暗示著，人的理性在其中起一定的作用，說明智慧、認知等在擺脫習得性失助方面也是很重要的因素。不過這一結果並不意味著人比動物更容易擺脫習得性失助。事實上，如果個體一直沒有改變自己的認知，即使他獲得了再多的成功體驗，也不會有多大的作用，所以理性智慧有時候也可能在人們擺脫習得性失助方面產生阻力作用。相反，沒有理性（至少是低理性）的動物只需要簡單的成功體驗，當成功體驗累積到一定的數量後，就會自然擺脫習得性失助了。

　　第二，言語鼓勵或決心激勵，在幫助個體消除或免疫習得性失助方面都具有很大的作用。和動物相比，言語體驗是人的一大特點，也就是說，人並不一定要親身獲得成功體驗，人借助語言能力也可以獲得類似體驗。

這說明對人的教育方式有了更多的選擇，除了幫助他人直接獲得成功體驗之外，言語也是一個可利用的重要手段。

第三，積極強化在人身上的作用更大，也更直接。這一特點有什麼含義呢？這實際上就是人與動物間的學習差異。從本質上說，習得性失助的消除過程就是一個學習過程。在學習過程中，獎勵對於人的作用總是大於對於動物的作用，因為人能掌握獎勵背後的意義，而動物卻只能限於獎勵本身，因而積極強化在人身上具有更大的激勵作用。前面的內容提到了桑代克用實驗證明了學習是一個嘗試並改正錯誤的過程，我們說這一理論又正確又不正確。這一理論正確，是因為它從嚴格的實驗中而來，並且得到了許多後續實驗的重複驗證；這一理論不正確，是因為它僅僅來自動物實驗，而人與動物的學習有明顯的區別，直接把動物學習經驗類推到人的身上，似乎把人的智慧抹殺了。

在這裡我們也許會突然發現一件有趣的事，即預防習得性失助和治療習得性失助居然可以吃同一種「藥」—— 增加個體的成功體驗！這既是一種巧合，但同時也從另一個角度證明了成功體驗對人發展的重要性。

## (二) 增加控制感

除了透過增加個體的成功體驗來預防習得性失助之外，還有沒有其他的辦法呢？心理學的研究發現，還有另外一種方法也可以有效預防個體產生習得性失助，那就是增加個體的控制感。

這種免疫方法其實是根據習得性失助形成的心理學原理而提出來的，因為既然實驗顯示，人們對厭惡刺激失去了控制感，就會形成習得性失助，那反過來，如果能不斷增加個體的控制感，自然就會使人不容易產生習得性失助了。

在這裡，另一位美國著名心理學家朱利安·伯納德·羅特 (Julian Bernard Rotter）的一個猜撲克牌顏色的實驗也許會讓我們對控制感有更深的理解。羅特有一次鄭重其事地對許多大學生說：「心理學現在有一項重大發現，即正常人群中有一部分人具有特殊的第六感覺能力（所謂第六感覺能力其實是欺騙學生的一個謊言），即有些人不用眼睛看就能知道某一張撲克牌是紅色（紅心和方塊）的，還是黑色的（梅花和黑桃）。」然後羅特就對上千名學生進行了測試，並從這一人群中隨機選出了60人，煞有介事地告訴這60名學生說他們有第六感覺能力，不過這種能力如果不經過培訓就不會顯現出來。接著，羅特就把這60人又隨機分成A、B兩組，分別對他們進行所謂的第六感覺能力訓練。

訓練的流程大致如下：首先要求受試者凝視一張撲克牌反面的中心點3分鐘，然後輕輕閉上自己的雙眼，這個時候再要求受試者將注意力集中到自己的感覺上。然後，主試者對受試者說，如果他們在閉眼時覺得自己的心頭一熱，則那張撲克牌就是紅色的，如果在閉眼時感覺到自己的心頭一涼，則那張撲克牌就是黑色的。實際上，這個訓練過程就是一種裝模作樣，根本沒有任何價值。

不過在訓練過程中，羅特耍了一個小陰謀，他讓A組的30名受試者每天的訓練成績都有10%左右的提高，從本質上說，成績的提高實際上意味著這些受試者對撲克牌的控制感在逐漸增加。為了實現讓這些受試者猜撲克牌的成績能逐漸提高這一目的，羅特每次都在手中藏有兩張不同顏色的撲克牌（一張紅的和一張黑的），這樣他就可以透過魔術手段進行作假來任意控制這些受試者猜撲克牌的成績了。當這樣的訓練持續近一週之後，A組受試者猜撲克牌的成績都提高到了90%左右。這時候，羅特問了A組受試者兩個問題：

問題1：現在給你100張撲克牌，其中50張紅的、50張黑的，你覺得你能猜對幾張？為什麼？

問題2：你願意繼續接受一週這種第六感覺訓練嗎？

對於問題1，A組受試者的絕大多數認為自己至少能正確猜對其中約80張，並認為這主要歸咎於自己的第六感覺能力，而且這種能力在過去的一週訓練中得到了明顯的提高（對結果表示樂觀）。

對於問題2，A組受試者的絕大多數人都非常願意繼續接受一週這樣的訓練（即在這項活動中表現出了繼續努力的願望，意味著堅強）。

儘管B組受試者也接受了與A組受試者同樣的一週訓練，但對於B組受試者，羅特卻給予他們真實的反饋，即每次羅特手上只拿一張撲克牌（紅色的或者黑色的），受試者猜對或猜錯都給予真實的反饋評價，這樣這組受試者在訓練的一週中每天猜撲克牌的成績就永遠停留在機率（也就是50%左右）。一週訓練結束後，羅特同樣問了B組受試者上文的兩個問題。結果對於問題1，B組受試者認為自己至多只能猜對其中50張左右，搞不好還有可能一張也猜不對，並認為這個猜撲克成績主要歸咎於運氣；而對於問題2，B組受試者都明確表示不願意繼續接受一週這樣的訓練（意味著放棄和不願意堅持）。

為什麼接受了完全相同訓練的兩組受試者會出現完全相反的行為意願呢？A組受試者願意選擇堅強，而B組受試者卻選擇了放棄。實驗結果清楚地表明，A組受試者在訓練過程中的控制感得到了逐漸提高，所以他們選擇了堅持和堅強；B組受試者在訓練過程中卻始終沒有控制感，所以他們選擇了放棄。這說明增加控制感可以使人變得更堅強，更不願意放棄，更難以形成習得性失助。

生活中的一些經驗其實也可以印證這一規律。我們經常會在各種媒體報導中看到某個男孩可能會追一個女孩幾年（很堅強），事實上，只有當這個女孩讓這個男孩在追的過程中不斷提升控制感，這個追幾年的情形才能得以出現。

在本章前面提到的公平公正和民主協商等，本質上都可以有效提高個體的控制感，從而幫助個體免疫習得性失助。從現代心理學的研究來看，提升控制感不僅僅是獲得某種權力或職位，它更在於提升個體的長處和優勢。當一個人有了某一項或幾項長處之後，他在相應的領域就會有控制感，而這種控制感甚至可以伴隨他的一生。因此，從正向心理學的角度來看，透過提升個體的長處或優勢來獲得控制感，是其理論的核心和基礎。

# 第二章
# 正向心理學 —— 尋找失落的幸福

喜悅日益成為一種奢侈品，只因樂觀言易行難。

那麼，它能否習得呢？

儘管人們很早就在實驗中發現了習得性失助現象，但在賽里格曼之前，還從來沒有任何一個心理學家對習得性失助進行過系統研究，更不用說研究心理無助感的機制和來源。所以從某種意義上說，賽里格曼開創了一個人類從未涉足的新的心理學研究領域，而這一領域揭開了人們失去幸福的根源。當然，從另一個角度上來說，習得性失助機制更是幫助人們找回失落的幸福。

# 第一節
# 從習得性失助到正向心理學

　　從正向心理學現在的發展趨勢來看，有關習得性失助的意義遠不僅僅是一種理論的創新和突破，它還具有非常重要的應用價值和實踐意義。賽里格曼透過實驗清楚地向世人證明了心理無助感是透過學習而形成的，與人對行為及其結果的控制感有關，而控制感更主要展現在認知層面，是動物或人認知的一種結果。實際上，多數情況下，動物或人總是根據自己的真實生活狀況而形成一種關於自己控制感的主觀認知結果。因而在具體的生活過程中可以透過控制、改變動物或人的認知來影響其心理無助感，這在本質上是一種新的學習理論。這意味著學習不僅僅是獲得一種行為，它也可能使人獲得一種觀念。

## 一、從習得性失助到習得性樂觀

　　賽里格曼提出的無助感理論完全不同於當時盛行的行為主義心理學學習理論，行為主義認為一切形式的學習都是被動的，不需要任何認知參與，是刺激和反應間的一種連結（也就是說學習是一種不經過頭腦的外部活動），俄國著名生理學家伊凡・彼得羅維奇・巴夫洛夫（Ivan Petrovich

Pavlov）的經典條件反射原理就是當時公認的最好的學習模式。與經典條件反射學習理論一脈相承的操作性條件反射學習理論雖然強調強化的作用，但它同樣拒絕了認知在學習中的地位和作用。因此，當賽里格曼提出了帶有明顯認知特點的心理無助感學習理論之後，他實際上打破了行為主義在當時心理學領域裡的統治局面，為學習理論的發展和完善做出了自己的貢獻。

有趣的是，賽里格曼本身在早期是一個堅定的行為主義者（至少在發現心理無助感之前），但這似乎並沒有影響他對行為主義的批判，這在一定意義上展現了一個真正的科學研究者的開放性。習得性失助意味著學習不一定只發生在行為上，它也可以發生在看不見、摸不著的觀念上。賽里格曼團隊把實驗結果寫成論文投遞出去，他們的文章很快就被刊登在美國心理學會（APA）著名的《實驗心理學》（*Journal of Experimental Psychology*）期刊上，而且排列在當期的第一篇。這一實驗結果向全世界的行為主義學習理論家發出了宣戰，即「學習只有在行為獲得獎勵或消除獎勵時才可能發生」這一結論是錯誤的！

當然，儘管賽里格曼團隊的實驗結果是可靠的，但這仍然避免不了與行為主義者之間的一場理論爭執。為了進一步鞏固自己的理論成果並反擊行為主義觀點，他們又設計了一系列嚴謹的實驗，持續對狗、老鼠等動物進行實驗研究，這些實驗的結果最後都證明了無助感是可以學習而獲得的。最終，他們的研究結果與當時美國著名的語言學家和心理學家諾姆・杭士基（Noam Chomsky）、瑞士著名兒童心理學家尚・皮亞傑（Jean Piaget）等人的研究結果，再加上當時其他認知學派心理學家的發現，一起擴大了心智研究的領域，並形成了一個完整的證據鏈，從而證明了學習並不是簡單的刺激和反應之間的連結，幫助認知心理學贏得了與行為主義心理學之間的學術戰爭勝利，行為主義心理學也因此讓出了心理學的主流地位。

不過，在每次實驗中，賽里格曼也總會發現存在幾個特例，比如總有幾隻狗在接受不可逃避的電擊後，仍然可以很快就學會跳過隔板來躲避電擊（即牠們總也學不會習得性失助）；另外幾隻狗卻更奇怪，儘管牠們接受的是自己能主動終止的電擊（在活動中有控制感），但在後續的實驗中卻學不會透過自己的努力去終止電擊而出現了習得性失助現象（不該學會習得性失助時卻學會了）。

　　實驗中的這些不完美之處也引起了當時學術界同行們的注意，有人進而在一定程度上質疑他的理論，賽里格曼接受了同行們的質疑，並邀請他們中的一些人和自己一起進行這方面的實驗。在一系列實驗的基礎上，賽里格曼發現，之所以出現以上這些現象，主要是因為這些狗在接受實驗之前就已經形成了某種特定的認知觀念。

　　為了更好地研究人的習得性失助情況，賽里格曼接受了當時著名心理學家羅特的歸因控制點方面的研究成果，將「解釋風格」概念引入了習得性失助理論。歸因控制點理論認為，人在面臨一定的生活事件時，要麼把其原因歸咎於外部力量（如運氣、機遇、命運或者其他人的力量等）；要麼把其原因歸咎於自己的內部力量（如智力、勤奮或者其他一些個人所擁有的特質等）。

　　前一種人的歸因控制點在外部，具有外部控制點的人常常會覺得自己對所要發生的事件無能為力。

　　後一種人的歸因控制點在內部，具有內部控制點的人常常會覺得自己是生活的主人，自己能控制外在事件的發生或發展。

　　賽里格曼發展了歸因控制點理論，提出了解釋風格理論，認為個體的解釋風格其實反映了人對所發生事件（或將要發生的事件）的評價方式，可以分為悲觀型和樂觀型兩個極點，不同的人的解釋都處於這兩個極點之間的連線上，離悲觀一端近則具有悲觀的特點多一些，離樂觀一端近則具有樂觀的特點多一些。

解釋風格具有三個方面的屬性，分別是永久性、普遍性和個性化。例如面對同一件挫折事件，悲觀的人習慣於從永久（以後也會遇到挫折）、普遍（在其他地方或情境也會遇到挫折）和自我（遇到挫折是因為我本身缺乏能力或魅力）的角度去解釋；而樂觀的人則從暫時（挫折只發生在這個時間）、具體（挫折只發生在這個特定的地方或事件）和他人（遇到挫折是因為運氣或外在干擾）的角度去解釋。

　　但面對一件好事，二者的角度卻又剛好相反。樂觀的人習慣於從永久（以後也會出現類似的好的結果）、普遍（在其他地方或情境也會出現好的結果）和自我（好結果是因為我本身具有能力或魅力）的角度去解釋；而悲觀的人則從暫時（好事或好結果只發生在這個特定的時間）、具體（好結果只發生在這個特定的地方或事件上）和他人（好結果純粹就是一種運氣或外在力量的幫助）的角度去解釋。

　　悲觀型解釋風格特點的人面對困難或失敗時容易放棄，遇到挫折往往一蹶不振，即使在面臨好的結果時也懷疑自己的能力。如有一個老師在30歲時就當了小學的校長，工作也做得不錯。有一次，這位校長曾經的老師在和他談起為什麼當校長這件事時，這位年輕的校長說了這樣一句讓人印象深刻的話：「老師，我做校長是運氣好，因為前面那位校長死得早！」這一句話描繪出了一個典型的「憂鬱貓」形象。而樂觀型解釋風格特點的人，面對困難或壞結果時不會輕易放棄，即使受到挫折打擊也能很快恢復，而面對好結果時顯示出極強的自我能力歸因特點，是典型的「堅強貓」。例如有的孩子在考試時國文沒有考及格，但他依然會認為自己在接下來的數學或其他考試中會及格，即使當所有的考試都不及格時，他也會說那是一些不太好的運氣所導致的（如考試時外面的嘈雜聲等），他絕不會認為這是自己能力差而導致的；而一旦這個孩子考了高分，他就會告訴別人自己是個天才，這個高分是因為他自己的能力而獲得的。

習得性失助理論經過修改，發展成為解釋風格理論之後，習得性失助實驗中出現的一些特例就得到了很好的解釋：不同的動物或人在其不同的生活經歷中形成了不同特點的解釋風格，而這種不同特點的風格指導了其隨後的行為，這樣習得性樂觀也就成了人類行為或人格中的一個重要組成部分，賽里格曼的理論終於因此贏得了學術界的普遍贊同。

## 二、從習得性樂觀到正向心理學

　　解釋風格理論的一個最大特點是告訴人們，既然無助和悲觀可以習得，那樂觀也一定可以並能夠習得，這就如一張紙，如果有了正面，那它也一定有反面，兩者之間是相互對應的。解釋風格理論形成之後，賽里格曼的研究方向開始逐漸從習得性失助轉向了習得性樂觀，即轉到了一張紙的另一面。

　　賽里格曼認為普通人和悲觀者都可以讓自己朝樂觀的方向發展，如果能採用一定的技巧，有意識地改變自己平常的習慣想法（內心的信念），那他對不愉快事件的悲觀性應對就會發生改變，從而變得振奮和充滿活力。於是賽里格曼與史蒂文·霍隆（Steve Hollon）、阿瑟·弗里曼（Arthur Freeman）兩位認知心理治療大師合作，提出了一種幫助正常人學習樂觀的「ABCDE技術」，從而為習得性樂觀提供了直接的技術支持。這一技術中的A是指不愉快的事件（Adversity），B代表個體對該事件的信念（Belief），C是指該信念可能導致的後果（Consequence），D是對自己的某些信念的反駁（Disputation），E是激勵（Energization）。

　　如果對不愉快事件（A）的信念（B）不同，產生的後果（C）也就不同，因此，改變的核心就是對自己所具有的悲觀信念進行反駁（D），當反駁任務完成以後，最後對自己進行激勵（E），從而鞏固自己剛建立起來的新信念（具體內容請參閱第四章）。

賽里格曼團隊的這種習得性樂觀技術其實是將美國著名心理學家阿爾伯特‧艾利斯（Albert Ellis）的情緒 ABC 理論和亞倫‧貝克（Aaron Beck）的認知心理療法融合起來，賽里格曼的貢獻則在於把一種治療心理疾病的模式最終發展成了一種適合於普通人的樂觀學習技術。這一技術的核心在於致力於幫助正常人改變已經形成的悲觀型解釋風格，重新認知和定義不愉快事件，最終使自己變得樂觀起來。

在多年對習得性樂觀研究的基礎上，賽里格曼把自己的眼光放得更遠了，他有了建立一種以研究人的積極特質為核心的心理學理論的想法。當他於 1998 年擔任美國心理學會主席時，賽里格曼發起了一場正向心理學運動，倡導心理學在了解各種心理疾病機制的情況下也要了解人積極的心理機制，因而他被世界公認為「正向心理學之父」。2000 年，他在美國心理學會會刊《美國心理學家》（*American Psychologist*）上發表了〈正向心理學導論〉一文，在該文中，賽里格曼指出心理學自二戰以來一直只研究人的各種心理問題和破壞力量，而忽視了研究人類的美德和建設力量，正向心理學的任務就是要改變這一現狀，使人類自身的積極力量能得到充分的關注和發掘，這被認為是吹響了建立正向心理學的號角。賽里格曼還一手構建了正向心理學的學科框架，即「一個中心、三個基本點」。

「一個中心」是指正向心理學要以研究人的幸福為中心，在前人研究的基礎上，賽里格曼提出了幸福的三個要素 —— 樂趣、投入和意義。樂趣通常表現為興高采烈的外在情緒表現形式（如笑臉等），即人的幸福和個體自身的主觀感受結合得很緊密，所謂感覺好才幸福。投入是指個體對家庭、工作、愛情與業餘愛好的投入程度，幸福與這種投入是成正比的，沒有投入則沒有幸福，反過來，沒有幸福也不會投入。意義則意味著個體的幸福並不完全是由個體的主觀感覺決定的，人是有理性的，當他對行為或事件有了深層價值的理解之後，他就會不辭辛苦地去做這件事或這種行

為，並在此基礎上發揮自我的力量，達成超越個人的目標，儘管在做的過程中也許感覺不太好，但做完之後則會產生真正的幸福。

正向心理學的「三個基本點」是積極情緒、積極人格特質、積極的社會組織系統。積極情緒主要包括對過去感到滿意、對現在感到滿足、對未來充滿希望這三個組成部分。積極人格特質則主要由人的力量和美德組成，包括愛和勝任的能力、勇氣、同情心、復原力、創造力、好奇心、誠實、克制、自我控制和智慧等多個方面。積極的社會組織系統主要包括大的組織系統（如民主的國家制度、言論自由等）、中的組織系統（如人性化的企業管理規章等）和小的組織系統（如牢固的家庭關係等）三個方面，它們為積極人格特質的形成和積極情緒的獲得提供社會支持。

在確定了正向心理學理論框架的同時，賽里格曼還與美國心理學家、密西根大學教授克里斯多福‧彼得森（Christopher Peterson）歷經三年建立了支撐正向心理學學科的基礎內容 —— 積極特質的分類標準（即具有積極心理健康的個體到底應該具有哪些積極特質）。

在賽里格曼的領導下，正向心理學運動目前正方興未艾，在全世界引起了廣泛的反響。正向心理學已經成為當代心理學的一個最重要的發展方向，成為一種世界性的心理學運動。現在，越來越多的研究正著眼於人類積極的一面，各種研究成果層出不窮。即使在以傳統心理學為主流的臨床心理治療領域，正向心理學的影響也在逐漸擴大，出現了正向心理學治療等。

## 三、正向心理學的發展

正向心理學是基於習得性失助產生的，可以說，如果沒有習得性失助的研究，也就沒有今天的正向心理學的發展。儘管正向心理學從創立到現在，時間還不是很長，但它對當代心理學的影響卻已經不容小覷了。例如，美國名校哈佛大學從2002年起就開設了正向心理學課程，到2006

年，正向心理學課程已經成為哈佛大學最受學生歡迎的選修課，選修人數排名全校第一。哈佛大學教學委員會的調查發現，23％體驗過正向心理學課程的學生反映這門課「改變了他們的一生」，有些學生甚至將自己的父母，乃至祖父母帶到了正向心理學課堂上來。塔爾‧班夏哈 (Tal Ben-sha-har) 在他的《幸福的方法》(*Happie：Learn the Secrets to Daily Joy and Lasting Fulfillment*) 中寫道，2002年，他第一次在哈佛大學教授正向心理學，當時有8名學生報名，其中還有2名中途退學。第二年，聽這門課的學生有近400名。第三年，學生人數達到了850名。2006年，聽這門課程的學生已經超過了1,000人。目前，美國已有100多所大學開設了正向心理學課程。

2003年，賽里格曼首次在賓夕法尼亞大學開設應用正向心理學碩士研究生班，這是全球首個以正向心理學命名的碩士教育項目，這意味著正向心理學專業已經得到了社會認同，並成為一種單獨的心理學研究方向。

2005年，英國劍橋大學首度成立積極思想研究中心。2006年9月新學期開始，英國最頂尖的私立貴族學校威靈頓公學和劍橋大學的尼克‧貝里斯 (Nick Baylis) 博士合作，為該校14～16歲的學生開設每週一次的正向心理學課程，這意味著這個在古希臘文化、橄欖球以及冷水浴中尋求生活意義的傳統菁英教育機構，也開始加入了正向心理學行列，這是世界上第一所教導學生如何從積極角度思考的高中。

賽里格曼還專門建立了「真實的幸福」網站，免費提供各種正向心理學方面的自我測驗以及相關的學習資料，幫助人們進一步了解正向心理學的內容，目前該網站在全世界已經有將近70萬名註冊會員。2007年國際正向心理學協會 (IPPA) 在美國建立 (其會員必須有心理學博士學位，或者是從事心理學研究的專業人士)，賽里格曼擔任學會名譽主席，美國伊利諾大學著名心理學家艾德‧迪安納 (Ed Diener) 擔任學會主席，同年還創辦了會

刊《正向心理學雜誌》(*the Journal of Positive Psychology*)。2009年6月18～23日，第一屆國際正向心理學大會在美國的費城召開，來自世界各地的近1,300人參加了大會，這次大會受到了美國《時代雜誌》等多個媒體的關注。

# 第二節
# 正向心理學形成過程中的幾個重要事件

賽里格曼和正向心理學分不開，可以這麼說，沒有賽里格曼就沒有正向心理學。因此，如果要搞清楚正向心理學建立的全過程，那我們就不得不把和賽里格曼有關的幾件事單獨列出來做個介紹。

## 一、父親的去世

賽里格曼童年時的生活說不上很幸福，但至少比較安逸，因為他的父親是一個相當有名望的大律師，不過這種安逸的生活在賽里格曼13歲時出現了變化，那年他的家裡發生了一個影響他一生的重大變故。

有一天，賽里格曼突然被父母送去一個好朋友家裡過夜，這是一個不同尋常的舉動，在賽里格曼之前的生活中從沒有出現過，直覺告訴他，家裡一定發生了什麼事。在莫名的擔憂中度過一夜之後，第二天一大早，他就獨自驚恐地穿過六條街，偷偷地跑回自己的家，他很想知道家裡到底發生了什麼事情。

剛走到離家不遠的地方，他就看見父親被人用擔架抬下家門口的臺階。從周圍人焦急的對話中，他才知道父親患了重病，而且是中風。賽里格曼躲在院子的樹後面不敢出來，不過他從遠處可以清楚地看見擔架上的父親，儘管父親想展現自己的勇氣，卻只能大口地喘著粗氣，一遍遍地向他人抱怨著自己的身體不能動彈，父親的眼睛裡充滿了無可奈何。

之後不久，他的父親又相繼中風了三次，這導致了他父親全身完全癱瘓。在隨後的幾年裡，賽里格曼目睹了不能動彈的父親那充滿絕望的眼神、那一直陷在無助之中的痛苦。父親去世之後的很長一段時間，他都不能忘記父親絕望的情景。這是他第一次體會了無助感那強大的摧毀力量，曾經那麼強勢的父親竟然也會出現這種絕望無助的眼神，這間接堅定了他後來對無助感進行研究的決心。

　　在13歲之前，賽里格曼一直有點年少不懂事，不太喜歡讀書，喜歡玩。他一度非常喜歡籃球運動，希望自己有朝一日能加入一支職業籃球隊。不過現實讓他失望了——他甚至沒有入選學校籃球隊，為此他傷心了好一陣子。而此時，父親的中風更是讓他的心情壞到了極點，他發現自己陷入了深深的痛苦與失望之中。不過有一件事促使賽里格曼從這種痛苦和失望中掙脫了出來，並使他從此振作了起來。有一次去療養院探望父親時，他聽到父親悄聲對母親說：「從今以後，我再也不相信任何其他的事情了，我只相信你和孩子，我不想死。」父親的這一席話讓年少的賽里格曼變得若有所思，他覺得自己應該有所擔當，並表現出責任心。賽里格曼似乎突然變得懂事了，他開始把自己的主要精力花在學習上。

　　有趣的是，儘管賽里格曼是一個行為主義者（那個時代也是行為主義心理學最流行的時代）和實驗主義者，但對他影響最大的卻是精神分析學派的佛洛伊德。在父親中風後，他開始經常請已經在讀大學的姐姐帶一些大學生的讀物給自己看，在這些書中有一本佛洛伊德的《精神分析新論》（*New Introductory Lectures on Psycho-Analysis*）深深地吸引了他。正是受了佛洛伊德精神分析的影響，他決定將來要從事心理學方面的研究。

　　不過賽里格曼似乎並不是被精神分析理論的具體內容吸引，而是被佛洛伊德本身的人格特點吸引，有一件事可以證明這點。當賽里格曼看完《精神分析新論》之後，他告訴他的家人，他今後要像佛洛伊德一樣，提

出有吸引力的心理學理論。賽里格曼沒有食言，12年之後他就實現了自己當初的諾言。

## 二、牛津大學的演講

在賽里格曼早期的生涯中有一件事不得不提，那就是牛津大學的一次學術演講，因為這次學術演講讓賽里格曼清楚了自己的未來研究方向。

1975年，為了更進一步豐富自己的學術知識，賽里格曼來到倫敦大學莫德斯利醫院精神病學研究所進修。而由於他之前在習得性失助研究方面的成就，他於當年4月的一天受邀前往牛津大學做演講，演講內容就是他的習得性失助研究。

牛津大學在世界上的學術地位是眾所周知的，賽里格曼有點緊張，邊整理演講稿邊看了看底下的聽眾。他發現到場的專家很多，除了牛津大學的教授們，還有一些心理學領域的大師級人物。認知心理學的重量級人物唐納·布羅德本特（Donald Broadbent），有名的社會科學家M. 格爾德（M. Gelder），1973年諾貝爾獎得主生態學家尼古拉斯·廷貝亨（Nikolaas Tinbergen），著名兒童發展學家J. 布魯納（J. Bruner），著名的大腦和焦慮研究專家J. 格雷（J. Gray）等都赫然在座。

賽里格曼開始講他的習得性失助研究，坐在底下的那些教授們有時對他的結論點頭，有時對他講的笑話報以微笑，一切似乎都在掌控之中。演講結束後，賽里格曼贏得了不少掌聲 —— 這看起來是一個美好且令人欣慰的結果。但是，挑戰很快來臨了，這位挑戰者名叫約翰·蒂亞斯代爾（John Teasdale），一位博士剛畢業不久的英國的年輕心理學研究者。蒂亞斯代爾剛從倫敦大學莫德斯利醫院精神病學研究所升到牛津大學精神科當講師，所以賽里格曼並不認識他。

蒂亞斯代爾走上演講臺，對賽里格曼的結論進行了尖銳地批評，他

說：「這個理論是完全不對的，賽里格曼先生輕描淡寫地帶過去一個事實，即有1/3左右的受試者（包括動物和人）是不會變得無助的，這些受試者為什麼不會變得無助？在你的研究中，有的受試者可以立刻從失敗中爬起來，從頭再來；而有的受試者永遠也不能從打擊中復原。有的受試者只有在學習導致無助的相同情境下才會變得無助，而在其他情境裡卻不會；但有的受試者在全新的環境裡也會變得無助而放棄。我們應該問一下自己，為什麼會出現這樣的情況？實驗中有的受試者失去了自尊，怪自己無法逃開這個噪聲；有的受試者卻開始怪研究者給了他一個不能解開的難題，這又是為什麼？」

賽里格曼震驚了，他覺得這個批評是對的，為什麼之前自己一直都沒有想到這些問題呢？他上臺之前還對自己10年來的研究充滿了信心，但此時卻突然覺得自己之前的研究漏洞百出，一瞬間，他甚至覺得之前所有的研究工作似乎都白做了。臺下的許多教授這時也開始面露疑惑，蒂亞斯代爾這些一針見血的批評動搖了在場所有人的信心。儘管面臨從未有過的窘境，但是賽里格曼很快就意識到，科學就是在這樣的詰難中才獲得進步。他之前實驗中確實存在一個現象，就是三個受試者當中總有一個受試者不會變得無助，不管什麼樣的事情發生在他們身上，他們都不會變得無助。只有解決了這個疑惑，他的理論才站得住腳。於是演講結束後，賽里格曼與蒂亞斯代爾一起走出會場，力邀他與自己共同來完善這個理論，蒂亞斯代爾同意了。

於是，賽里格曼定期從倫敦前往牛津，與蒂亞斯代爾進行討論，進一步探討有關習得性失助方面的問題。蒂亞斯代爾認為，對於「誰比較容易變得無助，誰又比較能夠抵抗挫折」這個問題，除了基因的作用之外，一個人對惡劣情境的解釋可能也起著非常重要的作用。容易變得無助的人肯定對這個情境做了某種特定的解釋，正是這種特定的解釋才對他的無助感產生

了決定性的作用。如果研究者能知道那些容易變得無助的人是如何解釋自己所處的情境，並加以改變，那就有可能治療這些人的沮喪感。儘管蒂亞斯代爾是一個心理治療專家，尤其是治療憂鬱症，但賽里格曼仍然從他那裡獲得了很多啟發，特別是關於如何改變沮喪的人對不幸遭遇的自我解釋。

賽里格曼在倫敦進修期間，每隔兩個月就要回賓夕法尼亞大學一次，因為他在那裡還帶著一些研究生。在結束牛津大學的那次演講之後不久，他回到賓夕法尼亞大學的研究小組，這時他的兩位學生也開始他的習得性失助理論。一位研究生名叫琳‧艾布拉姆森（Lyn Abramson），另一位則是朱迪‧加伯爾（Judy Garber），他們兩人都曾是伯納德‧韋納（Bernard Weiner）心理學理論的追隨者，受韋納的影響很深。韋納是著名的歸因理論的提出者，他認為個人對自己結果的成敗是從能力、努力、任務難度和機遇（運氣）四方面進行解釋的。其中，能力和努力是「內因」，是個人相對能夠控制的；任務難度和機遇則屬於「外因」，是個人較難控制的。能力和任務難度又屬於穩定的因素；努力和機遇則是不穩定因素。不同的歸因傾向會使人對成功和失敗產生不同的情感體驗和情感反應，並由此影響個體對未來結果的預期和努力。歸因理論對社會心理學產生的影響很大，艾布拉姆森和加伯爾就是從歸因來看待習得性失助理論，認為習得性失助理論可能還存在一些問題。一番討論之後，兩個人都認同蒂亞斯代爾關於解釋風格的提法，並放下手邊的工作，全力支持賽里格曼的研究。就這樣，他們一起廢寢忘食地工作，有時就某一問題討論起來甚至會連續12小時不休息。他們的探討主要圍繞精神病的病因，研究人的解釋風格如何引發無助感和憂鬱症，最終形成了人格的樂觀型和悲觀型解釋風格理論。

正是由於賽里格曼勇於接受批評，將批評的聲音作為自己改進的方向，他才獲得了這三位盟友，並開始從認知療法和憂鬱症的病因上探討「解釋風格」在習得性失助中所發揮的作用。他們後來一起以韋納的歸因

理論為藍本，同時吸收了羅特的歸因控制點理論，對無助感理論進行了卓有成效的修訂。

　　一般來說，由於長久以來累積的醫學的權威性（即醫生在病人面前永遠是一個權威），精神病科的醫生都有一個不太好的習慣，他們往往不願意承認自己的錯誤，這一傳統似乎從佛洛伊德時代起就開始形成了。他們通常的做法是將與自己意見不一致的人視為闖入該領域的野蠻人，並將其驅逐出境。如佛洛伊德就很少聽得進不同的意見，正是因為這一原因，佛洛伊德先後把阿爾弗雷德·阿德勒（Alfred Adler）、榮格等人驅逐出了精神分析學會。但是，賽里格曼是一個例外，雖然他在精神治療領域有著深厚的造詣，在憂鬱症的預防和治療等方面成就很大，但他從來不逃避批評。相反，他一直強調接受他人批評的重要性，並非常願意接受別人的意見。他曾多次告誡自己實驗室的學生：做研究最重要的是講原則和講證據，絕對不能人云亦云。賽里格曼認為，科學研究上的批評和看戲劇後的批評是完全不一樣的。對一部戲劇而言，過多的批評往往意味著這部戲的失敗；而科學上對某個理論的批評就像是從另一個角度來驗證這個理論，這種批評只會讓這個理論乃至整個科學體系越來越完善。

　　賽里格曼是這樣說的，也是這樣做的。1978年2月，美國著名心理學雜誌《變態心理學期刊》（Journal of Abnormal Psychology）第87期見證了賽里格曼的這一研究態度。該雜誌用一整期來刊登艾布拉姆森和蒂亞斯代爾等人對習得性失助理論的修正意見，以及另外12篇批評賽里格曼習得性失助理論的文章。在這個雙方辯論的戰場上，賽里格曼團隊對早期的習得性失助理論受到的批評做了預先回答，並補充了自己的一些新的研究成果。事實上，正是這次理論的大交鋒，在心理學界掀起了一場習得性失助研究的熱潮，並最終引發了正向心理學研究方向的產生。賽里格曼團隊的有關這方面的一些研究成果會在下文進行具體介紹。

## 三、競選美國心理學會主席

　　美國心理學會擁有超過15萬名會員，是美國心理學界最大的組織，也是世界心理學界最有影響力的組織。從1995年開始，賽里格曼就決定要競選美國心理學會主席一職。因為他認為任職美國心理學會主席，一方面是一個偉大心理學家的榮耀；另一方面更可以為他實現正向心理學理想提供好的機會。不僅如此，其實賽里格曼的心裡還認為美國心理學會主席一職是自己過去心理學研究價值的一個衡量。賽里格曼天性上是一個悲觀者，他其實一直不太敢去競選美國心理學會主席，因為他害怕競選失敗。但自從他有了成立正向心理學的想法之後，似乎戰勝了自己的悲觀天性，他要去勇敢地嘗試。那麼，競選的結果會怎麼樣呢？

　　「第二次世界大戰以前，心理學有三項使命：治療心理疾病、幫助普通民眾生活幸福、培育天才……可50多年之後，我想提醒各位，我們的心理學似乎已經偏離了它的最初的目標，心理學已經成為一種病理性心理學了。心理學不應該只是研究人的弱點和消極方面，它也應該研究人的積極特質、積極力量和美德。心理學不應該只是關注被破壞的部分，它也應該為我們自身最美好方面的培育提供技術支持……50多年來，心理學都以醫學模式來對待人性的弱點和消極方面，這使得我們這些從事心理健康的同行們無法開展有效的預防工作。事實上，我們需要大量關於人類力量和美德的研究，我們要讓心理健康從業者認知到，他們最好的工作是增強普通人的積極力量和積極特質，而不只是修補病人的問題和弱點……」

　　以上這些內容是賽里格曼在競選美國心理學會主席時的演講片段，他當時的一番話引起了在場眾多心理學家的共鳴，大家紛紛向他鼓掌致意，甚至有一部分人激動得熱淚盈眶。最後，他以絕對性優勢戰勝了另外幾名候選人，並以史上最高得票數當選為1998年的美國心理學會主席，其得到的「選票數是第二名的三倍，是歷屆當選人平均票數的兩倍」。競選美

國心理學會主席成功，意味著賽里格曼不僅戰勝了競選對手，也在一定意義上戰勝了自己的悲觀。

## 專欄：競選之後

　　競選美國心理學會主席的演說之後，賽里格曼在家等待著結果公布。

　　「鈴……鈴……」電話鈴聲驟然響起，賽里格曼快步走向電話。

　　他的繼父丹尼斯（Dennies）耳背很嚴重，但此刻似乎也聽到了電話鈴，在客廳裡扯著嗓子大聲詢問：「選舉結果怎麼樣啊？」

　　賽里格曼拿起聽筒，裡面傳出的是朵洛西・康托爾（Dorothy Cantor）的聲音，她是美國心理學會的上一任主席：「喂，馬丁，我想你正在等著競選消息吧，結果出來了……咯吱咯吱……嗡嗡……」電話在一陣電流聲之後是一片安靜，見鬼，家裡的電話居然在這個時候壞了！

　　賽里格曼：「喂……喂，朵洛西，請問，誰贏了？」

　　「選舉不是……咯吱咯吱……」電話裡又是一片安靜，電話信號差得令人沮喪。賽里格曼感覺「不是」似乎是個壞消息。

　　家裡人都在焦急等待，賽里格曼開車去了附近的一個電話亭，回撥給朵洛西女士，但是對方電話卻是忙線，過了好一陣子再打過去還是忙音。「她可能正在和競選成功的那位傢伙通電話，是迪克（Dick）還是帕特（Pat）呢？」賽里格曼心中默默地想著。

　　賽里格曼是個悲觀者，此時沮喪在他的心頭蔓延開來，但是，他運用自己《習得性樂觀》（*Learned Optimism*）那本書裡所寫的與悲觀念頭辯論的技術，很快讓自己重新振作了起來。他想

到了另一個途徑 —— 打電話給雷・福勒（Ray Fowler）博士，美國心理學界的一位德高望重的元老級人物，他以前也曾擔任過美國心理學會主席，而且也參與了這次主席競選的組織工作，他應該知道消息。

電話是福勒博士的祕書接的：「請稍等，我讓福勒博士聽電話。」難耐的等待之後，福勒博士激動的聲音終於在電話裡響起：「你贏了，馬丁！你不但贏了，而且你的選票數是第二名的三倍，是歷屆當選平均票數的兩倍。你贏得了美國心理學會歷史上選舉的最高票！」

## 四、猶加敦半島的度假

在賽里格曼成名之後，他的一次國外度假對正向心理學的發展造成了直接的推動作用，這就是墨西哥猶加敦半島之行。1998 年 1 月 1 日，正是新年伊始，墨西哥加勒比海地區猶加敦半島一個叫做艾庫瑪爾（Akumal）的度假勝地迎來了三位頂尖的心理學家，為首的正是當時剛剛接任美國心理學會主席的賽里格曼。

賽里格曼此時剛剛擔任美國心理學會現任主席（美國心理學會一般有三個主席同時存在，分別是前任主席、現任主席和候任主席），按照慣例，他要為未來一年美國心理學會主席任期內的工作擬定一個主題。他認為心理學界應該突破過去過度偏重於疾病與痛苦的研究傳統，心理學更要深入研究個體的積極情緒、積極力量與美德等層面的內容，心理學要致力於幫助更多普通人追求真實的快樂。怎樣才能讓這個主題更具號召力和吸引力？賽里格曼想到了另外兩位重要人物。

於是，賽里格曼出面邀請了出生於匈牙利的著名心理學家米哈伊・西卡森特米哈伊〔Mihalyi Csikszentmihalyi，目前在美國定居，長期擔任美國

芝加哥大學心理系主任，是著名的「心流」（flow）理論的提出者，致力於探討如何幫助普通人獲得較高層次的美好生活體驗〕和美國著名心理學家福勒倆人來到墨西哥猶加敦半島，和自己一起享受溫暖的陽光、潔白的沙灘和充滿悠閒情調的海邊假日。

在度假期間，經過一個星期的討論，賽里格曼等人最終確定了要發起一場正向心理學運動，並且明確了正向心理學研究的三大支柱，即三個主要內容，並分別指定了相應的負責人。第一大支柱是積極情感體驗，負責人是著名幸福研究專家、世界幸福研究協會主席迪安納；第二大支柱是積極人格，負責人是西卡森特米哈伊，為了加強積極人格研究的可操作性，賽里格曼等人提出要依照美國精神病學會制定的《精神疾病診斷與統計手冊》（DSM）對心理疾病的分類方式來對人的積極特質或美德進行分類和界定；第三大支柱是積極的社會組織系統，負責人是 K. H. 賈米森（K. H. Jamieson）。另外賽里格曼還出面邀請 R. 諾齊克（R. Nozick）負責有關正向心理學的一些哲學問題的研究，對正向心理學所涉及的有關哲學問題進行澄清和釐定。在這次討論之後，賽里格曼還建立了一個正向心理學網站來宣傳正向心理學的理論和思想，網站基地設在賓夕法尼亞大學校內，該網站由賽里格曼本人直接負責，P. 斯庫爾曼（P. Schulman）等人協助其做一些具體工作。

猶加敦半島之行除了討論有關正向心理學本身的理論問題之外，還提出了許多推動正向心理學發展的具體措施，例如怎樣吸引年輕的學者投入到正向心理學的研究中來，怎樣讓正向心理學和人們的日常生活更接近，怎樣在普通的民眾中提高正向心理學的影響等。

為了落實這些具體的措施，1998年以後，賽里格曼利用自己的名望為正向心理學運動拉來了大筆的贊助，許多有影響的基金會都在賽里格曼的影響下為正向心理學研究提供資金。其中坦普爾頓基金會還專門為正向心理學研究設立了獎勵基金。該獎勵每年頒發一次，主要是獎勵那些在正向

心理學領域的研究中，做出傑出貢獻的年輕學者。1999年11月9～12日，在美國蓋洛普基金會的贊助下，正向心理學在內布拉斯加州的首府林肯市召開了第一次高峰會議。賽里格曼、唐納・克利夫頓（Donald Clifton）、迪安納等人都參加了這次會議，這次會議主要討論了正向心理學的幾個重要問題和一些相關的概念，如什麼是人的積極力量，它是一種性格特點還是一種心理過程。

艾庫瑪爾討論之後，為了進一步發展正向心理學，賽里格曼又把這個討論會定期連續舉辦了4年，時間都是每年一月的第一個星期，地點還是艾庫瑪爾。對於邀請誰來參加艾庫瑪爾會議，賽里格曼有著自己的想法，他認為應該讓心理學的學術新秀們來參加會議，以便了解並喜愛正向心理學。於是，賽里格曼每年都會寫信給世界心理學領域的50位頂尖人物，請他們推薦將來最有潛質擔任自己所在院系心理學學科帶頭人的人選。然後，賽里格曼每次從推薦名單中遴選出25人，邀請他們參加自己的討論會（所有參會的費用全部由會議舉辦方承擔）。這些人雖然年輕，但賽里格曼看中的就是他們的潛力，並相信他們最終會成為正向心理學研究的中堅力量。就這樣，憑藉艾庫瑪爾會議這個平臺，正向心理學儲備了一批極為優秀的學術人才，其中著名的如美國密西根大學的心理學副教授芭芭拉・L. 弗雷德里克森（Barbara L. Fredrickson），她在心理學界提出了著名的「積極情緒擴建理論」（the Broaden-and-build Theory of Positive Emotions）。

## 五、和彼得森教授在人類積極特質或美德標準研究方面的合作

1999年11月的一天，賽里格曼接到了一個電話，電話是邁耶森基金會的主席尼爾・梅爾森（Neal Mayerson）先生打來的，他在電話裡表示希望與賽里格曼合作開展一些有關正向心理學方面的項目研究。

邁耶森讀了賽里格曼的一篇關於正向心理學方面的專欄文章之後，覺得正向心理學研究應該會有廣闊的發展前景，所以他主動提出資助賽里格曼的正向心理學研究，他相信正向心理學絕不會像其他項目一樣，其研究成果最終只能擺在書架上積灰而無實際的用處。他決定和賽里格曼合作，一起建立並推廣一個旨在對青少年進行積極干預的專案。

　　為了好好規劃這一專案，賽里格曼特地安排了一個週末，與邁耶森以及一些優秀干預方案的提供者共進晚餐。在這次晚餐聚會上，與會的人在討論後達成了共識，即當前的首要任務是建立一套積極心理特質的分類標準。只有建立一個統一並科學的積極特質的分類標準，才能知道需要對青少年的哪些方面加以干預，進而提高青少年的心理健康。

　　建立積極特質分類標準的想法顯然是借鑑了傳統心理健康領域已成熟的精神病診斷標準的創立經驗。幾十年來，傳統心理學之所以能在精神病治療方面取得這麼大的成就，關鍵就是在美國國家心理衛生研究院的鼓勵和資助下建立起了一套通用的精神疾病診斷標準，即《精神疾病診斷與統計手冊》作為診斷和治療的準繩。目前，這個標準已經發展到了第四版，被國際上許多國家所採用。

　　賽里格曼意識到，積極心理如果想要切實地改善人類的生活實踐，那正向心理學也一定需要建立積極特質的分類標準。經過再三考慮之後，賽里格曼認為彼得森教授是主導這項工作的最佳人選。彼得森教授是一位非常著名的人格心理學家，尤其是在樂觀和希望的研究方面具有世界性權威。他所著的人格心理學方面的專著，如《變態心理學》(*Abnormal Psychology*)等是美國各大學人格教學領域的首選教科書，而且他負責的密西根大學的臨床心理學項目也是全世界公認的最大、最好的人格研究項目。

　　但彼得森教授能同意來擔任這個項目的主持人嗎？賽里格曼對此並不抱太大的希望，因為邀請一個已經成名的學者來從事一項全新的工作實在

不是一件容易的事。不過自從1995年和自己女兒的一番對話之後，賽里格曼就已經不再是一個悲觀主義者了，他願意進行一切新的嘗試並為之努力，所以他還是試著撥通了彼得森教授辦公室的電話，出人意料的是，彼得森教授在了解他的意圖後立即答應了他的要求。

事實證明，彼得森教授擔任這個項目的負責人是最合適不過的，他在接手這個項目後，很快就制定好了項目研究的計畫，並立即帶領一些人全身心投入了項目研究。首先，他們從縱向上羅列人類歷史上所流傳下來的一切美德，這一時間跨度約3,000年；其次，又從橫向上羅列全世界各主要宗教派別、各哲學學派以及各民族傳統文化所提倡的美德；最後，對所羅列的約200種美德進行因素分析，從中提取出所有宗教、哲學學派和社會文化都贊同的內容，他們認為這就應該是他們所要尋找的積極特質的標準。他們之所以這麼做，主要是想把積極特質標準做成一個真正權威、科學、有說服力的跨文化價值標準，從而避免被指責只代表美國白人男性中產階層的價值觀。這一過程總共歷時3年，最終他們順利完成了這項繁雜而又艱苦的工作。

彼得森教授等人的工作成果表明，人類的積極特質可以分為6個大類，它們分別是智慧與知識（wisdom and knowledge）、勇氣（courage）、愛與仁慈（love and humanity）、公正（justice）、節制（temperance）、精神力與超越（spirituality and transcendence）。為了增加積極特質的可操作性，針對每一個大類，他們又區分出了若干可測量的並且可以習得的構成因素（稱為積極力量要素），這些積極力量就像是培養積極特質的階梯，你只要順著這些階梯走，那你就可以最終形成相應的積極特質。當然，每類積極特質所包含的力量要素是不同的，6大類積極特質一共包含有24種力量要素。這個標準為正向心理學的研究者提供了具體評測和培養的可操作目標，同樣也為臨床醫生提供了一套完整的參考內容（具體內容請參閱第五章）。

# 第三節
# 賽里格曼的主要生活經歷

　　賽里格曼所做的這一切努力，既是出於將心理學應用於日常生活，提高普通人生活品質的莫大熱情，同時也是他自己生活經歷的真實寫照。賽里格曼出生在一個不太幸運的家庭，起初他是以研究悲觀在心理學界揚名，但他最後卻成為研究人的積極特質和積極力量的正向心理學的創始人，這或許可以算是一個小小的傳奇。

　　因此，在對習得性失助、習得性樂觀和正向心理學進行考察時，有必要了解一下賽里格曼本身的生活經歷，從一定意義上說，賽里格曼本身的生活經歷也許就是正向心理學理論的一個重要組成部分。

## 一、主要的受教育經歷

　　賽里格曼出生於1942年8月12日，出生地為美國紐約州的奧爾巴尼市，他的母親是當地的一位公職人員，父親老賽里格曼是一位著名的律師，因而賽里格曼的早年生活還是蠻安逸的。

　　賽里格曼的中小學教育是在自己的家鄉紐約州完成的，中學畢業後，他於1960年進入了著名的普林斯頓大學攻讀學士。由於受佛洛伊德精神分析的影響（當時美國的許多學者把佛洛伊德的理論看作一種哲學，而不是心理學），賽里格曼當時學習的是哲學。不過在這期間，他閱讀了大量的心理學書籍，由於當時新行為主義心理學在美國心理學界占據了絕對的地位，因此，他也逐漸對行為主義心理學的動物研究產生了興趣。

　　1964年，賽里格曼以優等生的身分從普林斯頓大學畢業，並獲得哲學學士學位。由於學習成績優異，他於畢業那年獲得了普林斯頓大學精神哲學獎，這是該校對於哲學類學科的學生所頒發的最高獎。他大學畢業後一

年，由於在校期間的突出表現，又獲得了伍德羅·威爾遜獎學金。

學士畢業之後，他帶著伍德羅·威爾遜獎學金進入了賓夕法尼亞大學攻讀心理學博士學位，他的導師是著名的實驗心理學家所羅門教授。在賓夕法尼亞大學，賽里格曼表現出對動物行為的研究興趣，他先是與J. B. 奧弗米爾 (J. B. Overmier)、B. A. 坎貝爾 (B. A. Campbell) 等合作，後來又與麥爾合作研究了狗在受到預置的不可避免的傷害後所表現出的習得性失助，在這一期間，其研究主要是行為主義的刺激和反應動物研究。博士就讀期間，賽里格曼就表現出了一定的學術天賦，他一共發表了5篇學術論文，其中有2篇發表在心理學的國際權威期刊《實驗心理學雜誌》(*Journal of Experimental Psychology*) 上，並有一篇論文被3種雜誌分別轉載。他也因表現優異而獲得了賓夕法尼亞大學的最高獎學金「國家科學基金會研究生獎學金」。1967年，賽里格曼順利獲得了賓夕法尼亞大學的心理學博士學位。

此後，他還於1989年獲得了瑞典的烏普薩拉大學榮譽博士，1997年獲馬薩諸塞專業心理學院的人文學榮譽博士，2004年獲西班牙馬德里康普斯頓大學榮譽博士學位等。

1964年，大學畢業後不久，賽里格曼和曼迪·麥卡錫 (Mandy McCarthy) 結婚，這是一段美滿的婚姻。麥卡錫不僅是一位持家能手，更是賽里格曼工作中的好幫手。賽里格曼多數著作的第一位讀者就是麥卡錫，而麥卡錫每次都是帶著欣賞的目光來閱讀丈夫的文章。麥卡錫不是心理學家，但她會把自己女性特有的生活經驗告訴賽里格曼，讓賽里格曼從中獲得靈感和啟發。對於這一點，賽里格曼曾在他的著作《真實的幸福》(*Authentic Happiness:Using the New Positive Psychology to Realize Your Potential for Lasting Ful fillment*) 中提到。賽里格曼夫婦一共生有7個孩子，他們的名字分別是阿曼達 (Amanda)、大衛 (David)、拉臘 (Lara)、尼科爾 (Nicole)、達里爾 (Darryl)、卡莉 (Carly) 和珍妮 (Jenny)。

## 二、主要的教學及科學研究實踐

　　賽里格曼一生去過許多國家，但都是成名之後參加講座而去。早期對其學術研究具有重大影響的海外遊學經歷主要有兩次，一次是1975年去英國倫敦大學的莫德斯利醫院精神病學研究所進修。另一次是1982年賽里格曼到德國柏林的馬克斯‧普朗克研究所做訪問學者，期望把量子力學中關於能量的研究應用於人類的精神領域，德國的這次遊歷對他以後提出正向心理學思想具有極大的影響。

　　1967年，賽里格曼博士畢業之後，來到了紐約伊薩卡島的康奈爾大學擔任助理教授，進行實驗心理學的教學工作。康奈爾大學是個很小的學校，儘管校方提供了賽里格曼許多便利的研究條件，但賽里格曼卻始終想念賓夕法尼亞大學良好的心理學研究條件和學術氛圍。三年以後，由於賽里格曼的心理學研究在當時的美國心理學界已經小有名氣，1970年，賽里格曼應母校的邀請再次回到了賓夕法尼亞大學，不過這一次他不再以一名學生，而是以一位研究者的身分來到了母校。他先在該校的精神病學系接受了為期一年的培訓，然後重返心理系擔任教學工作。從這一年起，賽里格曼的學術生涯都是在賓夕法尼亞大學度過的。

　　1972年，賽里格曼升任賓夕法尼亞大學的心理學系副教授，1976年他從英國倫敦進修回來後，破格晉升為賓夕法尼亞大學心理系教授。同年，他因習得性失助的研究而獲得了美國心理學會頒發的新人獎 —— 這個獎項每年只頒發給一位出道不到10年，但是對這個領域做出了傑出貢獻的心理學家。

　　從1980年起，賽里格曼開始擔任賓夕法尼亞大學心理學系的臨床訓練主管，他在這個崗位上任職了14年。1998年，他擔任美國心理學會的主席，亦為美國心理協會臨床心理學部門的前任主席。他現在仍然擔任國際正向心理學網站的主管，也是邁耶森基金會「價值實踐」計畫的科學主

管。同時，他還是科西公司的科學總裁，該公司專門研究不同階層人士的成功狀況。

1998 年，賽里格曼當選為美國心理學會主席之後，他認為，心理學在 20 世紀取得了巨大的進展，人們已經能熟練治療幾十種在 40 年前還無能為力的心理疾病，但這顯然還不夠。他希望心理學不僅僅能減少人的心理痛苦，比如憂鬱、恐懼，也要能增加人的心理幸福，比如快樂、自信、寧靜等。這一觀點獲得了其他心理學家的支持，這不僅堅定了賽里格曼建立正向心理學的決心，同時也增強了他的責任心和使命感。

按照慣例，他有權利在美國心理學會主席任期內，選某一個領域作為自己任內的主題研究，於是，賽里格曼決定選取旨在讓全人類繁榮興旺的正向心理學作為自己任內的主題研究內容之一。

在具體研究方法上，賽里格曼吸取了人本主義心理學的經驗教訓，主張強調正向心理學研究的科學性，也就是說，正向心理學要以心理學傳統的實證研究方法為主，要把心理學的主題和人類的生活實踐相結合。在研究對象上，賽里格曼也沒有把正向心理學研究和過去的傳統心理學研究對立起來，而是把正向心理學看作傳統心理學的一種補充。事實上，過去的心理學界也有少數心理學家在研究人類的積極心理，但這種現象從沒有成為心理學研究的主流，直到賽里格曼旗幟鮮明的一番高調吶喊，心理學才正式誕生了一個以研究人類的積極特質、積極力量和美德為核心的分支 —— 正向心理學。

讓我們來看看美國《時代雜誌》對賽里格曼的評論：賽里格曼想要說服這個行業的大部分同仁，去探索零度以北的地區（當一個人什麼心理疾病也沒有時，也只是處於零度的位置，這並不意味著他獲得了幸福），去找尋能使人們感受到自我實現的、參與的、有意義的真正幸福。賽里格曼對這個新領域的熱情激發了許多心理學家們對正向心理學的研究熱潮，這

些研究包括幸福、樂觀、積極特質和積極情緒等多個方面。賽里格曼本人也身先士卒，全身心投入正向心理學的研究之中，並在2002年出版了《真實的幸福》一書，向普通大眾系統介紹了自己的正向心理學研究成果。

賽里格曼的理論核心著眼於心理學和正常的普通人之間的關係，著眼於怎麼讓這個世界成為一個更加幸福、更加樂觀和令人滿意的地方。這些觀點被《紐約時報》、《時代雜誌》、《新聞週刊》、《美國新聞與世界報導》、《今日美國》、《財富》、《讀者文摘》、《紅書》、《父母世界》、《家庭圈》等眾多流行雜誌競相刊登。

賽里格曼是一位嚴謹的學者，同時他也是一位優秀的理論行銷師，他懂得刺激普通觀眾或聽眾，這對增強自己理論的生命力至關重要。因此，賽里格曼經常往返於各地，為教育界人士、工業界人士、家長和心理健康職業者做各種演講，他還在不同的專欄撰寫文章，這些文章題材廣泛，涉及教育、暴力和心理治療等多個方面，但其核心則是強調怎樣發掘和培養人的積極特質。他也經常參加各種電視和廣播節目，就各種話題和正向心理學的內容發表觀點，將他洞悉的樂觀型人格的長處和積極特質所具有的力量傳播給人們。賽里格曼的這些做法不僅擴大了正向心理學在民眾中的影響，也在一定意義上也為心理學贏得了社會聲響，堅定了人人需要心理學的社會信念。

為了進一步發展正向心理學，2003年，賽里格曼在賓夕法尼亞大學成立了應用正向心理學碩士（MAPP）班，招收專職的正向心理學碩士，這是全球第一個以正向心理學為主要教學內容的教育項目。透過這個項目，賽里格曼為培訓正向心理學專家創建了一個平臺，他期望這些正向心理學專業的學生畢業後能幫助人類，使這個世界成為一個更快樂的地方。事實上，這項努力在全世界形成了廣泛的影響，後來世界各地的許多大學，如哈佛大學、墨爾本大學等都相繼開辦了正向心理學課程。2006年，在賽里格曼等人的倡導下，第一屆國際正向心理學高峰會議在美國華盛頓舉辦，

吸引了幾百位心理學家的參加，會上相關的研究百花齊放，可謂是心理學界少有的盛況。正如2007年《紐約時報》所發表的評論，賽里格曼受到了學術界的熱烈擁護，這項運動看起來後繼有人。

針對傳統心理學定位的診治功能，賽里格曼把正向心理學定位於心理預防。他在擔任美國心理學會主席期間，大力提倡加強心理預防。他認為，心理疾病一旦患上，要徹底矯治它並不是一件容易的事，而預防心理問題的產生則相對容易得多。賽里格曼說服了一些心理學家和他一起來實施心理預防研究項目，這個項目不僅獲得了梅隆基金會及國家精神健康研究院（NIMH）的長期支持，還建立了所羅門·阿希研究中心，該中心與全球多個大學開展合作研究，這進一步擴大了正向心理學的影響，同時也吸引了一批才能出眾的心理學家加入正向心理學的研究隊伍。為了使正向心理學研究具有充足的研究經費，賽里格曼沒有局限在傳統的政府資助上。他相繼邀請了蓋洛普基金會、邁耶森基金會、皮尤慈善信託基金會）、愛林伯格基金會、坦普爾頓基金會以及大西洋慈善基金會等成為研究資助組織，並從這裡獲得了大量的研究經費。

2020年，賽里格曼已經78歲了，他所做的一切並不因美國公眾、國會或者美國衛生保健決策者的苛責和要求，而是出於他對正向心理學事業的滿腔熱情。

從2005年開始，每年的春天和夏天，賽里格曼都會邀請世界各地正向心理學領域的一些頂尖學者（包括艾庫瑪爾會議的參加者）到賓夕法尼亞大學的校園內聚會，這成了心理學界特有的「正向心理學慣例」。這是一個非嚴肅性的聚會，包括學術演講、討論會、成果展示、研究規劃等，用賽里格曼的話來說，這個聚會就是提供一個把酒言學的機會 —— 各位學者一起隨意坐坐，喝喝啤酒，交流一下自己的想法。賽里格曼的這種聚會方式明顯是模仿了二戰前尼爾斯·波耳（Niels Bohr）在丹麥哥本哈根舉

行的研討會，他把世界各地的頂尖原子科學家們聚集在一起，既工作，也休閒，這最終達成了對原子結構的共識。

## 三、在心理學發展歷史上的地位及貢獻

賽里格曼在20世紀最著名的100位心理學家中排名第31名，同時在普通心理學教科書中被提名次數，排名第13位。這是S. J. 哈格布魯姆（S. J. Haggbloom）等學者根據6項指標（其中3項為質的指標，3項為量的指標），以及對1725名美國心理協會會員的問卷調查而得到的，這一調查共對符合標準的219位心理學家進行了數據蒐集，並對相關數據進行了嚴格而科學的統計。

美國心理協會是由那些最正統的心理學研究者所組成的一個心理學協會。相對於美國心理學會比較強調心理學的應用性，同時以心理學研究技術見長，美國心理協會特別強調心理學研究的科學性，其會刊便是世界知名的心理學期刊《心理科學》。這個排名也許並不完全客觀〔以提出遺忘曲線而聞名的著名心理學家赫爾曼·艾賓浩斯（Hermann Ebbinghaus）並沒有進入這個排名的前100名〕，但這至少在一定程度上說明了賽里格曼在心理學發展歷史上的地位和貢獻。

賽里格曼就任美國心理學會主席後的目標主要有兩個：一是利用心理學來解決人類存在的種族和宗教衝突，另一個就是建立正向心理學。前一項目標由於種種原因完成得不盡如人意，但後一項則完成得相當漂亮。

賽里格曼因在憂鬱、無助感、社會行為、兒童憂鬱等多個心理學領域的卓越成就而獲得了眾多獎項，其中比較知名的有：美國國家應用學術研究會冠以他「傑出實踐者」稱號；1995年，賓夕法尼亞州心理學會授予他「科學與實踐傑出貢獻獎」；美國心理學會因不同的研究貢獻而兩次頒發給他「傑出科學貢獻獎」；美國應用心理學及預防協會授予他「羅拉獎」以表

彰他對預防青少年憂鬱所做的貢獻；美國精神病理學研究學會頒發了「終身成就獎」。1991年，由於他在基礎科學領域的傑出貢獻，美國心理協會向他頒發了「威廉·詹姆斯獎」，1995年又頒發給他「詹姆斯·麥基恩·卡特爾獎」，以表揚他在心理學理論的推廣和應用方面獲得的成就。

賽里格曼的學術研究獲得了眾多機構的廣泛支持，包括：美國國家精神健康協會自1996年至今每年都給予經費支持，此外，美國國家老年化研究院、美國國家科學基金會、古根漢姆基金會，以及麥克阿瑟基金會等都提供了大量的經費支持給他的研究。

賽里格曼既在學術界和臨床心理學界久負盛名，同時也是一位小有名氣的暢銷書作家。到2006年為止，賽里格曼出版了21本書，其中絕大多數是個人專著，發表了218篇有關動機、人格等各方面的學術文章。《科學》、《今日心理》、《美國心理學家》、《實驗心理學》、《人格與社會心理學》、《行為研究與治療》、《認知治療與研究》、《變態心理學期刊》、《比較生理心理學》、《臨床諮詢心理學》等世界性權威雜誌都刊登過他的論文。賽里格曼為心理學領域做出了卓越的貢獻，現在仍繼續為這個特別的、不斷成長的領域 —— 尤其是正向心理學 —— 在做著貢獻，這從他近幾年的主要學術文章中可以看出：

如「積極心理治療」、「早期青少年女性的憂鬱預防：女校組與男女同校組的初步研究」、「自我約束對青少年學術成就的預測比智商更有效」、「女性的自我約束優勢：自我約束、年級和成績測驗的性別差異」、「周邊特質力量與疾病復原」、「平衡的心理學與完整的生活」、「共同的美德：跨文化、跨歷史人類力量的集合」、「臨床實踐中的正向心理學」、「青少年早期憂鬱和焦慮症狀的學校預防：一個包括家長干預成分的試驗」、「憂鬱症狀的學校預防：賓夕法尼亞復原力計畫的效度和特徵」、「幸福感和生活滿意度的目標：充實的生活和空虛的生活」、「復原力對於治療和預防青少年

憂鬱的作用」、「積極視角的青少年發展」、「讓人們更幸福：一個透過運動建立積極情緒、參與和意義的隨機控制研究」、「正向心理學進展：干預的實證研究」等。

賽里格曼的多本學術專著已經被翻譯成了超過20種語言，在國外深受人們的好評。他的著作主要有《習得性樂觀》、《改變》（*What You Can Change and What You Can't:The Complete Guide to Successful Self-Improvement,* 1993）、《樂觀的兒童》（*The Optimistic Child:A Proven Program to Safeguard Children Against Depression and Build Lifelong Resilience,* 1996）、《真實的幸福》等（以上這幾本著作已經被翻譯成中文）。

賽里格曼是個什麼樣的人？也許他的學生蘇珊·約翰遜（Susan Johnson）的評價能給人們一些啟示，她說：

「馬丁總是會讓我大吃一驚。當你年輕的時候，你總是認為你能改變整個世界。但隨著年齡的增加，我們終於認知到能完成的事並沒有我們想像得那麼大，所以，我們轉向了某個小的領域，去嘗試控制其中的一小部分。但馬丁卻似乎永遠不長大，他仍然認為自己能夠改變這個世界，總是做一些稀奇古怪的事。」

「要說賽里格曼在心理學史上的地位，我們必須指出，他是聽從喬治·米勒（George Miller）在美國心理學會主席就職演說中『播散心理學』（Give Psychology Away）忠告的極少數心理學家之一」，麥爾等人在文章中高度評價了賽里格曼。很多嚴肅的心理學家並不喜歡跟普通大眾交流自己的想法，尤其是自己在專業裡的一些想法，但賽里格曼從來不羞於此事。他把基礎性的研究轉化成通俗易懂的內容，呈現給公眾，同時又不過度簡單化或迎合當前的潮流。未經過專業訓練的讀者也能夠看懂深奧而重要的心理學內容，這激起了人們對心理學的極大興趣，並一直持續下去。他的暢銷書總是能夠傳播一些有價值的內容，因此總能和他的論著、期刊文章一樣引人稱讚。

縱觀賽里格曼的研究歷程，我們不難感受到他所具有的敏銳觀察力、富於想像的創造力，以及勇於挑戰權威的科學精神。

　　賽里格曼身上有著勇於接受批評、積極改進的優秀特質。他善於汲取他人思想營養，碰撞思想的火花。

　　此外，儘管賽里格曼在學術上有著傑出成就，但他並不是只懂鑽研學術，相反，他熱愛生活，風趣幽默，興趣也非常廣泛。他熱愛橋牌，大學裡就是一名職業橋牌手。後來，他身居要職，學術和工作任務繁忙，卻仍將每週三晚上的時間抽出來與朋友切磋橋牌技術。他也經常在地區性橋牌錦標賽中獲獎，1997年還曾與搭檔聯合獲得「北美地區橋牌錦標賽」第二名。他還堅持每天游泳，讓自己的身體、情緒、睡眠都變得更好。另外，各電視臺、報紙專欄都爭相採訪、邀請賽里格曼，一方面是他的學術成就引人注目，另一方面也在於他的演講技巧和優美文筆。他擅長將深奧的心理學研究和大眾日常生活融合到一起，無論是演講還是專欄，都信手拈來，生動風趣，深受公眾的喜愛。

　　現在，賽里格曼正在為不斷成長的正向心理學做著自己的貢獻，他希望透過自己的努力集結更多的心理學工作者，從而使心理學走上幫助人們發揮力量和美德、尋找真正的幸福之路。我們相信，總有一天，我們會生活在一個真正快樂的地球上！

## ▌第四節
## ▌關於正向心理學的幾個爭論

　　正向心理學的發展取得了相當大的成就，這不僅展現在正向心理學取得了一批令人矚目的研究成果，更展現在正向心理學的影響範圍已經從美國遍及了全世界。不過，伴隨著不斷擴大的影響，正向心理學也一面對臨著一些爭議，這些爭議在一定程度上困擾著它的進一步發展。

# 一、不夠精準的術語 —— 複雜的幸福感

　　幸福感是正向心理學的關鍵概念，它既是人積極體驗的核心，同時也是人生活的最高目標。人類所有的努力都是為了提高幸福感和改善未來。任何人追求任何事物都是源於某種幸福感的驅動，也就是追求能讓自己感覺良好或感到滿足的事物。生活因為有了幸福感而變得豐富活躍，生命因為有了幸福感而變得快樂和有意義。不論人們處在什麼樣的環境下，有什麼不幸的遭遇，只要人們能從中發現幸福的根源，那麼所有的努力和遭遇都會變得值得。那麼，幸福到底是什麼？儘管正向心理學對此做過多次的回答，但實際上這是一個很難回答清楚的問題，即使是在兩千多年的哲學歷史中，也沒有任何一個概念能比幸福更模糊。

　　當代大多數心理學家都是從人的主觀感受方面來研究幸福，認為幸福就是根據自己的標準，對生活品質進行綜合評價後的一種積極體驗，是指主體認為自己現有生活狀態，正是自己理想生活狀態的一種肯定態度和主觀感受，也就是人們常說的主觀幸福感（SWB）。很多正向心理學家也持同樣的觀點，認為主觀幸福感既是一個人對自我的生活狀態、周圍環境和相關事件的滿意度的認知和評價，同時也是一個人在情緒體驗上對這些方面的主觀認同，即幸福是兩者的結合。

　　不過，用這種觀點來解釋幸福可能存在幾個問題。

　　第一，若不涉及任何個人所處的特定環境、過去生活經歷等因素，單憑一個主觀幸福感分數，並沒有太大的意義。假定有兩個人的主觀幸福感得分完全相同，但一個人正在貧困和逆境中掙扎，而另一個人則生活富足、一帆風順，那麼這兩個人的主觀幸福感得分所代表的意義就完全不同，但這一點在研究中根本區別不出來。另外，對不同的人來說，要維持一個同樣水準的主觀幸福感，那些處境越消極的人，就越需要做出更大的適應努力，主觀幸福感分數也反映不出這種幸福努力。因此，一個主觀幸

福感得分的真正價值，可能還需要用當前環境的消極指數和其適應逆境的歷史因素來解釋。

第二，僅用主觀幸福感來測量人們對於幸福的感覺是否太過籠統和主觀？M. C. 努斯鮑姆（M. C. Nussbaum）認為，目前的主觀幸福感測量，逼得人們要將許多不同類型或領域的經驗整合為一個單一的整體，其中一些可能是令人滿意的，而另一些則可能不那麼令人滿意。那些不滿意的，在這一過程中就會處於「被平均」的地位，所謂的住在富人旁邊的窮人也「被平均」成了富人。不僅如此，那些毫不猶豫地認為自己的生活是成功的人，有可能是缺乏抱負和自我主見的人。也就是說，對生活降低期望和消除慾望，得過且過，同樣可以提高個體的幸福感，而這似乎有悖於幸福本身的真實意義。而且每個人對幸福感的判斷標準是完全不同的：如果對幸福感只做主觀測量，強調所有的幸福都只是個體對自己的一種感覺，這就會導致有些人的生活，可能令人滿意的事並不多，但仍評估自己是幸福的；而另外一些人的生活中可能擁有大量令人滿意的事，但由於其有更高的主觀標準，因而就會評估自己為不幸福。

第三，從幸福與道德之間的關係來看，幸福可以分為兩大類：一類是建立在道德價值之上的，我們稱之為綠色幸福（Green Happiness）；另一類是建立在違背道德價值之上的，我們稱之為黑色幸福（Black Happiness）。而目前的幸福感的定義卻不包含任何道德價值，採用這樣的概念來解釋人類的幸福就存在一個明顯的道德缺口。有些人可能透過道德敗壞的行為找到了幸福感、滿足感甚至是自我實現的感覺，這種黑色幸福感難道也可以成為人們追求的目標？幸福感研究的這種價值中立，減弱了人們的道德意識，並在一定程度上鼓勵了不擇手段，影響了人們在創建積極社會組織機構時對文明和美德的重視。

因此，心理學應該找到一個更客觀和更全面的方法來定義和測量幸

福，有一些心理學家在這方面進行了嘗試，其中比較著名的有塞恩（Sen）和努斯鮑姆等人，他們主張心理學要為幸福開出一張實實在在的、客觀的清單，因此這一理論又被稱為客觀清單理論（Objective-List Theory）。在這個理論中，幸福可以透過若干可操作的方向得到精確測量，這些方向主要包括良好活動或操作的能力、以及機遇等方面，比如生活、身體健康、想像力、情感、思想、人際關係、社會歸屬感、能力發揮、感官的運用等。

　　不過這種定義幸福的方法看似提高了可操作性和客觀性，人們也確實借此可以明確自己的幸福之路，但這種客觀的解釋還存在一個很重要的問題，那就是幸福又有可能變得捉摸不定。因為，如果某人認為自己並不幸福，那即使有最好的客觀優良指標，人們也不能肯定地說這個人是幸福的！

　　這樣看來，人們似乎會很自然地想到要從主客觀二者結合的角度來解釋幸福，但用這種混合的方式來解釋幸福，也存在一定的問題：主觀和客觀標準之間缺乏可靠的相關性。如果一個人報告自己很幸福，而客觀指標測量出來卻不幸福，那這樣的人到底是幸福還是不幸福？同樣主觀報告不幸福而客觀指標顯示很幸福的人，又算作怎樣的人？不僅如此，幸福客觀清單上所列的這些標準，就它們每一條而言，可能是可操作和可測量的，但如何使幸福客觀清單上的所有要素成為一個可操作化的整體，即各項指標的排列順序，以及它們在幸福中所占的比例或權重等問題還沒有解決。

　　所以，幸福感這一正向心理學運動中的核心概念，目前仍然是複雜和不夠明確的，如何對其進一步明確，應該引起正向心理學研究的重視。

## 二、積極和消極之間複雜的關係

　　在主觀層面上，正向心理學主要研究人類的積極情緒體驗。事實也的確證明，積極情感體驗確實能帶給我們莫大的益處，這些良好的感覺改變

了我們的心態，改善了我們的身體系統，帶給我們很多有益於身心健康的結果，比如抵禦逆境、成熟的心理成長、減少對壓力的激烈反應等。但是這種對積極的過度強調，也使得正向心理學始終受到一個批評，那就是它忽視了消極的好處，同時也沒有足夠重視積極情緒可能帶來的壞處。這種過度強調積極，會使人們對生活中非常現實的消極面沒有充分認知，從而對世界持一種盲目樂觀的觀點。

正如 D. M. 哈布龍（D. M. Haybron）所說的，「任何關於幸福感理論的一個重要任務，就是對愉快和不愉快的經驗 —— 尤其是對不幸的遭遇 —— 要做出可靠的解釋」。一方面，從本質上說，積極的情感也許並不是在任何時候都有益，過度強調用積極的情感態度來解決所有問題，有時可能會適得其反，因為積極的情感並不一定就必然有積極的結果。比如當人們在生活中面臨許多困難時，不管其怎樣努力地用積極的態度去奮鬥，都不能改變已有的這些痛苦，這就有可能使人變得比原來更加痛苦。而另一方面，一些消極情緒（如內疚、遺憾、失望、憤怒等）在有些時候卻能激勵人們做出積極的改變，所謂的知恥而後勇，也就是說，適當的消極也是人發展所必需的重要因素。

歸根結底，人的健康發展往往是很複雜的，它涉及各種積極要素和消極要素的相互作用。所以，大部分心理現象若要被正確理解，就一定要同時考慮到積極和消極兩種經驗，只有這樣才能從整體上充分了解生活的複雜性。如果只片面地考慮積極的益處，那人們將無法完整了解真正的幸福感。積極和消極對人們的生活都很重要，演化機制決定了人們的生存必然要依賴它們兩者。

## 三、關於美德和積極特質的爭議

正向心理學強調心理學應該研究人內心存在的積極力量，也就是研究積極人格，積極人格主要指個體由積極特質和積極力量所組成的那部分人格結構，正向心理學認為只有人的積極力量得到培育和增長，人性的消極方面才能被消除或抑制。如果人格心理學僅僅只是以幫助人們消除問題人格，或人格中存在的消極方面為中心，即使所有的問題都被消除，人本身具有的積極力量也不可能得到自然增長，這樣的人也不可能成為一個完善的自我實現的人。

所以，賽里格曼和彼得森教授總結出了一些幾乎在世界所有文化中都被肯定的普遍美德，並對此做了系統分類。在這個分類系統中，積極人格的核心是6大積極特質，而每一種積極特質又都可以透過幾個具體的積極力量得以表現，這樣共提出了24種積極力量。

但這一分類系統也存在一些問題和爭議。首先，這一積極人格分類系統只是各種積極特質的一個集合體，而缺乏一個主導美德。也就是說，這些積極特質和力量被視為彼此獨立和平行，它們之間的相互作用沒有被考慮到。賽里格曼和彼得森教授認為，一個擁有良好道德品格的人並不需要具有清單上所列的所有積極特質和力量，有時候可能只需要具有某一種或兩種積極特質，就可以算是擁有了良好的品格。但這種觀點實際上沒有注意到一種積極特質與另一種積極特質間可能存在相互衝突的問題，也沒有關注到各種不同的特質如何融入人們的具體生活，以及融入的程度等。也就是說，這一分類系統並沒有明確那些擁有一種或兩種積極特質，總體上品德良好但並不具有特別突出的積極特質的人，與在某種情況下，偶然做出良好道德行為的人兩者之間的區別。比如，有的人可以透過勇敢和良好的自我控制等積極力量來獲得自己的幸福，但這些人在追求自身利益的時候卻又過度關注自己而很少關心別人，甚至還可能會做出一些有損他人利

益的事,這樣的人難道也可以被稱為擁有良好道德特質的人嗎?當然不能,但如果按照積極人格分類系統,這樣的人至少擁有了兩種積極力量,他就應該被稱為具有積極人格特質的人。所以,積極人格分類系統還應該對24種積極力量之間的關係做出研究和界定,並使之和人類的普世價值觀結合起來。

其次,所謂的積極特質是否都應該被貼上「積極」的標籤?J. K. 麥克紐迪(J. K. McNulty)等一些研究者仔細研究了正向心理學目前比較推崇的幾種積極特質,具體如寬恕、積極思考和仁慈等。他們發現,所謂的積極心理特質本身並不總是具有積極或消極特性。人格特質是促進還是削弱個體的幸福感,主要取決於這些特質運作的具體背景環境。也就是說,幸福感並不是單獨完全由個體的心理特質所決定,而是由心理特質和個體所處的社會環境的相互作用而決定。

比如,在一個極端險惡的環境下對壞人仁慈可以算作積極嗎?而且,人們還有理由擔心,總是一味地努力培養那些曾經經歷過不理想環境的人的積極特質,這不僅可能導致培養本身的失敗,還可能對培養對象造成傷害。所以,人們需要更深層次地思考正向心理學,進一步細化積極特質的關聯屬性,而不是簡單地為心理特質貼上「積極」或「消極」標籤。具體來說,正向心理學應該從研究那些可能提高幸福感的平均特質開始,再深入研究各種心理特質具體在何時、對誰、在何種程度上可以提高個體的幸福感。S. 隆博米爾斯基(S. Lyubomirsky)也持同樣的觀點,他認為不管從什麼角度來定義積極,都不能彌補人類生活的包羅萬象和千變萬化,正向心理學在這方面應該持更開放的態度。

麥克紐迪等甚至還聲稱,把寬容或其他任何特定的心理特質定義為「積極」都是不準確的。特質是一個價值中立的東西,這正如一把刀,它的性質應該取決於在什麼時候用,以及如何用,人的特質的性質同樣應該

主要取決於情境、文化和時機，即特質不具備超越特定情境的一般性價值。考慮到各種心理特質的情境性特性，以及人們在生活中必定會遇到各種不同的生活情境的事實，正向心理學如果想在提升人們的幸福感方面有所作為，首先，必須提高人們在特定情境下使用積極特質以及如何使用的能力；其次，要提高人在不同環境條件下的認知和行為方面的靈活性，實現合理應對。麥克紐迪等為此還提出了「恰當校準的心理靈活性」（properly calibrated psychological flexibility）的概念，強調心理學應該著重發展人們在特定的情境下使用最合適的認知或行為等方面的能力，並認為「恰當校準的心理靈活性」這一概念足夠抽象，適用於任何情境、文化和時機，而且也是可測試和可教習的。

　　但是，更多的人對此持不同意見，A. S. 沃特曼（A. S. Waterman）等為此進行了心理特質方面的分析，他們透過分析艾瑞克森的人格發展階段理論來做類比，發現在不同背景環境下有不同的結果，這並不意味著心理特質就不應該被貼上「積極」或「消極」的標籤。因為心理學不是拘泥於一事一物，它尋找的是大多數條件下的可能性和規律。而且從過去的絕大多數研究來看，當跨越了時間和背景之後，較大比例的寬恕、樂觀、積極思考和仁慈等肯定可以促進人們更大程度上的心理健康和生活幸福，這意味著這些特質就應該被貼上「積極」的標籤。不僅如此，貼上標籤之後，它還可以為教育和人類生活指出明確的目標，不然教育和人類生活中的教養將無所適從。

　　當然，正向心理學關於積極人格分類系統還有很多值得商榷和需要完善的地方，其深度和系統性肯定還都有待加強。如何看待正向心理學存在的這些問題和爭論？如果換一種積極的角度來看，這些問題和爭議的存在反而是值得高興的事，因為這可以促使研究者對諸如樂觀、勇氣等這些人格特質進行深入研究，並把它們和人類的生活結合得更緊密。

雖然正向心理學目前仍存在一些問題和爭議，但其表現出的蓬勃生命力和對心理學界所帶來的貢獻是不容忽視的。更為重要的是，正向心理學的發展歷史只有短短的十幾年，還是心理學界的「新生兒」，爭議的存在不應該也不會成為正向心理學發展的阻力，反而會成為其繼續前進的推動力。

　　總體來看，當前正向心理學的研究內容主要還是圍繞賽里格曼等人1998年在艾庫瑪爾會議中所確定的正向心理學研究的三大支柱。三大支柱之間是相互連繫的：積極情緒體驗的不斷獲得有助於積極人格的形成；如果個體形成了積極的人格，則增加了獲得積極情緒體驗的可能性；而積極社會組織系統則為前兩者的獲得和形成提供了社會支持。

　　從對人類生活的影響來看，積極情感體驗和積極人格方面的研究可以直接幫助人們生活得更樂觀、更開心和更滿意，這兩個領域的研究內容似乎可以為提高生活品質提供直接的方法，是正向心理學的核心組成部分。而積極的社會組織系統則是讓生活更加美好，使人們更樂觀、更開心、更滿意的條件。但是，學者們將他們大部分的注意力傾注在積極體驗和積極人格研究上，而對積極的社會組織系統（第三大支柱）的研究還稍顯稀少。所以，為了更有效幫助提高人類生活的幸福感，正向心理學今後的重大任務就是要提高有助於人類生活幸福的社會和文化方面的條件。賽里格曼在2009年年初的一次採訪中也明確指出，正向心理學未來的發展應以改善社會生活為核心，要致力於把各種正向心理學研究成果應用於人類生活的各個領域，他具體從四個面向談了正向心理學未來的發展方向。

## (一) 積極的生理健康

　　所謂積極的生理健康，就是指個體不再僅僅關注自己生理指標的不良方面（如血壓超過正常多少等），也要關注自己生理指標的良好方面（自己肌肉的彈性處於多麼優良的狀態）。不僅如此，積極生理健康還要求個體在充分

了解自己生理優勢的同時，也能充分利用自己的這些優勢來獲得更多的生理健康。這正如，一個人乒乓球打得好，而另一個人籃球打得比較好，這兩個人都可以分別利用自己的優勢來進行身體鍛鍊，從而達到身體健康。

## (二) 積極的神經科學

經過各領域學者的努力，現在人們已經對許多疾病的神經機制有了非常清楚的了解，如心理學家早在 1950 年代就已經知道了杏仁體控制著人的恐懼情緒，與杏仁體相關的缺陷被稱為心理盲 (Psychic Blindness)。隨後的研究也證實了腦島與人的厭惡情緒相關，眶額皮質則與人的憤怒相關等，但與此同時研究者卻對人的積極神經機制一無所知。因此，許多研究者呼籲神經科學也應該致力於研究人的積極機理，要揭示那些快樂、健康、幸福的人的神經機制，這就是所謂的積極神經科學。

## (三) 積極的社會科學

社會科學構成了一個社會事業發展的有機組成部分，它以社會現象為研究對象，其本質在於尋找使人類社會變得生機勃勃的客觀規律，並幫助每一個個體在求得解放和生活幸福的基礎上，成為一個具有自覺性的命運的主人。

積極社會科學正是這樣一種以人的心理和生理幸福為價值核心的新視野，它使社會科學真正回歸了它的價值意義。積極社會科學是指人們在研究社會現象時，應以人固有的、實際的、潛在的具有建設性的力量、美德和善端為出發點，以引導全體社會成員過上幸福生活為最終目標，這是一種對社會科學本質的真正理解。今天，社會科學所面臨的一項最重要的任務就是調動起所有人的力量、積極特質、智慧和創造性，從而促進社會的日益完美，並以此來滿足人類自身不斷增長的各種需求。

## (四) 積極教育

　　教育是對人的一種教化，它的主要功能在於發展人的社會意義，使人透過一定的活動而成為具有一定知識、能力和社會道德的人。從本質上說，每個人都有自我提升和自我實現的動機或願望，天生具有學習特點的學生更是如此。積極教育就是指教育要以學生外顯和潛在的積極力量、積極特質等為出發點，以增強學生的積極體驗為主要途徑，最終培養學生的積極人格，使學生成為一個幸福快樂的人。從這個意義上說，積極教育並不僅僅是為了糾正學生的錯誤和不足，更主要是尋找並發展學生的各種積極力量和積極特質，並在實踐中實現這些積極力量與學生自身生活的良好結合。具體來說，積極教育就是指在保證傳統的教育內容順利進行的同時，把積極特質和積極力量的培養融合進去，從而讓年輕人學會獲得並發展自己的積極情緒，形成積極人格，學會理解人生的意義，學會建立良好的人際關係，學會善待自己和他人等。

# 第三章
# 樂商是一種可培養的能力

未來的世界是這樣的，
樂商高，學習成績才能高，樂商高，工作能力才能高，
樂商高於情商和智商，幸而它竟然可以後天習得！

從理論上說，人只有樂觀才會堅持，才會做如「堅強貓」一樣的人。比如，當一個保險推銷員一次次登門拜訪一位客戶時，他一定對自己的每次登門都很樂觀，否則他絕不可能多次主動拜訪同一個客戶。因而，一個堅強的人首先就應該是一個樂觀的人。但這裡就有一個問題，樂觀也有程度，那些「阿Q式樂觀」是不是就一定比普通的一般性樂觀更好呢？在人們的日常生活經驗中，人們總覺得「阿Q式樂觀」是一種傻樂，這樣的人並不會比一般的人有更好的發展或更幸福的生活。

　　生活中有一種情形經常發生，有兩個人的生活非常相似，生活環境差不多，工作性質也一樣，獲得的收入也比較接近，但兩個人的心情卻差了很多。一個開朗樂觀，天天開心；而另一個卻整天愁容滿面、唉聲嘆氣。這是為什麼呢？人們首先想到的是那個開心的人之所以開心，可能是因為碰到了開心的事，而那個不開心的人則可能是碰到了不開心的事。可事實完全不是這樣，從統計學角度來看，兩個人碰到的好事和壞事其實都差不多，之所以出現這種差異，主要是因為兩個人的快樂能力出現了差異。快樂不僅僅是一種狀態，它還是一種能力，一種可以習得的能力。這也正是人類研究快樂的一個最重要的理由：因為快樂可以習得，所以才有研究的價值。

　　快樂的能力主要指一個人的樂觀能力，快樂必然以樂觀為基礎，沒有樂觀就一定沒有快樂。樂觀一般泛指對世界、社會、人生等充滿信心和希望，認為理想終將成為現實，善良一定會戰勝邪惡，正義必將戰勝非正義等，正是這種積極信念支撐著人們的快樂。所以在本書中快樂能力主要指個體的樂觀能力，兩者在本書中不做嚴格區分。

　　為了更清楚地表明樂觀的這種特性，在這裡我們依照智商概念提出一個樂觀能力（Optimistic Intelligence）或樂商（Optimistic Intelligence Quotient，簡稱OQ）概念，即人們的快樂或樂觀能力存在大小差異。從本質上

說，樂商不僅僅指一個人樂觀程度的高低，它還指個體從所經歷的生活中如何獲得快樂以及獲得快樂的技術、方法、手段及相應的策略等。所以樂商主要包括以下四個方面的內容：

第一，樂商的第一個組成部分指人感受樂觀的程度，即個體的快樂感受閾限，也就是人們通常所說的快樂感受力。不同的人對待同一件事，其感受到的快樂是不一樣的，而這取決於個體的閾限值。比如一位小學校長發給每位老師100元的午餐補助，學校的甲老師就會很開心，會把這件事當作一件幸運的事給自己的朋友或親人們宣講；而另外一位乙老師，則有可能會把這件事當作是一件消極的事，到處講給其他人聽，因為他發現其他學校給老師的午餐補助是200元，他覺得只拿到100元午餐補助簡直是倒楣透頂。

快樂的閾限也就是所謂的「笑點」，人們常常在生活中用「笑點」這個詞來描述一個人。如果一個人的笑點比較高，那他在日常生活中就不太容易快樂起來；而笑點較低的人則更容易快樂起來，因而人們要努力降低自己的笑點。每個人都有一個相對固定的笑點，碰到一件快樂的事之後會變得開心，笑點值也從而下降（所謂人逢喜事精神爽，看什麼都美好），但隨著時間的推移，人們又會重新回到自己原來的笑點程度；同樣，一個人碰到了一件消極的事之後，他的笑點值也會因此而升高（所謂的悲傷令人滿目瘡痍），其快樂感受力則會暫時下降，但隨著一段時間之後人們又會恢復到自己原來的笑點程度。

那麼，笑點到底由什麼來決定呢？從現在已有的研究來看，基因和後天環境可能分別發揮著一半的作用（這也是部分心理學研究者的一種推測，並不一定就確實如此）。不過，心理學的研究發現，有兩件事可以真真切切地影響人的快樂感受力，這兩個因素的影響可能會持續人的一生，但不會遺傳給下一代。

因素一，從壞的方面來說，長時間的噪聲經歷會降低人的快樂感受力，而這種降低不是暫時的，有可能是終身的。這是因為現代科學發現，一個生活在吵鬧環境中的人，大腦中那部分管快樂的神經，會因噪聲的刺激而萎縮。

因素二，從好的方面來說，整容能提高人（特別是女孩子）的快樂感受力，而且這種提高了的快樂感受力能終身持續下去。這一研究結果似乎和中華傳統文化有點牴牾，傳統文化強調「身體髮膚，受之父母，不敢毀傷」，即自然的才是最好的。其實，從心理學已有的研究來看，如果技術成熟穩定、經濟條件允許、和家人溝通方面順暢，人們借助整容來提高自己的快樂感受力也不失為一種好方法。

另外，迪安納研究發現，有兩個消極事件對人們的快樂感受力損害頗大，可能需要5～8年才能恢復到自己原來的程度，一個是個體失去心愛的伴侶，另一個是工作失業。

第二，樂商的第二個組成部分指個體從消極事件中獲取積極成分的能力。人不可能一生都碰到積極事件，面臨消極事件時，個體必須具有能從消極事件中獲取到積極成分的能力。從消極事件中獲取的積極成分越多，人們也就越容易擺脫消極事件的影響，其樂商也就越高，這種能力其實就是心理學通常所謂的積極應對能力。

如何才能有效地從消極事件中獲取積極成分呢？這可能是一個十分複雜的問題，但其中的一個核心要素是提高一個人的見識、知識、和閱歷，高見識的人更有可能全面地看待自己所面臨的問題或消極事件，從而獲得問題之外的另外一些積極訊息。如很多人的人生意義主要展現在事業方面，而事業成功與否主要透過權力和金錢這兩個指標，因而他們相對都比較喜歡賺更多的錢和獲取更大的權力。但實際上金錢和權力包含有一長串的副作用，如使人陶醉、忽視風險、盲目、過高估計自己等。

加州大學柏克萊分校的達契爾‧克特納（Dacher Keltner）教授的研究就發現，權力會讓受試者變得更加衝動，風險意識更低，而且更不會從別人的角度或觀點看待問題，也即權力會使人失去移情的能力，不會設身處地為別人考慮。心理學有一項實驗要求受試者在自己的額頭上寫一個大寫字母「E」，結果發現，凡是擁有較大權力的人，在自己額頭上寫的「E」，更有可能是他自己看起來是「E」，而外人看起來卻是開口相反的「E」，普通人則不存在這種現象。如果有合適的機會，你可以讓你的主管試試做下面這件簡單的事，讓主管用兩隻手的食指，擺出一個「人」字。你看看你的主管是擺出了「人」字還是擺出了「入」字，而同樣的行為你再讓公司新來的新人做一下，就會發現兩者之間可能存在明顯差異。

加拿大麥克馬斯特大學的神經科學家蘇克溫德‧歐比（Sukhvinder Obhi）對權力的這種現象進行了磁共振研究。他在研究中發現，權力能導致分管共情的腦神經損傷，也即領導者會因權力而失去他們得以成為領導的一種重要能力──共情的能力（即設身處地為他人著想的能力）。

心理學有一個簡單的小實驗來證實權力所帶來的危害。研究者事先隨機把大學生受試者分成兩組：A組受試者回憶一個在小組中自己說了算的場景（啟動權力意識），並把這個故事在紙上寫下來；B組受試者則回憶一個小組成員協商的情景（啟動民主意識），也把這個故事在紙上寫下來。然後研究者讓所有受試者觀看一個人用手擠壓一個橡皮球的影片，同時用磁共振掃描這些受試者的大腦活動狀況。結果發現B組受試者的鏡像神經元工作正常（人的大腦中存在一種特別的鏡像神經元，這種神經細胞會使人在看到別人做某事時產生自己親自做了的感覺，榜樣之所以發揮作用，就是因為人們大腦中存在鏡像神經元），他們大腦中做擠壓球動作的相關神經區域出現了強烈的興奮；而A組受試者大腦中做擠壓球動作的相關神經區域則沒有反應。這說明哪怕僅僅只用回憶喚醒了人的權力感，也有可能妨礙他隨後的共情能力。

權力在一定程度上就像戀愛一樣，有時會使你失去理性。人和動物的前額葉皮層是一個重要的區域：平時的判斷、決策、洞察、計劃、以及回憶等高級認知功能都處於前額葉皮層中椎體細胞（pyramidal cell，一種錐形神經元）的掌控之下。但當特別的壓力性事件（包括快樂事件和消極事件）襲來時，位於大腦底部的下視丘會迅速做出反應，並誘導腦垂體和腎上腺分泌一系列激素（如多巴胺、去甲腎上腺素等），這些激素可以迅速削弱椎體細胞之間的連接，從而關閉了人的前額葉皮層。這樣，人的決策能力就會被下放給更原始的情感腦區，人因此表現得似乎失去了理智，與平常判若兩人。

總體來說，儘管使自己擺脫消極事件，走出生活低潮的能力並不等同於讓人樂觀的能力，但個體如果想要樂觀，還是要先擺脫自己已有的消極心理，然後才能運用各種積極的方法使自己高興起來。高樂商的人一般能迅速擺脫自己所面臨的各種消極影響。

第三，樂商的第三個組成部分是指個體的快樂或樂觀感染他人的能力。快樂或樂觀會感染他人，但不同的人對他人的感染力不一樣，這也是樂商的一個重要組成部分。這就好比同樣是相聲演員或喜劇表演者，儘管表演的內容差不多，但他們卻會產生完全不同的演出效果，高樂商的人顯然更能夠影響周圍的人或生活環境。

如圖3.1所示的兒童的笑臉是彼得森教授留下的一張照片，當你靜靜地盯著它30秒之後，你就能體會到即使是照片，其感染他人變開心的力量也是非同尋常的，因為，你也會不由自主地跟著笑起來。

圖 3.1 孩子的笑臉

如何才能使一個人的快樂更有感染力呢？其核心在於表達快樂的方式要合適。蘋果公司的創始人賈伯斯有一句名言：「顧客不是真的要占便宜，而是要有一種占了便宜的感覺。」如果你快樂的表達方式讓對方覺得舒服（讓他有一種占了便宜的感覺），你的快樂就會被對方接受，對方就容易受你的影響。馬雲在這方面是個大師，他創造的「雙十一效應」已經聞名世界，人們在「雙十一」時，總是會不由自主地買了超出自己預算的東西，這是因為「雙十一」時網路上到處充斥著打折和降價，這些讓人們有一種占了便宜的感覺（和平時相比）。心理學上有一個所謂的「誘餌效應」（Decoy Effect），如商場裡的帽子和毛衣標籤上的價格分別是帽子199元，毛衣599元，但最後一定還有一行字，帽子＋毛衣＝599元。這就是一個誘餌，它會讓你買了以後覺得自己賺了一頂帽子。

第四，樂商的第四個組成部分指品味能力，即個體對自己生活中的積極事件進行精細加工的能力。生活中並不只有消極事件，任何一個人在其一生中都有許多精彩事件和榮耀時刻，當人們面對這些積極事件時會怎麼辦呢？所採取的方式又會是什麼呢？美國心理學家F. B. 布萊恩特（F. B. Bryant）將人們處理積極事件的心理和行為過程稱為品味。品味意指個體主動地對自己的積極經歷、積極體驗或積極事件進行精細加工（或深加工），以增強或延長自己的積極情緒體驗。

從品味的心理結構來看，品味主要由好的事件經歷（experience）、加工（process）、策略（strategy）和信念（belief）這四個相互區別又相互連繫的成分組成。其中，經歷指主動去經歷或感知那些包含積極因素的行為或情緒，如主動去欣賞音樂會、品嘗美食或與好友悠閒地度過一個美好的下午等；加工指的是個體將好的經歷透過一系列的身心操作（mental and physical operations）轉化成自己的積極情緒過程；策略是透過選擇或採用某種具體的心理活動或行為，來增強積極情緒的強度或延長積極情緒體驗

的時間，屬於品味的可操作層面；信念展現的則是個體從過去、當下或未來的積極事件中感受到積極情緒的願望或渴望，反映了個體追求幸福的意願，是品味能力的展現。

品味的心理結構揭示了品味的心理機制：首先需要一段美好的經歷或體驗，其次個體要有意願和能力去體會這一美好的經歷，並主動採用有效的行為或心理活動將其轉化為自己的積極情緒體驗。

品味是一個和應對相對應的概念，雖然應對和品味都是透過一系列的認知或行為操作，使個體處於一種更好的心理狀態，但是它們的對象和過程均不相同。顯而易見，應對的對象是生活中的消極事件，而品味的對象則是積極事件。就過程而言，人們在進行應對和品味時所採用的策略存在明顯差異，有人將應對策略分為12類：解決問題、尋找訊息、進行迴避、自我調節、尋求支持、自我抱怨、遠離社交、感到無助、接受、協商、屈服以及對抗。

而布萊恩特等人則從行為和認知兩個方面將品味策略分為10類，其中行為層面包括和他人分享、沉浸專注、行為表達，認知層面包括對比、感知敏銳、建構記憶、激勵自我、當下意識、細數幸運、避免扼殺愉悅的想法。

除此之外，這兩種心理操作所產生的結果也不盡相同，應對處理的是個體的消極情緒體驗，使得個體心境處於平和，而品味則是將積極事件內化為積極情緒體驗，從而提高或延長積極情緒體驗。

如果從時間的面向來看，品味可以分為品過去、品現在和品未來。其中品過去主要指兩個方面：一是構建記憶時，要以好的線索作為整個事件的回憶線索；二是指要經常刻意回憶生活中所經歷過的快樂事件。重新回憶過去的快樂時光可能對憂鬱具有很好的抑制作用，麻省理工學院的劉徐和史蒂夫·拉米雷斯2012年在《自然》雜誌上發表了一個很有影響的研究，證明了回憶快樂事件對憂鬱具有很好的抵抗作用。

第一步，研究者讓一隻公老鼠產生一段愉快的情景記憶，即讓一隻公老鼠和一隻母老鼠自由自在地待在一起，並提供牠們充足可口的食物和愜意的環境。當牠們開始有吃有喝並自由戀愛時，這隻公老鼠就會產生愉快的體驗。這時候研究者會把這隻公老鼠從這一個快樂時期的腦活動狀況提取出來，然後從這些產生了快樂體驗的特定腦區引出光纖。

　　第二步，透過讓這隻公老鼠體驗應激（這隻公老鼠一下子有了從天堂到地獄的感覺）來讓牠變得憂鬱。科學研究中判定一隻老鼠是不是憂鬱，主要有三個指標（把老鼠倒著掛起來後其不再努力掙扎，有點類似於生活中所謂的佛系行為；給老鼠糖水和自來水，而老鼠竟然不挑剔地隨便喝，即對以前愛吃的東西也不太想吃了；看到異性老鼠也不再想談戀愛或沒有任何行為反應了），如果一隻老鼠具有了其中兩個指標，那一般就意味著這隻老鼠可能變得憂鬱了。

　　第三步，研究者打開之前植入那些特定腦區光纖的藍色雷射開關，藍光就開始進入這隻公老鼠的這些特定腦區而喚醒牠曾經擁有的快樂體驗記憶，結果這隻憂鬱了的公老鼠立刻就開始積極主動，變得活躍起來。更重要的是，實驗發現如果連續5天對這隻公老鼠進行「藍光活化」特定部分神經元，抗憂鬱的效果就會持續24小時（這意味著持續回憶快樂的時光真的可以抵抗憂鬱）。

　　為了證實該實驗結果的有效性，研究者在這個實驗中還額外設置了一個對照組，即另一隻具有同樣快樂體驗的公老鼠被同樣弄憂鬱以後，這隻倒楣的、憂鬱了的公老鼠不是用藍光活化那些特定神經元來喚醒其過去和母老鼠的快樂記憶，而是當公老鼠很憂鬱地被倒著吊掛在那裡的時候，把那隻曾經與牠在一起製造快樂的母老鼠放進籠子裡，試圖用曾經的刺激來喚醒其快樂記憶，或重新製造快樂體驗，使這隻公老鼠擺脫牠的憂鬱狀態，但結果都失敗了。這說明一旦憂鬱之後，這隻公老鼠曾經的最愛也激

不起牠的興趣，喚醒不了牠曾經的努力和積極的心態。這在一定程度上說明人在真正憂鬱的時候，是沒有辦法讓自己快樂起來的。憂鬱意味著人們當下的大腦已經完全被消極情緒所控制，哪怕把曾經最讓人開心的東西或事物放在面前，人們也沒法重新快樂起來，唯一的辦法可能就是直接用藍光來強行「喚醒」人的記憶深處那些曾經的美好，而這也許就是品味的最大價值所在。

這個實驗也從另外一個角度表明，人在過去的那些美好經歷，其實只是被儲存在了大腦的一個很深、很隱蔽的地方。人們都以為自己已經把這些快樂全部忘記了，其實這些快樂體驗還原封未動地儲存在大腦的一個特定位置，它們可以在一定的條件下被重新喚醒或活化，而這種喚醒快樂的方法（也即品味的方法）或許是一個人們抵抗憂鬱的真正有效的方法。

但在真實的生活情境中，人似乎更願意對過去發生在自己身上的不如意進行抱怨、發洩、埋怨、後悔。例如在見到了自己的好朋友之後，有些人總是會有意地向對方傾吐自己的不如意或受到的委屈，認為這樣做會有效地減輕自己的心理壓抑。這種做法實際上是錯誤的，人對消極事件進行抱怨、埋怨等過程其實更可能是一種重新學習消極體驗的過程，這樣真的可以讓人變得更輕鬆嗎？許多人生活不快樂有很大可能就是因為腦子裡總是記住那些委屈，這是一種典型的沒有品味能力的表現。人確實應該對自己的生活進行反思，但這種反思不能僅僅只是對問題進行修正，更主要的是應該主動反思自己生活中的美好和快樂。

從心理學的多個研究來看，樂商越高，生活就越成功，取得的成就也越大，如愛情更穩固，收入更高，社會地位更高，壽命更長，工作績效更優良等，所以從一定意義上說，樂商顯然比智商或情商更能決定或改變一個人的命運。不僅如此，在一定程度上，那些已經由智商或情商所決定的東西，也許只有透過改變樂商，才能發生相應的改變。

樂商是一種能力，更是一種可學習的技巧和策略，它有規律可循，多多練習就熟能生巧。樂商高的人一般具有一些明顯的特點：開朗且活潑，外向而愉快，有較多的朋友，易成各種交際活動或晚會的主角，不易陷入失望、恐懼、習得性失助或悲傷，無論是自己一個人或者是與他人相處均能有怡然自得的心態和從容淡定的神情。樂商高的人不僅能提高自身的樂觀程度，同時也能夠提升其周圍人的樂觀程度，具有很大的樂觀輻射作用。

　　不過，為了更了解樂商所具有的積極價值，還是先看看習得性失助可能導致的消極價值。

# 第一節
# 習得性失助真的可怕嗎？

　　本書前面已經對習得性失助的特點及形成機制進行了論述，但習得性失助到底會對人造成什麼傷害呢？事實上，心理學並不會去研究日常生活所發生的每一種心理現象，它總是把主要精力用來研究那些可能對人造成某些傷害、或帶給人某些益處的心理現象。

## 一、住在療養院的老人

　　習得性失助真的對人的生活有很大影響嗎？這吸引了許多心理學工作者的關注和熱情，越來越多的人開始進入這一研究領域。

　　賽里格曼的習得性失助理論的核心是控制感的有無。1976年，耶魯大學的兩名研究員艾倫·蘭格（Ellen Langer）和朱迪斯·羅丹（Judy Rodin）聯名發表了一篇非常有影響的關於控制感的研究報告。她們選取了康乃狄克州一所最好的名叫阿登屋（Arden House）的療養院。這家療養院是一所臨

終關懷養老院，這裡有最理想的科學研究條件，規模比較大，還有齊全的現代化設施和設備。這裡生活的老人的身心健康狀況相近，社會背景也相似。蘭格和羅丁隨機選取了同一棟大樓的不同樓層的老人，分別進行兩種實驗處理：四樓的老人對自己的生活有著額外的控制權和選擇權；二樓的老人作為對照組，得到的福利和四樓的老人一樣，卻沒有控制權。

根據實驗設計，管理人員召開了一次會議，對四樓的老人說：「你們可以自己決定房間的設施布置，不管是希望保持現在的樣子，還是需要工作人員再重新布置，都可以。你們有什麼想法，都可以向我們提出來。另外，院方想趁這個機會送每位老人一個盆栽，作為阿登屋療養院的禮物。（護士拿著盆栽走到老人們中間，讓所有的老人自己決定兩件事：一是決定要不要盆栽，二是要的人可以選擇一個自己喜歡的。結果所有的老人都自己選了一份。）這些盆栽是你們的了，請你們自己照顧好它。最後告訴大家一件事，每週四、週五我們將各放一場電影，但每個人只能看其中的一場，或者一場也不看；如果想看的話，請自己選擇是週四看，還是週五看。」

管理人員同樣也在二樓召開了會議，對老人們說：「我們希望你們的房間舒適，也盡力為你們做了精心安排，我們的責任就是為你們創造一個幸福的家，所以會盡最大的努力給你們各方面的幫助。另外，我想趁這個機會送你們每人一個盆栽作為阿登屋療養院的禮物。（護士拿著盆栽走到老人們中間轉了一圈，並發給每位老人一盆。）這些植物是你們的了，護士會每天替你們給植物澆水並照顧好它們。最後還有一件事，每週四、週五我們將為你們各放一場電影，但每個人只能看其中的一場，稍後我們會通知每個人被安排在哪天看。」

這個實驗設計的巧妙之處就在於，使二樓老人的生活狀態完全匹配四樓老人的生活狀態（201匹配401，202匹配402，203匹配403，204匹配404……），從而使二樓、四樓老人的生活完全一樣。假如401的老人自己

選擇了某種布置房間的方式，那麼服務員就會完全按照401的布置方式來布置201，只是401的老人是自己選擇的，而201的老人則是被迫的，同樣選擇盆栽、看電影等都是採用這種匹配方式。

該實驗持續了3週，在整個實驗期間的不同時間段，研究者用了多種方法來測量老人們在那次會議前後的變化。

首先，採用了兩份問卷對老人進行相關數據的蒐集。第一份問卷在會議前一週由老人自己填寫，內容主要涉及老人對自己的控制力，在療養院的快樂程度和活動程度（這實際上就是調查這些老人的基線）；第二份問卷則在會議之後3週由護士填寫，內容主要涉及老人的快樂、機敏、依賴、社交、活力等方面的程度，還有飲食和睡眠習慣等。

其次，研究者詳細觀察記錄了這些老人在此期間的一些行為表現，其中最主要的一項就是記錄老人觀看電影的情況，另外一項則是記錄老人參加療養院舉行的一個競猜活動的具體情況。

問卷和行為觀察紀錄結果證明，蘭格和羅丁的預測是正確的。兩組老人在這兩個方面的差異非常顯著。前後兩份問卷結果的比較發現，四樓老人明顯比二樓的老人在控制感各個指標上的得分都高。同時，3週的實驗之後，在行為觀察方面，四樓老人參與療養院活動的整體情況顯著上升（更主動積極），而二樓老人參與療養院活動的情況卻有所下降。

18個月之後，蘭格和羅丁再次回到了阿登屋療養院，這次他們使用了更多的測量量表，這些量表的結果無一例外地顯示：和二樓沒有控制感的老人相比，有控制感的四樓老人明顯比較快樂和活潑。而且研究還發現了一個驚人的事實：這一期間四樓老人去世的人數，比缺乏控制感的二樓老人要少！

從這個研究可以看出，增加個體的控制感可以使人心情更愉快，身體更健康，甚至還能延年益壽。從生活的角度來看，生活品質的核心指標就

是快樂，每個人都在一天天地過，但誰活得品質更高呢？大多數人都認為，快樂開心是衡量生活品質的最主要指標。所以，這個研究意味著習得性失助能顯著降低人的生活品質。不僅如此，無助感（失去控制感）不僅會讓人沮喪、悲傷，甚至還有可能會縮短人的壽命。事實上，一些相關調查的結果表明，許多疾病如憂鬱症以及心臟病等，都可能與無助感有關。

## 二、習得性失助與癌症

　　1977年，為了進一步研究自主控制和無助感對人健康的影響，賽里格曼的博士研究生瑪德隆·維辛坦娜（Madelon Visintainer）設計了一項精密的實驗室研究。她以老鼠為實驗對象，研究習得性失助與老鼠抵抗癌症能力的關係。

　　維辛坦娜首先挑選了一批健康的老鼠，並往這些健康老鼠的身上移植了一些腫瘤細胞。如果這些腫瘤細胞沒有被老鼠自身的免疫系統消滅掉，而是自由生長的話，老鼠就會患上癌症死亡。完成移植之後，她開始對老鼠進行習得性失助的實驗。這些老鼠被分為三組：一組每天接受輕微的電擊，但是牠們只要按到身邊的一根小桿就可以停止電擊；另一組也接受同樣輕微的電擊，但是無論老鼠自身怎麼努力，都擺脫不了電擊（當然這一組老鼠和賽里格曼之前的實驗一樣，牠必須和第一組老鼠受試者共軛在一起，以確保兩組老鼠接受的電擊次數和電擊強度一致）；最後一組老鼠則不接受任何的電擊，也就是實驗設計中的對照組。

　　實驗結果讓人非常恐懼，一個月後，第三組老鼠死了50%，這個數據說明移植癌症細胞的模式應該沒有問題，因為之前許多的研究已經證明，正常條件下有50%的老鼠能夠抵抗癌細胞的侵害，而另外50%的老鼠則不能抵抗癌細胞的侵害而患病去世。請注意另兩組老鼠的驚人差異：第一組老鼠，也就是有自主控制感經驗組（能夠按桿停止電擊）的老鼠中有

70%能抵抗癌症，但是無助組（即沒有自我控制感的第二組）老鼠中卻只有27%抵抗住了癌症侵害。

也許細心的讀者看到這裡會有疑問，患癌症比率高的那組老鼠會不會還受到其他因素的影響呢？需要指出的是，實驗中移植給三組老鼠的腫瘤細胞數量完全相同 —— 這一數量限定讓癌細胞在正常發育的情況下，有50%的老鼠會患癌症，而另外50%的老鼠不會患上癌症；三組老鼠吃的食物、住的環境也都一樣。另外，在施加電擊的兩組老鼠中，電擊的強度、次數也得到了相同的控制。總之，除了在電擊控制力上有不同處理之外，老鼠的其他生活條件都完全一樣。

這樣，這三組老鼠在抗癌症能力上的差別，唯一的解釋就是心理狀態的不同。賽里格曼和他學生的這個實驗，令人信服地證明了一個事實：習得性失助的心理狀態會顯著提高患癌症的風險。

從本質上說，習得性失助產生的直接後果是讓人變得憂鬱而不快樂，從而降低了人的樂商，因而人應該要努力提高自己的樂商。

# 第二節
# 人應該提高自己的樂商

什麼是樂觀？對不是專門從事學術研究的人來說，想要嚴格地定義樂觀，恐怕是一件很困難的事。事實上，即使是做學術研究的人，要對樂觀下一個準確的定義也很困難。儘管大多數人不能準確定義樂觀，但這並沒有影響人們對樂觀的認知，看看以下的情形，多數人都會說：「這就是樂觀！」

> 日出東海落西山，愁也一天，喜也一天；
> 遇事不鑽牛角尖，人也舒坦，心也舒坦。
> 你可以把我踩進泥地，但像塵土一樣，我仍將奮起！

儘管以上這些話都只是人生活中耳熟能詳的一些生活經驗，但這實際上是樂觀的鮮明標記，所以如果形象地描述樂觀，那樂觀就應該像放在爐灶上的茶壺一樣，屁股被燒得紅紅的，還有心情吹口哨。

　　當賽里格曼順利完成了一系列習得性失助實驗之後，他覺得自己應該把所做出的這些研究成果告訴更多的人，只是放在書架上的學問又有多大的價值呢？於是，賽里格曼決定把他的習得性失助的研究結果寫成一本通俗性的大眾讀物，從而使一項嚴肅的科學研究成為一本流行書的核心主題。

　　隨後賽里格曼找到一家出版社，這一天他和他的出版經紀人共進晚餐，一起對出版方面的具體事宜進行商討。在餐桌上，出版經紀人提醒賽里格曼說：「習得性失助對專業心理學家來說固然是個不錯的代表性概念，但對於普通大眾讀者來說，這絕對是個『岔路式概念』（即容易讓人產生誤解的概念），普通大眾或許會認為這是一本教人如何變得無助的書。這個世界上有誰願意有意識地讓自己變得無助呢？你為什麼不嘗試向公眾強調習得性失助研究的積極一面呢？比如說叫做『習得性樂觀』或者『怎樣讓自己變得更樂觀』等，因為這個世界上所有的人都願意使自己變得更樂觀，而不是更無助。這樣的標題一定更能吸引普通大眾。事實上，你研究習得性失助也是間接地想讓人們變得更樂觀。」

　　出版經紀人的一席話，也許只是從純粹的商業利益出發，卻讓賽里格曼茅塞頓開。多年來一直研究悲觀的賽里格曼突然明白，人們對世界的看法有著積極和消極之分。賽里格曼迅速抓住了經紀人建議的要點，並付諸行動。是啊，既然無助可以習得也可以預防，那樂觀也一定可以習得。從此賽里格曼開始用習得性失助實驗模式來研究樂觀，並在此基礎上出版了自己的代表作《習得性樂觀》。他自己也從一位研究悲觀和憂鬱的專家，變成了全世界研究樂觀的權威，這為他後來創建正向心理學打下了基礎。

習得性樂觀從本質上說就是提高人的樂商，人為什麼要提高自己的樂商？如果樂商高的人並不比樂商低的人發展得更好，那習得性樂觀或提高樂商就只是個偽概念，所以，在號召人們提高樂商之前，得先看看高樂商對於人的發展到底具有怎樣的積極價值。

## 一、高樂商有利於個體的社會性發展

　　所謂社會性發展是一個學術用語，通俗一點說，就是高樂商的人會賺更多的錢、獲得更高的社會地位、有更穩定的婚姻關係等，也就是一個人會因為高樂商而獲得相對更成功的社會生活。心理學是以實證數據來說話的，所以，我們還是來看幾個具體的研究報告吧。

### (一)「杜鄉微笑」 —— 高樂商的外在形式

　　在證明高樂商具有良好的價值之前，在這裡有必要首先解釋一下心理學研究樂觀時常用的一個概念 ——「杜鄉微笑」（Duchenne Smile）。所謂杜鄉微笑，指的是人由衷發出的一種笑容。人是一種社會性動物，為了有效地參與各種社會生活，人的臉部會有很多種表情，據心理學家的研究發現，人的臉部表情超過20種，其中大部分是人在演化過程中形成的。

　　笑是臉部常有的一種表情，但笑又有很多種，如傻笑、皮笑肉不笑、媚笑、奸笑、甜笑、似笑非笑、憨笑、狂笑、譏笑、竊笑、冷笑、苦笑等。對於這麼多種笑，心理學為了研究方便，對其簡單地進行了二分法：一種是真笑，另一種是假笑。真笑是由衷地表現出的笑（笑與其內心世界一致，笑意味著內心快樂），而假笑則是迫於某種社會目的而假裝出的笑（笑與其內心世界不一致，笑並不意味著內心快樂）。19世紀，法國神經學家杜鄉（Guillaume Duchenne）首先對真笑和假笑做了區分，他發現當一個人真笑時，他臉部有兩組肌肉都會有顯著運動［分別是顴大肌（zygomatic major）和眼輪匝肌（orbicularis oculi）〕，而假笑時臉部則只有後一組肌肉運動（即眼輪匝肌）。說得簡單一些，就是當人真心快樂而笑時，其嘴巴周圍和兩隻眼睛周圍的肌肉都會出現顯著性運動，而當一個人假笑時，則只有嘴巴四周的肌肉產生運動。由於這種微笑分類法是杜鄉首先提出的，因而人們習慣上就把真心的笑稱為杜鄉微笑，假笑則被稱為非杜鄉微笑或空姐微笑（飛機上的空服員的臉上一般都習慣性地掛著職業微笑）。需要說明的是，這裡絕沒有否定或貶低空姐的微笑，只是借用空姐這一職業微笑來說明一下問題。

已有的研究更是發現，當人們展現杜鄉微笑時，個體的大腦會產生讓心情更好的化學物質，美國心理學家保羅・艾克曼（Paul Ekman）和威斯康辛大學神經學家理查・J. 戴維森（Richard J. Davidson）利用大腦掃描發現，杜鄉微笑顯著增強大腦中與滿足、快樂等相關的神經活動。他們甚至還發現，即使人有意去運動那兩組肌肉（顴大肌和眼輪匝肌），人也會因此而產生快樂的感覺。這樣，心理學在自然狀態下要鑑別一個人是不是具有高樂商這一特徵，就只需看他是不是具有杜鄉微笑，如果經常表現出杜鄉微笑，則證明他可能具有高樂商的特點；如果總是假笑或乾脆板著臉不笑，則預示著他可能不具有高樂商特點。這種用杜鄉微笑來預測人是否具有高樂商特徵的方法，已經得到了心理學的證明。不過在這裡有一點一定要注意，即杜鄉微笑必須是在個體沒有自我控制的自然狀態下的表現。

## （二）高樂商能獲得更幸福的婚姻

現在我們來看心理學已經做過的一些經典研究，這些研究報告的結果也許會令你大吃一驚。

加州大學柏克萊分校的L. 哈克（L. Harker）和凱爾特納做了一項有名的研究，該研究報告於2001年發表在世界著名的心理學期刊《人格與社會

心理學》上。兩位研究者蒐集了一些大學在1958～1960年出版的各期年刊，並把這些年刊上所刊登的所有女性照片全部剪下來，然後對她們的表情進行仔細分析。研究者一共蒐集到了114人，除了3個人之外，其他人刊登在學校年刊上的照片都毫不例外地面帶微笑。研究者對這111名女性的微笑進行了精心辨識和分類，其中61人的笑屬於空姐微笑，而另外50人的笑屬於杜鄉微笑。

兩位研究者從1990年代起開始系統調查這111位女性30多年以後的具體生活狀況，結果發現：那些在年刊上有杜鄉微笑的女性，她們更喜歡結婚，婚姻關係也比較穩定（離婚率顯著低於那些空姐微笑的女性），而且這些人的身體健康狀況也顯著好於那些空姐微笑的人。另外相比於那些空姐微笑的女性，具有杜鄉微笑的女性即使在生活中遇到一些不幸或傷心的事件，她們也能很快從悲傷中走出來。

相關的生理檢測更是表明，當女性進行杜鄉微笑時，她身體內會分泌大量的催產素激素，而催產素被稱為「擁抱荷爾蒙」，可以有效增進夫妻的親密關係，這有利於建立良好穩定的夫妻關係。

有些讀者可能會質疑容貌、動機等一些其他變量會影響研究結果，但如果是大樣本數據的話，這些無關變量的影響其實會被大樣本數量的受試者中和或稀釋掉，而且在這個研究中，研究者還有意識地控制了容貌等變量，感興趣的讀者可以去看一下該研究報告的原文。

同樣，M. J. 海登斯頓（M. J. Hertenstein）、C. A. 哈塞爾（C. A. Hansel）、A. M. 布茨（A. M. Butts）、S. N. 希爾（S. N. Hile）等人也於2009年在美國的《動機與情緒》（*Motivation and Emotion*）雜誌上發表了一個研究報告，該研究報告像之前哈克和凱爾特納2001年的研究一樣，選擇了一些大學年刊上的照片（男女性都有），同時又選擇了一些受試者在未成年時的照片，然後，分別對所有受試者的微笑進行分類，再對這些受試者在

30多年後的生活狀態進行追蹤比較。結果發現：不管是年刊上的照片，還是畢業時拍的照片，那些具有杜鄉微笑的受試者，其離婚率顯著低於那些具有空姐微笑的受試者。這些都證明高樂商（杜鄉微笑）的人具有更穩定和幸福的婚姻。

## （三）高樂商能賺更多的錢

2011年有4位心理學家發表了一個研究報告，他們調查了美國最好的100家律師事務所的盈利狀況，結果發現：那些事務所的管理者在大學期間拍的照片，如果具有高樂商的特徵 —— 杜鄉微笑，其公司的盈利狀況顯著好於那些具有空姐微笑的管理者，調查所涉及的時間跨度大概在這些人大學畢業之後的20 ～ 50年。這說明具有高樂商的人能賺更多的錢，目前的研究已經發現，具有杜鄉微笑的人要比那些沒有杜鄉微笑的人每年多賺超過30%的錢，大約是15,000美元。

另外一項有關保險公司的研究，也證明了高樂商具有良好的價值。從過去有關職業研究的實際情況來看，有兩種職業患憂鬱症的機率相對比較大一些，其中一種就是保險推銷員。當一個保險推銷員打電話給一個陌生人時，他不僅在生理上會產生一些應激反應（如心跳加快、血壓升高等），而且打出的電話幾乎總是以失敗而結束。有一個調查數據清楚地說明了這一狀況，一個保險推銷員打了300通電話，其中只有一個人願意靜下心來聽一聽他介紹有關保險推銷的事（但還不一定會購買），其餘299個電話要麼是委婉拒絕，要麼是斷然拒絕，有些甚至還是很不友好的語氣。

所以，保險推銷員每天都要經歷許多次失敗，再加上他幾乎總是面對陌生人，其對賣保險成功與否的控制感非常低，這就使得保險推銷員這一職業形成習得性失助的可能性大大增加。因此，保險公司常常面臨兩個非常難解決的問題：第一是員工患憂鬱症的機率較高，而且患憂鬱症的更可

能是資深員工，這使得公司缺乏足夠的資深員工；第二是較高的培訓費，一個新員工培訓成為一個資深員工一般大概要花費3萬美元，這樣高的憂鬱風險所導致的員工高流動性，就會使得公司營運成本居高不下。面對這一難題，美國著名的大都會保險公司希望有人能幫他們找到解決辦法。

賽里格曼領導的心理學團隊解決了這一問題，他們認為如果讓具有高樂商的人去賣保險，這些人在工作中患上習得性失助或憂鬱的機率就會降低，同時其工作年限也會更長。賽里格曼領導他的團隊開發出了一個歸因風格測量量表，簡稱ASQ量表（可以測出正常人群中誰具有樂觀型解釋風格），然後用這個量表來幫大都會保險公司篩選具有高樂商特徵的人做員工。經過5年多的追蹤研究，結果發現這種篩選取得了非常大的成果，那些被篩選出來具有高樂商特點的員工不僅工作年限更長，其患憂鬱症的機率也顯著下降，更重要的是這些員工的工作績效顯著好於其他員工。

2012年11月19日出版的《美國國家科學院院報》（*PNAS*）上發表了一篇由英國學者德・尼夫（De Neve）和安德魯・奧斯瓦爾德（Andrew Oswald）等人的研究報告《快樂影響長大後的收入》（*Estimating the influence of life satisfaction and positive affect on later income using sibling Fixed Effects*）。該報告重新分析了美國一項著名的縱向研究「美國國家青少年健康縱向研究」所獲得的數據，結果發現，一個人如果年少時越樂觀（即樂商越高），則長大了就會越賺錢。「美國國家青少年健康縱向研究」是一項始於1994年的國家層面的大型研究，共記錄了約15,000多名青少年的樂觀程度的變化情況，這些數據在經過分析之後，研究者發現那些16～18歲時，樂商程度最低的受試者，他們到了29歲時，其平均收入比這個群體的整體平均收入少30％；而16～18歲時，樂商程度最高的受試者，到了29歲時，其收入則比整個群體的平均收入高了10％左右。

21歲（大概處於大學畢業時候）時的樂商程度如果低1分，那29歲時

的年收入會減少大約2,000美元。年少時樂商程度最低的個體和那些樂商程度最高的個體，到了29歲時年收入會相差約8,000美元。這一研究是在控制了性別、受教育程度、身體健康狀況、智商和社會經濟背景等因素後取得的，這說明高樂商這一特徵具有強烈的預測價值，既能預測人的婚姻幸福，也能預測人的經濟價值。

同時在這個研究中，研究者還進一步分析了大約3,000名同胞兄弟姐妹的數據，結果同樣發現，16～18歲時樂商程度高的個體要比他們的兄弟姐妹們在29歲時賺錢更多、社會表現更好。所以讓孩子有一個快樂的童年和少年，是對他一生最有效的投資，想辦法提高孩子的樂商是一種最實際的做法。

目前，一些電視臺很流行婚戀節目，人們都希望能找到一種好的方法，讓自己後半生擁有幸福滿意的婚姻。其實結婚有點類似於買股票，你要是買到了一隻績優股，後半生就會很幸福；但如果你買到了一隻垃圾股，那你的後半生就會有很多困苦和麻煩。

從科學角度來說，買股票更主要靠運氣，但婚姻其實並不完全靠運氣，人們可以透過一些技術來挑選出所謂的「潛力股」（即將來可能發展得比較好的人）。現在可以告訴你，如果你能在談戀愛時就把對方在高中、大學階段的照片拿來看看，這個人如果具有杜鄉微笑（即高樂商），那他成為績優股的可能性就較大；反之，則成為績優股的可能性就相對小些。當然，人是感情動物，戀愛和婚姻也許並不完全靠技術支撐。

## 二、高樂商能增強人的免疫系統

免疫系統是人保持身體健康和對抗疾病侵擾的防衛組織系統，這個系統包含有多種細胞，它們的主要工作職責是指認並消滅那些侵入人身體的異類物，包括細菌、腫瘤細胞和病毒等。例如，人體有一種T細胞，它可

以識別麻疹病毒，一旦發現身體組織某個部位有了麻疹病毒，它就會立即大量自我繁殖，從而把這些入侵者消滅掉。還有一種天然的殺手細胞叫NK細胞，它可以捕殺任何入侵人體內的異物。一些研究者在無助感的老鼠身上發現，之前有過不可逃避電擊經驗的老鼠，牠們的免疫系統減弱了，從生理指標來看，無助感的老鼠血液裡的T細胞不再能很快地自我繁殖，這樣也就失去了對付入侵細菌的能力，同樣，具有無助感的老鼠，其脾臟裡的NK細胞液也失去了殺死入侵外在異物的能力。

賽里格曼與自己的一位名叫拉斯利耶‧卡門（Laslie Kamen）的博士研究生，再加上耶魯大學的羅丁一起組成了一個研究小組，這個研究小組專門研究高樂商和低樂商對人體免疫系統的影響。他們對康乃狄克州紐哈芬市的一群老人進行了多年的追蹤研究，每年都定期替這些老人抽一次血，檢查老人的免疫系統的功能，同時，每年會多次定期或不定期與這些老人進行面談，詳細詢問老人的生活狀況、營養狀況、健康情況以及兒孫的情況等，然後根據這些面談資料，對這些老人進行樂觀程度的分類。研究結果正如他們之前所預料的，高樂商與否可以預測老人的免疫系統活動能力的強弱，低樂商會使免疫系統的活動能力降低，而高樂商者的免疫系統相對有比較強的活動能力。

賽里格曼團隊的研究更是發現，當高樂商者遭受失敗或挫折時，他們不會變得沮喪，不會很快放棄，不容易形成習得性失助，高樂商的人甚至會有意識地主動抗拒無助。多年的追蹤研究結果還表明，一個人的無助感體驗越少，其免疫系統的活動能力就越強健，也越長壽。

一項新研究發現，當個體在完成一項艱巨的任務或面對壓力時，有意識地進行杜鄉微笑（故意表現出高樂商特徵）可以顯著降低個體的應激程度和壓力意識，並能使個體的心率和血壓迅速得到降低，而這有利於保護人心臟的健康。迪安納和其合作者比斯瓦斯 - 迪安納（Biswas-Diener）在

2008年的一項研究中發現，高樂商的人有更強的免疫系統工作能力、以及更佳的心血管功能（心臟病發作和動脈阻塞次數更少）。

## 三、高樂商的人更願意聽從醫生的忠告並保持良好的健康習慣

高樂商者習慣於自己掌握自己的命運，一旦生病就會立即採取有效行動，去找醫生或專業人士治療。而低樂商者則不太一樣，他們會把生病看作必然產生的事，是永久的、普遍性的事。他們認為自己在生病後做什麼都不會有用，所以低樂商者往往不太願意去看病，也不太願意聽從醫生的建議，常常採取聽之任之的態度。例如，大家都知道吸菸有害健康，但在對待戒菸這件事上，高樂商者遠比低樂商者更願意採取戒菸措施。在一個長達35年的追蹤研究中，賽里格曼與其研究團隊跟蹤了100名哈佛大學的畢業生，他們幾乎每年都會回訪這些人的生活並詳細記錄。結果發現，一旦吸菸之後，相比於高樂商者，低樂商者更不會放棄吸菸行動，他們的健康狀況也相對更差。

最近美國的一項研究又有了新的發現，當面臨抽菸、酗酒等不良生活方式的引誘時，相比於低樂商者，高樂商者更能經得起引誘。在同樣引誘條件下，低樂商者吸菸和酗酒的機率甚至超過高樂商者的一倍。

如果以塗防晒乳和繫安全帶為變量來看，研究者則發現，在同樣條件下，高樂商者比低樂商者更願意塗防晒乳（塗的量或面積更大）和繫安全帶。這一研究結果說明，高樂商者會主動做更多有利於身體健康的活動，而低樂商者卻正好相反，他們會有更多不利於健康的生活習慣。

以上這些研究結果都只是證明了高樂商者比低樂商者有更好的、更健康的行為方式，那在具體的結果方面，兩者間有沒有差異呢？

如果現在問你一個問題：你想活到93歲嗎？絕大多數人會給出肯定

的回答，因為畢竟活到93歲是很多人想努力實現的一個小機率事件。不過美國在2009年的一項心理學研究中，告訴你活到93歲其實並不困難。有研究者對美國的修女進行了研究，他們發現在所有修女中，樂觀的修女（即高樂商修女）占了整體的1/4，這部分中79％的修女活到了85歲，而其中52％的修女竟然活到了93歲！相反，修女中有1/4不到的人，是典型的不快樂修女，其樂商較低，這其中只有54％的修女活到了85歲，只有18％的修女活到了93歲。所以這一研究結果意味著，如果你想活到93歲，你就要做一個樂觀的人。

另外，美國心理學家S. D. 普雷斯曼（S. D. Pressman）和S. 科恩（S. Cohen）在2007年做了一個有趣的研究，他們在研究中蒐集一些著名心理學家的自傳資料，然後用電腦對這些資料進行了樂觀和悲觀方面的評分。結果發現，凡是電腦評價為高樂商的心理學家，比那些電腦評價為低樂商的心理學家平均多活了5年，這間接證明了，一個人提高自己的樂商程度就可以多活5年。

不過，在這一研究中，還有一條線索也許應該引起人們的注意，即凡是在自傳中提到他們有良好社交生活的心理學家，他們的壽命是最長的，而且和其他人有顯著性差異。這或許暗示良好的社交能提高人的樂商程度。

## 四、高樂商可以提高學生的學業成就並減少壞事件的發生

自從法國人阿爾弗雷德·比奈（Alfred Binet）把智力測驗引入學校教育之後，到了1950年代以後，打著科學旗號的智力測驗便風靡了世界各地。在美國許多學校開始流行為剛入學的孩子進行智力測驗，然後根據智力測驗的分數進行所謂因材施教式的分班教學。家長同樣也對智力測驗抱

有很大的期望，他們都迫切想知道自己的孩子今後會不會取得較高的學業成就。這種觀點事實上是錯誤的，且不論智力測驗的科學性到底如何，即使智力測驗本身的科學性毫無問題，智力測驗的分數也並不是未來成功與否的預測指標。如今，一些家長把孩子的健康發展完全綁架在孩子的智力程度上，把一個複雜的人的問題簡化成了一個計算公式。人們太看重孩子的智力因素了，而完全忽略了另外一個重要因素，這個因素實際上能夠彌補人智商的不足，同時也可能瓦解或破壞一些天才的學業成就，這個因素就是孩子的樂商。

賽里格曼曾研究了一個個案，有個名叫艾倫的9歲小男孩，當時正在上小學。艾倫從小就一直很害羞，手眼之間的配合也不太協調，以致在日常活動中做什麼事幾乎都是最後才能完成。當然，在班級進行各種球隊隊員選拔時，他也總是最後一個被選上。但實際上艾倫在某些方面異常聰明，特別是很有畫畫的天分，他的畫是美術老師見過的小學生裡最好的。艾倫10歲的時候，他的父母離婚了，這對他的打擊很大，他從此陷入了深深的沮喪，開始不願與別人交流，甚至也不再願意畫畫。

艾倫的美術老師看到這種情況後非常著急，他相信這個孩子在畫畫上有天賦，不願意他就這樣輕易放棄畫畫，於是，美術老師盡自己最大的努力來與艾倫多交流。在交流的過程中，美術老師發現艾倫有一個消極的信念──總是認為自己很笨，什麼都做不好，而且不像是個真正的男子漢，他甚至認為父母的離婚也是他的緣故。找到了問題之後，美術老師開始設法使艾倫明白，其實他在很多方面是很成功的，並不像他自己認為的那樣笨。在他這個年齡階段，男孩子的手眼配合比女孩子要發育得晚一些，但這不代表他不像男子漢，這其實不能算是他的問題。當然，父母的離婚更不是他的錯，是父母不再相愛了。這個世界每天都有很多人結婚和離婚，結婚和離婚的人都會說出成千上萬的理由，但這些理由都可以貼上

一個或兩個字——愛或不愛，和其他任何人都沒有關係。美術老師不厭其煩地向艾倫講這些道理，想讓艾倫明白自己原先的想法其實都是錯的。

在美術老師的多次幫助下，艾倫逐漸變得樂觀和開朗起來，他又重新畫畫了。幾個月後，不可思議的事情出現了，艾倫的其他各門功課成績也好了起來，逐漸進入班級前列，這一年的學期結束後，他還得到了學校的優秀學習獎勵。不僅如此，艾倫在原先並不擅長的各種運動方面的進步也很大，事實上，艾倫正在以他的樂觀來彌補他先天的運動技能不足。這證明提高樂商，能顯著地改善生活中的一些不利方面。

當一個孩子在學校表現不好時，老師和家長很容易做出錯誤判斷，認為這是智力問題所造成的，即這個孩子不夠聰明。但許多時候，孩子的表現不好有可能只是這個孩子當時正沉浸在沮喪或悲觀裡而已，由於他感到沮喪或悲觀，他就有可能不願意努力、不盡力去努力嘗試。面對這種情況，如果家長和老師斷定這個孩子沒有才能、智商較差、什麼都做不好，那就會造成很嚴重的後果——這個孩子會真的越來越差。因為這個孩子一旦把家長和老師的這種說法納入自己的想法中，他就會形成習得性失助。此時，他的壞成績、壞表現就有可能會變成一個壞習慣，之後也很難改變。

所以，在教育孩子的時候，人們最好先把所謂的智力問題放一邊去，別讓孩子從一開始就形成一種不好的信念，還是先讓孩子變得樂觀，提高孩子的樂商在任何情況下都不會錯。

高樂商不僅僅能影響人的學習成就，它還能減少壞事件在人身上發生的機率。這個世界相對來說還是公平的，每個人都必定會遇上一些壞事件，但相對公平並不意味著絕對平均，有些人也許會比別人碰到更多的壞事件。那什麼樣的人更容易遇上被解僱或失敗等這樣的壞事件呢？

心理學的研究發現，低樂商的人碰上壞事件的可能性要比高樂商的人

的更大，二者有顯著性差異。低樂商的人常常會對事件做悲觀的假設，而這種悲觀預言往往有可能會真的自我實現。比如你在工作中做錯了某件小事，如果你是低樂商的人，你就會整天擔心也許會因做錯這件事而被解僱，於是在辦公室裡愁眉不展、心事重重。試想，老闆怎麼會喜歡一個時時情緒低落的職員？當經濟危機來臨而公司需要裁員的時候，老闆第一個會想起的人是誰？一定是你！於是你的悲觀預言變成了真實的存在。更讓人吃驚的還在後面，低樂商和壞事件還存在明顯的相互促進作用。一個人在一段時間內所遇到的壞事件越多，他就越容易悲觀，而越悲觀，其碰到壞事件的可能性就越大。

賽里格曼團隊的另一項調查還發現，當一個人面臨的壞事件越多，身體就越容易生病。有明確的數據顯示，在過去6個月內曾經有過住所遷移、被解僱以及離婚的人，其得病的機率比正常人相對更高，甚至得心臟病和癌症等惡性疾病的機率也顯著性高於一般人，這說明低樂商對個體的身體也會產生消極影響。

## 五、高樂商的人比較願意尋求社會支持和交往

多個研究和生活經驗表明，一個有許多朋友可以談心的人，他的健康狀況會比沒有朋友支持的人好很多。例如在已婚的人當中，得憂鬱症的情況要比單身的人更少，這主要是因為結婚的人有更多的交流活動。由此可見，友誼和愛情等社會關係對健康而言非常重要（該部分內容在後面的章節中會有詳細論述）。那麼從高樂商和低樂商的角度出發，誰會更主動去尋求這些社會關係呢？研究顯示，高樂商的人更願意尋求社會支持和交往。

讓我們來看兩個有關微笑的心理學研究。從外在的表現形式來看，與低樂商的人相比，高樂商的人會具有更多的微笑形式。微笑的本質是什

麼？許多人認為人們微笑可能是因為碰到了一個值得笑的刺激，也就是說，人們的微笑可能並沒有什麼外在目的，只是外在刺激影響了我們的某根神經而導致了我們發笑，事實真的是這樣嗎？

心理學的研究發現，微笑並不僅僅是因為一個好笑的刺激而引發的結果。有研究者在研究中發現，同樣的內容當一個人和其他人在一起時，他會微笑得更多，而當僅有他一個人時，則微笑得相對較少，所以研究者認為微笑在一定程度上可能是一種改善人際關係、尋求社會支持的手段。

從演化論的角度來說，微笑可能是用來影響他人、與他人改善關係的一種自動化的交際策略，它在一定意義上是人由遺傳而獲得的一種社會交際工具，有一項很有趣的研究證實了這一命題。

研究者讓一些受試者傾聽另外一個人講笑話，並且讓講笑話的人扮演不同的角色，如果講笑話的那個人，有權控制這次活動的獎金分配方案（在這一條件下，受試者的權力比講笑話的人要低），那這個受試者就會微笑得更多（笑聲持續的時間會更長）；如果講笑話的這個人不能控制這次活動的獎金分配方案（受試者的權力和講笑話的人一樣大），那受試者就會微笑得更少一些，兩組條件間存在顯著性差異。

更奇怪的是，即使讓受試者處於單獨一個人的境況，如果受試者覺得對方的地位或權力比自己大，受試者也會微笑得更多。研究者用錄音機播放了一段權力較大的人講的笑話，讓受試者聽。結果表明，和聽權力與自己一樣大的人的錄音相比，這些受試者同樣也會微笑得更多。這一研究結果證明，受試者的微笑反應可能是一種自動化策略，而不是個體有意識採取的一種行為控制。

上文的這兩個研究充分證明：微笑更可能是那些低權力地位者用來獲得更高權力者的友誼和支持的一種手段，即微笑可能是人具有的一種自動化的用來改善人際交往、尋求社會支持的手段。和低樂商的人相比，高樂

商的人顯然更愛微笑，因而，這也就在一定程度上意味著高樂商的人更願意主動尋求社會支持和良好的人際交往。

從日常生活來看，當遭遇到不幸的事件之後，高樂商的人相對比較願意向他人傾訴，向他人尋求安慰與幫助。而低樂商的人往往不願意去尋求社會支持，他們比較被動，總是等待朋友主動來詢問自己。事實上，如果一個人不主動去告訴朋友所發生的一切，誰又會知道他已經遭遇到了不幸事件呢？人幸福快樂的關鍵在於良好的人際關係，而微笑能有助於與人相處，所以日常生活中盡量讓自己微笑起來就顯得非常重要，而微笑恰恰是高樂商的一個重要外在形式。

以上這些科學證據證明：一個人的成功和樂商有很大的關係，可以毫不誇張地說，和智商相比，樂商對人的發展價值更大。這是因為智商很大程度上主要依賴於先天的遺傳，其後天可控制性相對更低，而樂商則更主要是後天練習的結果，是人們本身可控制的。

## 第三節
## 樂商是一種解釋風格

從演化論角度來看，人類早期更可能是低樂商者，或者說更主要是悲觀者。因為悲觀等消極情緒與人類的生存有著緊密的關係，具有一定的保護作用。大部分由人自身演化而來的情緒肯定是為了保護人更好地生存。這個世界的多數人並沒有那麼幸運，他們為了生活不得不從事那些需要面臨很大挑戰並且具有一定壓力的工作（這些工作事實上只有高樂商的人才能做好），這就導致人們有可能存在自然變得無助或憂鬱的傾向。

不過幸好正向心理學的研究告訴人們，樂商程度可以透過後天學習而獲得提高，從而使自己免於無助或憂鬱。關於怎樣或透過什麼方式可以

讓自己（或幫助他人）變得更樂觀，並在自己現在的這個工作崗位上表現得更好，具體內容請參閱第四章，在這裡我們先分析樂商的使用條件和技術。

## 一、使用樂觀的技術

前面兩節的內容告訴人們，樂觀對人們的工作和生活有很大作用，但這並不意味著人們應該在任何時間、任何情況下都無條件地樂觀，即樂觀的運用具有很大的彈性和很強的操作性。從嚴格意義上說，高樂商也包括正確有效地使用自己的樂觀。那到底在什麼情況下，人們應該盡可能多地使用樂觀呢？

由於具體情況比較複雜，心理學總結了一條基本原則：高樂商的人應該在失敗代價與樂觀行為代價之間獲得合理的平衡。如果一件事或一個行動失敗的代價很大，有時候大到你事後根本不可能彌補，那最好不要使用樂觀；如果一件事或一個行動失敗了，付出的代價並不大，事後可以有很多方法或途徑彌補失敗的後果，那在這件事上就可以盡可能多地使用樂觀。權衡在某一情況下失敗所付出的代價，對樂觀的應用有極大影響，所以高樂商的人並不是在任何場合或事物上都一味樂觀。

還有一點需要指出，當樂觀可能和一些積極價值相連繫時，你就應該樂觀，如樂觀有可能使你變得不太沮喪、比較健康或獲得較高的成就時，你可以選擇使用樂觀。一般來說，在日常生活中不需要準確的判斷力時，人們可以較多地使用樂觀；而在一些特定的場合需要準確的判斷力時，你就要謹慎使用樂觀。所以，樂觀本身是一門技術，使用樂觀也是一門技術，高樂商也展現在如何使用樂觀這一方面。

根據賽里格曼以及其他一些人的研究，為使樂觀的使用更科學有效，高樂商的人在有些生活情境中，會主動使用樂觀；在有些情境中會保守一

些，甚至不使用樂觀；根據具體的實際情況，還有將使用或不使用樂觀技術相結合的情境。

主動使用樂觀的情境：

第一，如果你正處於想在職場中升職、追求一個漂亮的女孩、賣一個產品、寫一份困難的學術論文或報告、贏得一場演講比賽這類和成就與競爭有關的情境中，這是為了使自己比目前變得更好，即使失敗了，也不會對自己已經有的狀態造成多大的損失，所以你大可不必憂心忡忡，而是要大膽樂觀地去行動。可以這麼說，在多數「成就競爭性情境」中，盡可能多地應用樂觀技術，只會對結果更有好處而不是壞處。高樂商意味著在這樣的情境中要充分發揮自己的樂觀，從而使自己獲得更大的成就。

第二，如果你想擺脫沮喪情緒、提升自己的信心，高樂商意味著你在這些情境中同樣要表現出高程度的樂觀。人會因一些消極事件而產生沮喪，這是一個客觀現象，但人們不能一味地任憑這種沮喪的心情泛濫，在這時候樂觀就是擺脫這種沮喪情緒的最好方式。當你面臨失戀、競爭失敗、親人去世、意料之外的壞事件等，你應該樂觀地從多個方面來尋找這些消極事件中的積極因素，這可以幫助你盡快擺脫心理陰霾。

第三，如果你正在努力獲得某一個方面的成就，與此同時你的另一個更重要的方面卻因此而受到了傷害，那就要樂觀豁達地放棄目前的努力。有句古話說：「撿了芝麻，丟了西瓜。」如果你一直很努力地工作或學習，但你的健康因此而出現了問題，你這時候就要樂觀一些了。你應立即停止原先的那些工作，因為身體一旦垮掉的話，你用什麼方法或東西也不能彌補。對了，這裡一定要順便提醒一些父母，千萬不要犧牲孩子的身體健康來換取一點點學習上的進步，這在什麼情形下也不值得。

第四，如果你想要做個主管、想成為別人的榜樣、想成為公眾人物，或者希望別人在選舉時能投你一票，你就一定要在他人面前表現高水準的

樂觀。一個鬱鬱寡歡的人經常在競爭中無法獲得勝利，這主要是因為樂觀才具有發展性功能，而鬱鬱寡歡更多的是保護自己不受傷害的功能。

不過，在另外一些情境下（特別是以下這些情境），你可能不適宜用或至少要小心使用樂觀技術，這些情境主要有：

第一，如果你的目標是去計劃或執行一個有危險且不確定的事件時，你一定不能樂觀。面對危險——尤其是能對自己或他人造成傷害的危險，千萬不能樂觀。僥倖就是僥倖，不會因為樂觀就失去可能性。雖然僥倖所導致的這種危險並不會時時出現，但一旦出現，之後的損失是沒法彌補的。所以，這種情形下，為最壞的結果做最好的準備，才是高樂商的表現。類似的不確定事件有很多，例如冬天飛機停飛一段時間後要不要除冰、開車要不要闖紅燈、要不要繫安全帶、工作中要不要貪汙受賄、工程建築中要不要偷工減料、要不要把年幼的孩子一個人關在家裡等。

第二，如果你要去為一個目前生活情境很黯淡、或者生命力很脆弱的人規劃未來，你就不能使用你的樂觀。因為樂觀會讓人的認知不那麼準確，而非樂觀會讓人的認知相對更準確，這在1970年代就已經得到了心理學的證明。所以，為一個前途黯淡的人規劃未來，必須以充分準確的認知為基礎，這時候你應該要小心、小心，再小心一些。

其他情境：

如果你想對別人的困難或悲傷表示同情的話，你一開始不要用樂觀等同理心（能站在他人立場上對問題進行判斷和認知），信賴建立了以後再使用樂觀會更好。當他人正處於困難或窘迫的情境時，即時的樂觀激勵並不可取，這會讓對方覺得你可能是站著說話不腰疼（會覺得你並沒有完全了解他，不能設身處地為他著想），只有當你已經被對方從心理上接受並出現共情時，你的樂觀積極引導才會有好的效果。

上文的這些內容主要涉及個體的樂觀使用技術。在實際生活中，樂觀

對於集體也很重要，在集體中所起的作用也不容小覷。從賽里格曼團隊的研究來看，在能力和技術程度比較接近時，一個樂觀的球隊在與別的球隊比賽時更有可能獲得勝利。同樣，不論其規模大小，一個公司如果要想獲得好的業績，就需要具有樂觀的特性，這似乎意味著集體也有樂商。

不過集體的樂商並不一定是集體中每個個體的樂商之和，比如有兩個個體樂商之和完全相等的集體，但其中一個集體的領導人的樂商很高，而另一個集體的領導人的樂商很低，那這兩個集體的群體樂觀程度肯定不一樣。

目前正向心理學在集體樂商方面的研究還比較缺乏，這或許會是今後研究的一個方向。但儘管有關集體樂商的具體研究比較少，不過從過去已有的研究來看，要組建一個樂商高的集體還是要注意以下三個方面的問題。

第一，要有目的地篩選具有樂觀特徵的人來組成集體。從一個群體來看，儘管有著許多相互作用的內在機制，但群體中每個個體的樂觀程度如果越高，其整體的樂觀程度肯定也會水漲船高。

心理學的研究已經表明，一個人的成功主要受三個方面的因素影響，除了傳統的動機和能力（包括智商）之外，樂觀的特點也扮演著很重要的角色。一個人僅有動機和能力是不夠的，如果沒有一個樂觀的性格，人就不會樹立自己一定會成功的堅定信念，在這種情況下，即使有最強烈的動機、最大的能力也不一定能取得好的結果。集體是由個體組成的，集體的性質在很大程度上也是由個體本身的一些特點所決定的，因此，如果一個集體能挑選那些具有高樂商特質的人組成，那這個集體也就更有可能具有樂觀的特點。

本書前面提到過，賽里格曼曾幫助美國紐約的大都會保險公司挑選員工，他在挑選員工時除了看重一個人的動機和能力之外，還著重測量了這

些人的樂觀程度。結果表明，如果公司招收的員工的樂觀程度高，公司不但會因此而減低人力資源開銷成本、提高生產績效，而且還能增加員工的工作滿意度。目前，在美國的很多公司都開始盛行用ASQ量表來測量員工的樂觀程度。

第二，高樂商集體並不意味著集體中的每一個人都要樂觀，而應該是樂觀的人與不樂觀的人之間的一種合理組合。事實上，集體中的每一個人都樂觀未必就是好事，因為有些情境條件下並不是越樂觀就越好。

對一個公司而言，有著各式各樣的職位，每一個職位由什麼樣性格特點的員工去擔任，這種組成形式會直接影響到公司的業績和發展前景。賽里格曼經過研究後認為，集體應讓不同樂觀程度的人做不同的工作，這樣才能使公司的業績最大化。一般來說，樂觀程度較高的人適合去做壓力大且挑戰性高的工作，高樂觀的人樂於挑戰，不輕言放棄，遇到逆境更容易峰迴路轉，如銷售員、危機公關員等；但集體中也有一些職位卻不太適合樂觀程度太高的人去做，比如公司的一些重要投資決策部門、財務部門等，因為低樂觀可能會更有利於他們做出正確的選擇和決策。儘管從總體而言，一個公司的決策層需要有樂觀的導向，但在做重要決策時，還是需要一些低樂觀個體的審慎小心。因為高樂觀程度的人可能會偏向於低估面臨的風險，而高估成功的可能性，他們在做決策時容易犯冒失的錯誤。心理學有關這方面的研究顯示，悲觀的人對真實世界的評估更正確，他們很少會超越現實去做夢，具有較精確的現實敏感性。

第三，注意利用集體來促進個體學習樂觀。在工作環境中只有兩種人不需要學習樂觀：一種是天性就樂觀的人；另一種是雖然是個悲觀者，但剛好從事的是適合他的相對較穩定且具有低失敗特性（不能失敗或出錯）的工作（如財務等）。

集體最大的優勢是員工可以透過集體工作或活動來相互學習樂觀，樂

觀具有感染性，實際上，一個集體中有了幾個樂觀者之後，要不了多久，樂觀就可以在整個集體中流行起來。但樂觀的感染不是自發的，它需要借助一定的活動或工作行為等作為載體，集體就可以利用自己的一些工作行為（也包括一些事務性的工作），從而使整個集體形成樂觀的特性。

## 二、樂商可以透過解釋風格來得到展現

解釋風格是賽里格曼把習得性失助理論應用到人格研究中的一個重要創造，它既是習得性失助理論的發展，同時也是習得性失助理論的具體應用。那什麼是解釋風格呢？在弄清這個問題之前，還是讓我們來看一個小故事吧。

蟑螂家有兩個兒子，一天，老大哭著回來對父母說：「爸爸媽媽，生活還有什麼意思，別人都說我是害蟲！」

這時候，弟弟回來了，高興地對父母說：「爸爸媽媽，別人對我真好，見到我都和我打招呼 —— Hi（害）蟲！」

即使是同一件事、同一種行為，也在於你如何看待它。不同的看法一定會影響你隨後的行為，人的多數行為總是被已經有的看法所決定（或影響）。當蟑螂把別人對牠的稱呼理解為「害蟲」抑或「Hi 蟲」時，牠隨後的行為一定會與其理解相匹配。

這種對自己或外在事件的不同的具體理解就是解釋風格，其主要核心是對自己的看法，而且這種理解會成為一種習慣性的自動化模式，也就是常說的固定的模式。所以解釋風格在某種程度上說，就是指一個人如何看待自己在這個社會中的地位 —— 是很受人尊敬、很有價值地位，還是一文不值、毫無意義，並且這種看法形成了某種固定模式，這就是賽里格曼所說的解釋風格的實質。

解釋風格既是習得性失助的調節器（樂觀型解釋風格可以阻止習得性失助，而悲觀型解釋風格可以散播習得性失助），同時個體本身又受習得性失助的影響（一旦具有了習得性失助，個體就會更加容易形成悲觀型解釋風格）。不同的解釋風格對人們的生活影響非常大，它可以使每一個挫折都引發一定程度的沮喪，也可以使個體在悲劇發生之後立刻振作起來。當然，它更可以麻痺一個人，使他對生活失去樂趣，也更可以使一個人充分享受人生。總體來說，解釋風格既可以阻止一個人達到他的生活目標，也可以使一個人離他的生活目標更近。

當個體遭遇無法控制的負面事件或者取得巨大的成功時，人們都會問自己：這是為什麼（即心理學上所謂的歸因）？對於這個問題，不同的人會有不同的答案，而答案本身就展現出個體所具有的不同解釋風格，因為答案中會顯現你持續一貫的解釋態度。所以，解釋風格就是「為什麼這件事會這樣發生」的習慣性思維方式，是一種人格特徵。

## 三、樂商的測量

在討論解釋風格的具體內容時，我們還是首先來看看賽里格曼所編纂的「解釋風格」測量問卷，這一問卷其實就是樂商的測量問卷。我們在解釋這個問卷的時候，會對解釋風格所涉及的具體內容詳細解釋，其中的具體面向也就構成了樂商的主要內涵。

這一問卷主要是按照「樂觀—悲觀」兩個極點的思路進行編制的。為了增加測試的有效性，讀者在做問卷時可以盡量思考問卷裡面的每一個問題，沒有時間上的限制，但一般來說，這個測驗要在15分鐘內完成。每個參與測驗的人都應該做完了再去看後面的答案，否則你的答案就不準了。

## ■「解釋風格」問卷

請仔細閱讀下面的每一種情境，並想像你在那個情境中。有的情境你可能從來沒有經歷過，這沒有關係；有時候也可能提供的兩個答案都不適合你，那也沒有關係，圈一個最可能適用到你身上的情境就可以了。你可能不喜歡描寫這些情境的語句，但是請不要圈選你認為「應該」說的或者是「對別人來說這樣說才比較好」的選項，請選擇你喜歡的、比較適合你的選項。每一題單選一項。請不要考慮答案旁邊的字母和數字是什麼意思。

| 01. 你所負責的那項計畫非常成功 | PsG |
|---|---|
| A. 我監督手下很嚴 | 1 |
| B. 每一個人都花了很多心血在上面 | 0 |
| 02. 你和配偶（男／女朋友）在吵完架後和好了 | PmG |
| A. 我原諒了他／她 | 0 |
| B. 我一般來說是很寬宏大量、不記仇的 | 1 |
| 03. 你開車去朋友家，中途迷路了 | PsB |
| A. 我錯過一個路口沒轉彎 | 1 |
| B. 我朋友給我的指引講得不清不楚 | 0 |
| 04. 你的配偶（男／女朋友）出乎意料地買了一件禮物給你 | PsG |
| A. 他／她加薪了 | 0 |
| B. 我昨晚請他／她出去吃了豪華大餐 | 1 |
| 05. 你忘記你的配偶（男／女朋友）的生日 | PmB |
| A. 我很不會記生日 | 1 |
| B. 我太忙了 | 0 |
| 06. 神秘的愛慕者送了你一束花 | PvG |
| A. 我對他／她很有吸引力 | 0 |
| B. 我的人緣很好 | 1 |

| 07. 你當選了社區的主委 | PvG |
|---|---|
| A. 我花了很多時間和精力去競選 | 0 |
| B. 我做任何事都全力以赴 | 1 |
| 08. 你忘記了一個很重要的約會 | PvB |
| A. 我的記憶有時真是很糟糕 | 1 |
| B. 我有時會忘記去看記事本上的約會紀錄 | 0 |
| 09. 你競選民意代表，結果你落選了 | PsB |
| A. 我的競選宣傳不夠 | 1 |
| B. 我的對手人緣比較好 | 0 |
| 10. 你成功地舉辦了一個宴會 | PmG |
| A. 我那晚真是風度翩翩 | 0 |
| B. 我是一個好主人 | 1 |
| 11. 你及時報警阻止了一件犯罪 | PsG |
| A. 我聽到奇怪的聲音，覺得不對勁 | 0 |
| B. 我那天很警覺 | 1 |
| 12. 你這一年都很健康 | PsG |
| A. 我周圍的人幾乎都不生病，所以我沒被傳染 | 0 |
| B. 我很注意我的飲食，而且每天休息都足夠 | 1 |
| 13. 你因為借書逾期未還而被圖書館罰款 | PmB |
| A. 當我全神貫注在閱讀時，我常忘記借閱到期了 | 1 |
| B. 我全心在寫報告上，忘記去還那本書了 | 0 |
| 14. 你買賣股票賺了不少錢 | PmG |
| A. 我的經理人決定去試一個新的投資 | 0 |
| B. 我的經理人是一流的 | 1 |
| 15. 你贏了運動會上的競賽 | PmG |
| A. 我覺得我是東方不敗 | 0 |
| B. 我很努力訓練自己 | 1 |

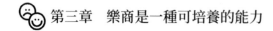 

| 16. 你在大考中失敗了 | PvB |
|---|---|
| A. 我沒有其他考生那麼聰明 | 1 |
| B. 我準備得不夠 | 0 |
| 17. 你特意為你的朋友做了一道菜，而他連嘗都不嘗 | PvB |
| A. 我做得不好 | 1 |
| B. 我的食譜也許不太合口味 | 0 |
| 18. 你花很長的時間練習某項運動，但在比賽時失敗了 | PvB |
| A. 我不是一個好的運動員 | 1 |
| B. 我對那項運動不在行 | 0 |
| 19. 你的車子在深夜的大街上沒了汽油 | PsB |
| A. 我沒有事先檢查一下油箱還有多少油 | 1 |
| B. 油表的指針壞了 | 0 |
| 20. 你對朋友發了一頓脾氣 | PmB |
| A. 他／她總是煩我 | 1 |
| B. 他／她今天很不友善 | 0 |
| 21. 你因為沒有申報個人所得稅而受罰 | PmB |
| A. 我總是拖著不願去辦有關所得稅的事 | 1 |
| B. 我今年很懶散，不想報稅 | 0 |
| 22. 你約一個人出去玩，但他／她拒絕了你 | PvB |
| A. 我那一天什麼事都做不成，心情惡劣 | 1 |
| B. 我去約他／她時緊張得說不出話來 | 0 |
| 23. 一個現場節目的主持人從眾多的觀眾中，只挑了你上臺去參加節目 | PsG |
| A. 我坐的位置比較好 | 0 |
| B. 我表現得最熱心 | 1 |
| 24. 你在舞會上很熱門，常有人請你跳舞 | PmG |
| A. 我在舞會上很活躍 | 1 |
| B. 那一晚我所有表現都十全十美 | 0 |

| 25. 你替你的配偶（男／女朋友）買了一件禮物，而他／她並不喜歡 | PsB |
|---|---|
| A. 我沒有好好用心思去想應該買什麼 | 1 |
| B. 他／她是個很挑剔的人 | 0 |
| 26. 你在應徵工作時的面試上表現很好 | PmG |
| A. 我在面試時覺得非常自信 | 0 |
| B. 我很會面試 | 1 |
| 27. 你說了一個笑話，每個人都捧腹大笑 | PsG |
| A. 這個笑話很好笑 | 0 |
| B. 我說笑話說得很好，時間拿捏得很準 | 1 |
| 28. 你的老闆只給你一點點時間去完成一個計畫，但是你還是如期達成了 | PvG |
| A. 我對我的工作很內行 | 0 |
| B. 我是一個很有效率的人 | 1 |
| 29. 你最近覺得很疲倦 | PmB |
| A. 我從來都沒有機會放鬆一下 | 1 |
| B. 我這個禮拜特別忙 | 0 |
| 30. 你邀請某個人跳舞，他／她拒絕了 | PsB |
| A. 我不是一個好的舞者 | 1 |
| B. 他／她不喜歡跳舞 | 0 |
| 31. 你救了一個人使他沒有噎死 | PvG |
| A. 我知道如何急救噎到的人，我會這個技術 | 0 |
| B. 我知道在緊急的情況下如何處理 | 1 |
| 32. 你的熱戀情侶想要冷靜疏遠一陣子 | PvB |
| A. 我太自我中心了 | 1 |
| B. 我花在他／她身上的時間不夠 | 0 |
| 33. 一個朋友說了一些使你傷心的話 | PmB |
| A. 他／她說話每次都不經過大腦就破口而出 | 1 |
| B. 他／她心情不好，把氣出在我身上 | 0 |

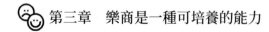

| 34. 你的老闆來找你，要你給他忠告 | PvG |
|---|---|
| A. 我是這個領域的專家 | 0 |
| B. 我給的忠告一向都切實可行 | 1 |
| 35. 一個朋友謝謝你幫助他／她走過一段困難時期 | PvG |
| A. 我很樂意協助朋友度過困難期 | 0 |
| B. 我關心朋友 | 1 |
| 36. 你在宴會上玩得很痛快 | PsG |
| A. 這裡的每一個人都很友善 | 0 |
| B. 我很友善 | 1 |
| 37. 你的醫生說你的身體健康狀況極佳 | PvG |
| A. 我堅持經常運動 | 0 |
| B. 我對健康很小心也很注意 | 1 |
| 38. 你的配偶（男／女朋友）帶你去度一個浪漫的週末 | PmG |
| A. 他／她需要遠離城市幾天 | 0 |
| B. 他／她喜歡去看看新的、沒去過的地方 | 1 |
| 39. 你的醫生說你吃太多甜的東西 | PsB |
| A. 我對飲食不太注意 | 1 |
| B. 我避免不了糖分，到處都是甜品，每樣東西裡都有糖 | 0 |
| 40. 老闆指派你去主導一個重要計畫 | PmG |
| A. 我才剛剛成功地做完一個類似的計畫 | 0 |
| B. 我是好的計畫負責人，監督嚴謹、溝通良好 | 1 |
| 41. 你和你的配偶（男／女朋友）最近一直吵架 | PsB |
| A. 我最近壓力很大，心情不好 | 1 |
| B. 他／她最近心情惡劣 | 0 |
| 42. 你滑雪時總是摔倒 | PmB |
| A. 滑雪很困難 | 1 |
| B. 滑雪道結冰了很滑 | 0 |

| 43. 你贏得了一個很好的大獎 | PvG |
|---|---|
| A. 我解決了一個重大的難題 | 0 |
| B. 我是最好的員工 | 1 |
| 44. 你買的股票現在跌入谷底 | PvB |
| A. 我那個時候對商業投資不是很懂 | 1 |
| B. 我買錯了股票 | 0 |
| 45. 我中了大樂透 | PsG |
| A. 真是運氣好 | 0 |
| B. 我選對了號碼 | 1 |
| 46. 你在放假時變胖了，現在瘦不回去 | PmB |
| A. 就長遠來說，節食是沒有用的 | 0 |
| B. 我這次用的這個減肥方法沒效 | 1 |
| 47. 你生病住院，但是沒什麼人來看你 | PsB |
| A. 我在生病的時候脾氣不好 | 1 |
| B. 我的朋友常會疏忽像探病這種事 | 0 |
| 48. 商店拒收你的信用卡 | PvB |
| A. 我有時高估了自己的信用額度 | 1 |
| B. 我有時候忘記去付信用卡帳單 | 0 |

計分方式：

　　參照每題右邊的字母以及得分，將你各題答案的對應分數相加，然後填入下面的計分表。對你得分的解釋，將穿插在下文賽里格曼的解釋風格理論當中。

| PmB: | PmG: |
|---|---|
| PvB: | PvG: |
| HoB: | |
| PsB: | PsG: |
| Total B: | Total G: |
| G-B: | |

賽里格曼認為，解釋風格從內容上可以分為三個面向：永久性、普遍性和個人性（有時也叫做自我性）。這三個面向的不同特點的結合，就構成了不同的樂商程度，至於每一個面向本身則構成了樂商的具體特徵。

## (一) 永久性 ──「永久的」對「暫時的」

　　對於所遭遇到的厄運，如果你認為它是「永遠的」、「從來都這樣」而具有持續的特性，那你可能偏向於悲觀型解釋風格，你的樂商就可能有點低，即你離悲觀型解釋風格那個端點較近。反之，如果你認為厄運只是「有時候」、「暫時的」而具有臨時的屬性時，那你就有可能偏向於樂觀型解釋風格，你的樂商就可能比較高。

　　賽里格曼指出，那些相信發生在自己身上的壞事會永遠不斷、霉運會一直影響自己生活的人，基本上都是低樂商者，這些人在遇到困難的事時就會輕易放棄，容易形成習得性失助；相反，那些相信厄運是暫時的人的樂商就高，他們一般不會輕易向困難低頭，生活中比較能夠抵制無助感。

　　對於碰到好運氣或大喜事等，低樂商的人會把它看成暫時的、偶然的，常常在成功之後也會放棄努力，因為個體認為這樣的努力沒有用，會被看作守株待兔式行為。而高樂商的人則傾向於把好運氣或大喜事看作長期的、永久的，於是在成功後往往會更加努力。永久性是一個時間上的面向，這一面向既反映了一個人的堅持性，同時也反映了一個人的放棄性。

　　在前面的問卷中，PmB 和 PmG 就是根據「永久性」（permanence）這個面向來計分的：PmB（Permanent Bad，「永久性的壞事件」）包括第5題、13題、20題、21題、29題、33題、42題和46題。這些題目的總分是你對不好的事件或厄運到底會持續多久的看法，從面對壞事件這個方面上說：

◆ 如果你的分數是0分或1分，那你對不幸事件的看法非常樂觀，你絕對具有了高樂商特徵；

- ◆ 2分或3分是中等樂觀，也即具有良好樂商特徵；
- ◆ 4分是一般，也即具有中等樂商特徵；
- ◆ 5分或6分是中度悲觀，也即具有輕度低樂商特徵；
- ◆ 7分或8分是重度悲觀，也即具有重度低樂商特徵。

　　PmG（Permanent Good，「永久性的好運氣」）包括第2題、10題、14題、15題、24題、26題、38題和40題。這幾個題目的總分是你對好的事件會持續多久的看法和態度，從面對好事情這個方面上來說：

- ◆ 如果你的分數為7或8，那你對好運氣事件的發生就非常樂觀，也即是一個高樂商特徵的人；
- ◆ 6分是中度樂觀，也即具有良好樂商特徵；
- ◆ 4分和5分是一般，也即具有一般樂商特徵；
- ◆ 3分是中度悲觀，也即具有輕度低樂商特徵；
- ◆ 0分、1分或2分是重度悲觀，也即具有重度低樂商特徵。

## （二）普遍性 ──「一般性的」對「特定的」

　　對於失敗，悲觀型解釋風格的人會把它看成一般性特徵，很容易在某一件事失敗的時候，認為自己今後做的每一件事都可能會失敗。如和某一個女孩談戀愛失敗之後，他會認為自己今後和其他女孩談戀愛都會失敗，這種人常會把失敗歸因於自己。而樂觀的人則把失敗看成一件特定性事件，儘管在這個特定的事件上失敗了，但他認為它的發生是有特定原因的，所以在生活的其他層面上，他還會繼續努力前進（因為他認為這時候導致他失敗的特定原因已經不存在了）。

　　就像有些人，他和一個女孩的愛情失敗了，但他可以把這段愛情放進盒子裡束之高閣，然後繼續過自己正常的生活，繼續和其他女孩談戀愛，因為他認為上次戀愛失敗是一些特殊原因造成的，這種人就具有高樂商的

特點。而有的人，一旦有過失敗的愛情，他就把這件事看成一個巨大的災難，認為以後談戀愛也不會成功，因而不願意繼續努力戀愛，把自己封閉起來，並認為自己生活的其他方面也會一敗塗地，這種人就具有典型的低樂商特點。

對於好事情的歸因卻正好和上文相反，具有低樂商特點、悲觀型解釋風格的人會認為好事情是由於特定的原因純粹是一時運氣好；而具有高樂商特點、樂觀型解釋風格的人，會認為好事情是一般性原因，是一件必然要發生的事。比如被同一家公司解僱的兩個職員，由於需要又被公司找回來，當了臨時工，具有低樂商特點的那個人就會認為「公司現在一定是人手不夠了，才會又找我回去做事」，而具有高樂商特點的那個人則會認為「公司終於知道少了我就辦不成事情了，所以又不得不叫我回來了」。

在前面的問卷中，PvB和PvG就是從「普遍性」（Pervasiveness）這個維度來計分的。PvB（Pervasive Bad，「普遍性的壞事」）包括第8題、16題、17題、18題、22題、32題、44題和48題。這幾個題目的總得分主要測你是否會將壞的事件在各方面都災難化，從面對壞事情這個方面上來說：

- ◆ 如果你的分數是0分或1分，那你對不幸事件非常樂觀，具有典型的高樂商的特徵；
- ◆ 2分或3分是中等樂觀，具有良好樂商特徵；
- ◆ 4分是一般，具有一般樂商特徵；
- ◆ 5分或6分是中度悲觀，具有輕度低樂商特徵；
- ◆ 7分或8分是非常悲觀，具有重度低樂商特徵。

PvG（Pervasive Good，「普遍性的好事」）包括第6題、7題、28題、31題、34題、35題、37題和43題。這幾個題目的總得分就是你對好的事件普遍性的樂觀程度，從面對好事情這個方面上來說：

◆ 如果你的分數為 7 分或 8 分，那你對好的事件就非常樂觀，你就具有了較高樂商的特徵；

◆ 6 分是中等樂觀，具有良好樂商特徵；

◆ 4 分或 5 分是一般，具有中等樂商特徵；

◆ 3 分是中等悲觀，具有輕度低樂商特徵；

◆ 0 分、1 分或 2 分是非常悲觀，具有重度低樂商特徵。

## (三) 個人性 ──「內在化」對「外在化」

對於壞事件或即將要發生的厄運，有些人會把它歸因於自己，這樣歸因的人往往會自視較低或者自卑，如一個人戀愛失敗會認為是自己沒有魅力而導致的，這種人就是典型的悲觀型解釋風格的人，其樂商就較低；而把不幸事件歸於外在偶然性方面原因的人，他們的自我感覺則要好得多，這種人會認為自己戀愛失敗是由於戀愛的場所不太好等，這樣的人屬於樂觀型解釋風格，其樂商就較高。

而對於好運或大喜事，悲觀型解釋風格的人會認為這些好事是外在環境、他人帶給自己的，這樣的人對自己的滿意程度不高，容易自卑，是個典型的低樂商的人。而樂觀型解釋風格的人相信好運氣是自己努力的結果，是自己帶給自己的，這樣的人會比較喜歡自己，對自己的滿意程度要比前者高得多，同樣，這樣的人的樂商也較高。

在前面的問卷中，PsB 和 PsG 就是從「個人性」(personalization) 這個維度來計分的：PsB (Personal Bad，「我個人的壞」) 包括第 3 題、9 題、19 題、25 題、30 題、39 題、41 題和 47 題。這幾個題目的總分就是測你習慣於將壞的事件內在化 (個人化) 還是外在化，從面對壞事情這個方面上來說：

◆ 如果你的分數是 0 分或 1 分，那你自視很高，具有高樂商特徵；

◆ 2 分或 3 分是中等自傲，具有良好樂商特徵；

- 4分是自視一般，具有一般樂商特徵；
- 5分或6分是中度自卑，具有輕度低樂商特徵；
- 7分或8分是極度自卑，具有重度低樂商特徵。

　　PsG（Personal Good，「我自己的好」）包括第1題、4題、11題、12題、23題、27題、36題和45題。這幾個題目的總分就是測你習慣於將好的事件內在化（個人化）還是外在化，從面對好事情這個方面上來說：

- 如果你的分數是7分或8分，那你非常樂觀，具有高樂商特徵；
- 6分是中度樂觀，具有中等樂商特徵；
- 4分和5分是一般，具有一般樂商特徵；
- 3分是中度悲觀，具有輕度低樂商特徵；
- 0分、1分或2分是極度悲觀，具有重度低樂商特徵。

　　到了這裡，你所做的問卷中三大面向的六種分數都有了，但這些具體的分數還只是你在某一個面向上的樂觀程度，即只表示了你樂商的部分特徵。還有最後一個分數，即「G-B」，這個分數綜合了一個人的解釋風格所包含的三大面向，從而可以幫助人們從整體上了解自己或他人是樂觀多一點還是悲觀多一點，即表示你整體的樂商程度。這個分數即G-B（好的方面的總得分減去壞的方面的總得分）＝（PmG ＋ PvG ＋ PsG）－（PmB ＋ PvB ＋ PsB）＝＿＿＿＿＿。

- 如果你的G-B分數是在8分以上，總體來說，你是一個很樂觀的人，也即你是一個高樂商的人；
- 如果G-B分數是6到8，你是中等程度樂觀，也即你是較高樂商的人；
- 如果G-B分數是3到5分時表示一般性樂觀，也即你是個一般樂商的人；
- 如果G-B分數是1到2分是中等悲觀，也即你是個輕度低樂商的人；

◆ 如果G－B分數是0分或負分則是極端的悲觀，也即你是個重度低樂商
的人。

不過，有一個問題需要引起注意，文化差異對於樂商可能有一定的影
響，迪安納在研究不同國家的主觀幸福感時發現，人們對於快樂的理解存
在著明顯的文化差異。比如，在北美追求快樂會被認為是人的一項基本權
利，而在佛教文化中快樂則被認為是歷經苦難之後的結果。基於這種文化
差異，人們發現，東方人追求快樂的能力相比西方人要低一些。在追求快
樂的方式上，東方文化背景的個體喜歡從人際互動和成就感中獲取快樂，
他們更願意在付出更多努力的基礎上享受快樂；而西方文化背景的個體則
更喜歡從休閒娛樂活動中獲取快樂，強調即時的感覺。

不僅如此，東方文化具有「禍兮福之所倚，福兮禍之所伏」的辯證思
想，這使得東方人更願意在生活中讓自己的積極情緒與消極情緒維持在一
個大致的平衡狀態，所以，一些東方人甚至為了獲得這種平衡而有意壓抑
自己的積極情緒（扼殺愉悅的想法）；與此不同，西方人願意最大化自己
的積極情緒和最小化自己的消極情緒，他們在生活中會刻意主動去追求快
樂。這意味著樂商的測量可能要考慮文化的差異性特徵。

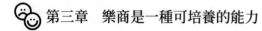 第三章　樂商是一種可培養的能力

# 第四章
# 做一個高樂商的人

快樂是什麼？
這個問題將越來越難回答，
但是，
一個高樂商的人也許能回答你。

高樂商具有非凡的價值，如何提高樂商自然成為心理學研究中最具吸引力的主題之一。從心理學原理角度來說，人想要提高自己的樂商，無非是按照樂商的四個要素做四件事：第一，提高自己的快樂感受力，即降低自己的快樂或樂觀閾限值；第二，提高自己應對消極事件的技術和策略；第三，提升自己的快樂或樂觀感染力，學習更多的快樂表達方式；第四，提高自己的品味能力，使自己有更多的處理好事情的策略或技能，從而幫助自己獲得更多、更久或更大的快樂。

人似乎生來就有享受快樂的能力，M. W. 蘇利文（M. W. Sullivan）等人的研究發現，6～8週大的嬰兒就會對某些視、聽、觸覺訊息發生享受性微笑。但人的這種快樂能力的發展似乎又是不均衡的，如A. 斯通（A. Stone）等人在2010年的一項研究結果顯示，成年人的快樂程度隨年齡的增長呈U形曲線，即從18歲開始緩慢下降，在50歲左右到達最低谷，隨後開始緩慢地增長。人的這種快樂U形增長曲線從理論上為樂商的培養和提高提供了依據和方法。

現代心理學已經從神經機制和心理機制上證明，人擺脫了不快樂的心情並不意味著自然就獲得快樂的心情。這是兩種完全不同的機制和技術，就如醫學上幫人治病的技術不一定能使人變得健康，治病的藥一般沒有強健身體的功能一樣。所以，提高樂商和擺脫問題應該是不同的機制。按照正向心理學積極先行的規矩，我們還是先來看看提高樂商的技術。

## 第一節
## 怎樣提高人們的樂商？

樂商的主要內容之一是如何使自己變得更樂觀，這既是一種能力，同時也具有一定的技術。從正向心理學過去的研究來看，提高樂商的技術主

要包括兩個方面：第一，如何透過某種方式或操作，使自己在目前的狀態上很快地快樂起來（或變得更快樂），這也許該叫做即時快樂技術；第二，如何使自己的快樂或樂觀成為一種人格特徵，形成一種生活態度並融入自己的生活，即我們前面第三章所說到的，形成一種樂觀型解釋風格。這是兩種不同性質的快樂，因而其操作技術也有著很大的不同，前者更主要是一種活在當下的感覺，後者則是人的一種生活態度。不過，其實這二者也是相互影響的，一個人如果經常獲得較多的即時快樂體驗，那他就更容易形成樂觀型解釋風格；而一個人一旦具有了樂觀型解釋風格，他在日常生活就會相對更容易獲得快樂體驗，其快樂日子也必然更多一些。但不管怎麼說，這兩者都屬於樂商的範疇。

## 一、讓人即時快樂的一些技術

現在問你幾個問題：你知道你明天會做什麼工作嗎？明年呢？你的整個後半生呢？如果現在讓你去買一張樂透，你覺得能中上千萬的大獎嗎？你有把握在你的生命中獲得諾貝爾科學獎嗎？

相信每個人心中對這些問題都有差不多的答案：明天，甚至明年都還是做著現在的事，今生一定得不了諾貝爾科學獎，買樂透從來都是打水漂……這個社會的絕大多數人都是這種幾乎能一眼就能望到後半生的普通人。這裡所謂的普通人，就是指一個人在這個社會中所擁有的各種資源或權力相對較小，沒有特別過人的智商，也沒有特別傑出的管理或領導才能，無法輕易地改變自己已有的生活狀態，這樣的人很少真的去嘗試什麼突發奇想（有新想法，但很少去實踐）。

可是普通人內心也渴望更多的快樂，也希望自己能一天比一天更快樂，否則就失去了活著的意義。但糟糕的是，普通人由於生活平淡，再加上這種平淡的生活能輕易延續下去，這就導致普通人更難獲得快樂。因

此，正向心理學的核心就在於幫助普通人從平淡的生活中獲得快樂，而且是一天比一天更快樂。但這絕對需要一定的技術支持，以下的內容主要就是提高普通人生活快樂的技術。

## （一）強顏歡笑會讓人更快樂

　　美國堪薩斯大學的克拉夫特（Kraft）博士做了一項研究，她想看看強顏歡笑對處於壓力應激狀態的人會產生什麼影響。在研究中，克拉夫特博士把169名大學生受試者隨機分成了三組，第一組和第二組受試者在實驗過程中做了同一件事——用嘴巴輕咬一枝鉛筆。她要求第一組受試者，咬鉛筆時要讓自己的嘴巴、眼睛周圍的肌肉都參與運動（做出杜鄉微笑表情）；要求第二組受試者咬鉛筆時只讓自己嘴巴周圍的肌肉運動（做出空姐微笑表情）；要求第三組受試者在實驗期間盡量控制住自己而不要有任何臉部肌肉運動（不微笑，而只是做出中性表情）。

　　訓練結束之後，克拉夫特博士立即要求169名受試者完成多項他們預先不知道的壓力任務（如做一份涉及個人榮譽的試卷等），同時測量這些受試者的心率等自我壓力指標。結果發現，完成壓力任務之後，與空姐微笑訓練組受試者相比，杜鄉微笑訓練組受試者的心率更低（心率下降速度也更快），而且所有參與咬鉛筆訓練的受試者的心率等應激壓力都比保持面部中立表情組的受試者低，且有顯著性差異。

　　研究結果表明，輕咬鉛筆（人為做作的歡笑）能顯著降低人的壓力，會讓人真正地快樂起來，這個實驗實際上驗證了生活中的一個簡單常識——笑口常開會有益於人的健康。不僅如此，克拉夫特博士在實驗中還向第一、第二組中的一半受試者明確告知了要進行微笑訓練（而對照組中則有一半受試者被明確告知不進行微笑訓練），統計這些已經被告知了真相的受試者的數據，結果依然相同。這說明即使人清楚地知道自己現在

是在強顏歡笑，也依然會變得更輕鬆快樂！所以在日常生活中，你也不妨經常拿支鉛筆放在嘴裡咬咬。

微笑除了讓微笑的人快樂之外，還能影響或感染微笑的對象（既包括物，也包括人）。人在生活中都有體會，當你注視一張杜鄉微笑的臉超過30秒時，你自己就會不知不覺地跟著微笑起來，這就是微笑的感染性，所以在不快樂時多看看別人快樂的臉，也不失為一種讓自己快樂的好辦法。

最近一個關於對物體微笑的心理學實驗也很有趣。研究者把大學生隨機分為三組，三組大學生被要求做同一件事：閱讀20張趣味度不同的卡通漫畫。研究者要求第一組受試者閱讀這20張漫畫時要微笑著看（杜鄉微笑）；要求第二組受試者閱讀時要緊鎖雙眉、做出生氣的樣子；而對照組受試者則以平靜中性的表情閱讀這20張漫畫。閱讀結束之後，研究者要求所有受試者對每一張漫畫的有趣度進行評分。結果發現，那些微笑著閱讀的人認為這20張漫畫更有趣（有趣度打分最高），而那些緊鎖眉頭閱讀的人則認為這些漫畫最無趣（有趣度打分最低），而對照組平靜表情看完漫畫的受試者的有趣度打分則處於二者之間。

這是一個很有應用價值的實驗，說明當你努力使自己快樂的時候，你也會改變自己已有的感覺，你會覺得你周圍的事物更可愛。這個結果也很有用，當你不喜歡某件事、某個人、某種結果而又不得不接受時，你可以有意地進行微笑，而這也可以改變你的態度。

所以時刻保持微笑——尤其是保持杜鄉微笑，它是讓人快樂的「萬能藥」。

## （二）把自己生活中的美好留住

既然多數人是普通人，而普通人又受到資源或權力等因素的影響，那麼，他們的生活注定不會經常發生很多讓人快樂的事。那如何才能使普通

人在一眼望不到邊的平淡日子中變得更快樂一點呢？心理學的研究顯示，普通人應該把自己日常生活中的一些快樂時光保留住，在以後平淡或不快樂的日子裡，再把這些快樂時光拿出來反覆回憶，就會為自己增添許多快樂。

每個人的生命中肯定會有許多讓人感到快樂的時光，但如果人們不想辦法收藏這些快樂時光，那這些快樂就會像人手心裡握住的沙，不經意間就從手指縫裡溜走，再也找不到了，更何況普通人生命中快樂的時光本來就不是特別多，因此保留住自己生活中的快樂時光就顯得尤為重要。如何保留住這些快樂時光呢？

## 1 拍照片

一般情況下，人們總是在快樂時才願意拍照，所以每一張照片背後都蘊含著一小節快樂時光。當一個人不快樂或無所事事時，你可以翻開自己的相簿（記住一定要是自己的相簿，看他人的相簿沒有這個功能），然後一張張地翻看，要不了多久，你的心情也就會逐漸好起來。所以正向心理學告訴人們，當處在快樂的時光中時，人一定要多拍些照片，因為這些照片會讓人以後平淡的日子變得更快樂。

## 2 舉行必要的儀式

許多日子本來平淡，但人們如果給予它特殊的意義，這個日子便會變得與眾不同，而儀式在多數時候就是使平淡日子變得不平淡的最有效方式。而且一旦舉行儀式，人們就可以以此為由，保留一些重要的東西，從而保留住了許多美好的時光。比如你和女（男）朋友第一次約會時，你有沒有把你旁邊那棵樹的樹葉摘下來？孩子第一次坐車出去的車票你有沒有留著？這些東西只有和一定的儀式結合在一起，才會顯得有價值、有意義；如果不和儀式相結合，這些樹葉或車票就只能被當作廢品。

### 3　多看別人的優點和積極力量

假定一個人有10項特點，其中缺點和優點各5項，如果讓你來描述這個人的話，你會先描述其缺點還是優點？心理學的研究告訴人們，絕對應該先描述其優點。研究者在實驗中發現，先描述優點和先描述缺點會讓被描述的那個人感覺大不相同，前者會讓那個人更快樂。當然別人快樂了，你自己也才有可能會更快樂。同樣，如果讓你把這個人介紹給第三方，你也要先介紹這個人的優點，因為先介紹優點也會讓第三方對這個人的評價更好、更高。

### 4　經常晒晒你的好福氣

晒晒好福氣其實就是適當地向他人誇耀一下發生在自己身上的好事情。很多人總認為自己是普通人，沒有什麼值得誇耀的東西，既沒有很大的房子、豪華的車子，也沒有耀眼的職業和特別大的意外之喜。其實，當人們靜下心來細細品味自己身邊的一切時，還是會發現有許多東西值得誇耀。身為一個普通人，你可以把發生在你身上的一些小福氣拿出來晒晒，比如你種的杜鵑花開了，你自己做了一件漂亮的時裝或做了一個還算精巧的手工物件等。

很多人都對誇耀比較反感。誇耀在某種程度上似乎是貶義詞，但其實誇耀行為本身並不是一件壞事，誇耀可以讓人的心情在短時間內快樂起來。心理學的研究顯示，誇耀過程是一個讓人心情愉悅的過程。當然，如果誇耀的東西超過了事實本身，那就變成了吹噓，吹噓就不太好了（許多人喜歡吹噓也就是因為吹噓過程會讓人產生一定的愉悅，有心理學研究顯示，心理健康的人更偏向吹噓，具體內容請參閱第六章第二節）。

## （三）細細品味現在

隨著高科技產品的不斷發明與更新，現代社會生活節奏也在逐漸加快。人們不斷地從工作中節省出大把時間和精力，並把這些時間和精力

主要用於計劃未來，即所謂的未雨綢繆，卻忽視了最重要的 —— 品味現在。

## 1　什麼是品味？

品味的心理學概念來自於英文「Savoring」，其詞源學單詞是「savor」，來自拉丁語單詞「sapere」，意即「去品嚐」或者是「更聰慧」，從詞義上看，它包含著一種主動的過程，也就是人們常說的「主動去用心」。

在1970到1980年代早期的心理健康運動過程中，美國心理學研究者布萊恩特和J. 威洛夫（J. Veroff）等人認為，心理學中缺乏一個和應對（coping）概念相對應的心理學概念。因為「應對」在心理學中主要指人們在面對應激或消極事件時，使用一定的認知或行為方法，去盡可能消除這些事件可能造成的消極體驗；而在面對積極事件時，人們肯定也應該要使用一定的認知或行為方法去努力調節自己，從而獲得更多的積極體驗。很顯然，正如人們對消極事件用不同的思想或行為做出不同的回應後，他們隨後會獲得不同程度的消極體驗一樣，人們面對積極事件時，個體在事件之前、之中和之後不同的主動參與度也會導致人們獲得不同程度的積極體驗。於是，布萊恩特和威洛夫等人提出了「品味」概念，即人們在面對積極事件或好的運氣時，能主動運用各種身心調節方法，從而使自己獲得更多的積極體驗。

隨著正向心理學運動的興起，研究者們發現消極體驗的去除，並不代表積極體驗的獲得，也就是說痛苦的消除，並不代表快樂會增長。因此布萊恩特和威洛夫等在2007年出版的《品味：一種新的積極體驗模型》（*Savoring:A New Model of Positive Experience*）一書中對品味重新進行了界定：品味指人們引起、欣賞和增加積極體驗的能力以及基於這種能力的心理加工過程。品味的這一定義突出了品味與愉悅之間的區別，當一個人在品味時，他一定會意識或體驗到愉悅；但當一個人體驗到了愉悅時，卻並不一

定是透過品味來獲得的。品味包含的不僅僅是愉悅的意識，更是對愉悅體驗的有意注意。品味具有三個特徵：第一，個體對當下正在發生的事物或刺激的直接感受；第二，基於社會需要和自尊追求基礎的壓力釋放；第三，不是享樂主義的愉悅感受，或其他各種自我需求的滿足，而是個體對積極體驗的聚焦與用心。

品味強調了一種積極主動的過程，更加關注人們在面對積極事件時與環境的互動。也就是說，人們不能只是被動地接受積極事件帶來的愉悅，而要主動發現，用心關注，來引起、延長和增強自己的積極體驗。從本質上說，活在當下，慢慢品味當前的生活，才是人生命中最重要的事，這也是增加個體愉悅度的重要方法之一。品味的過程主要包括三個組成部分：

第一，品味體驗（savoring experience），包括刺激、結果、事件、感覺、情緒和反應等，根據品味體驗注意焦點的不同，將品味體驗分為兩類：一種是以外部世界為關注焦點的品味（world-focused savoring），這時候的積極情感主要來源於自己之外的某人或某物，比如被美麗的日出所感染等。在這種體驗中，品味多是對外部刺激無意識的、不可控的積極情緒反應。另外一種是以自我為關注焦點的品味（self-focused savoring），這時候的積極情感主要來源於自己的感知，比如贏得獎項時的興奮等。

第二，品味加工（savoring process），它主要指一系列的生理和心理活動，貫穿於品味全過程，具體來說主要有感恩（thanksgiving）、享受（basking）、讚嘆（marveling）、沉醉（luxuriating）等。不同的品味加工過程調節著不同的積極情緒體驗，比如，感恩調節著感謝（gratitude），享受調節著驕傲（pride），讚嘆調節著敬畏（awe），沉醉調節著感官愉悅（physical pleasure）等。

第三，品味反應或策略（savoring response or strategy），也就是品味過程的操作層面，指人們面對積極事件時的想法以及所採取的行為，比如

與他人分享、記憶建構和行為表達等。布萊恩特和威洛夫總結了人們在面對積極事件時經常使用的10個主要品味策略：和他人分享（sharing with others）、記憶建構（memory building）、自我激勵（self-congratulation）、向下比較（comparing，指有意與那些境況比自己更差的人進行比較）、敏銳地感知（sensory-perceptual sharpening）、全神貫注（absorption）、行為表達（behavioral expression）、當下意識（temporal awareness，指珍惜現在）、細數幸運（counting blessing）、避免扼殺愉悅的思想（avoiding kill-joy thinking）。其中，和他人分享、全神貫注和行為表達屬於行為層面的品味策略，其他則屬於認知層面的品味策略。由於品味研究更多地討論其積極的一面，所以把面對積極事件時，壓抑自己積極情緒的一類策略，統稱為扼殺愉悅的思想，這是品味過程中要力求避免的。品味策略使用存在個體差異，高自尊的個體會更多地品味積極事件，低自尊的個體則更傾向於壓抑自己的積極情緒，即所謂的扼殺自己的愉悅思想。

品味作為一種體驗，其測量主要依賴於訪談法和調查法等形式，在大量訪談和調查的基礎上，研究者也開發了一些相應的測量工具，使用較為廣泛的品味測量工具主要有：積極結果感知能力量表（PASPO）、品味信念問卷（SBI）和品味方式量表（WOSC）。

## 2　怎樣進行品味？

怎樣細細品味（savoring）才能更多地增加個體的積極體驗或幸福感呢？布萊恩特和威洛夫在數千名大學生中驗證了以下一些技術：

第一，經常和他人分享自己的體驗。你既可以在網路上把你的好事或好的感覺晒出來，也可以主動和別人一起分享自己的快樂體驗，談談你對現在生活的評價，這可以幫助你提高自己的愉悅程度。

第二，主動把你現在的一切好事或好的感覺構建入你的記憶，如保留

一些回憶線索等。將當下發生的一些好事件用照片或影片記錄下來，以便日後跟他人一起翻看，值得回憶的快樂往事越多，人們就越幸福。

第三，時時自我祝賀並自我獎賞。不要害怕別人會說自己驕傲，人應該經常跟自己說自己某件事做得很棒，在別人心中留下了多麼深刻的印象，並認為透過努力終於使自己達成了一直以來的願望，然後借此給自己一個小小的獎勵。

第四，努力使自己深刻感知周圍的事。當你細細體察每一件事情時，你便會從中尋找到樂趣。有時，即使只是觀察一隻螞蟻的爬動，你也會因此而變得靜心安寧。記住：在多數時候只把注意力放在事物的某個基本部分上，不要考慮太多，這樣才能深入體察。

第五，學會專注。經常有意識地讓自己完全沉浸在當前正在做的某一件熟悉的事情中，不要擔心或想著接下來自己還要去做其他什麼事等，人有時候要學會不過度思考，只是去感覺，感覺，再感覺。因為只有專注，人們才能在熟悉的地方尋找到優美的風景。

第六，努力衝破已有的習慣。多數人的生活常常按部就班，日復一日地做著同樣的事，缺少新意，這其實降低了人們的愉悅感。賽里格曼指出，人體的神經構造決定了我們的神經元只對新異的刺激有反應，因此，一個愉悅的刺激如果重複的次數多了，也會變得索然無味。要讓生活常常充滿愉悅，有效方法之一就是增加習慣事件的新異性，比如，一張喜歡的音樂唱片，可以變換聽的頻率，這個月如果聽過很多遍，那下個月就少聽幾次，這樣就會帶來不同的感受，從而增加愉悅感。另一個方法是不讓事件習慣化，常常給自己一些驚喜，或者和周圍的人互相贈予一份「驚喜」的禮物。這份禮物並不難準備，比如在他回家的時候放一首他愛的音樂，她在電腦前忙碌的時候為她揉背，在同事的桌上放上一束花等，這些都會讓對方的生活充滿愉悅。

有這樣一個禪宗故事，一個弟子厭倦了每天瑣碎的生活，於是就去問師父，請師父揭示生命的真諦。師父看著焦急的弟子，只用毛筆寫下了兩個字「用心」，弟子不解，急忙追問師父，請師父解釋，師父只是又寫了一遍「用心」。弟子還是不理解，開始有些沮喪，師父看到弟子，並沒有說什麼，卻只是一遍又一遍地寫著：「用心」。

布萊恩特和威洛夫等在《品味：一種新的積極體驗模型》一書中展示了一項揭示品味本質的研究：

研究者要求參與實驗的大學生受試者在一週中每天獨自進行20分鐘的散步。所有受試者被隨機分為3個實驗小組。

- A組為「積極關注」組，要求這一組的受試者每天散步時盡量觀察和注意身邊每一件令自己愉悅的事物（如可愛的花朵、明媚的陽光等），並認真思考它們為什麼會讓自己愉悅。
- B組為「消極關注」組，要求受試者每天在散步時注意身邊那些令自己不開心的事物（比如噪音、垃圾等），並認真思考它們為什麼會讓自己不快樂。
- C組為「正常關注」組，僅僅要求受試者每天去進行散步而沒有其他的特別要求。

所有受試者在參與實驗的前、後都進行了幸福感測量，結果發現，A組「積極關注」組受試者的幸福感和快樂顯著高於其他兩個組，而B組與C組之間不存在差異，這說明有意識地、主動地注意自己周圍正在發生的積極事物（也就是去品味）會使人變得更快樂。

品味就在於幫助人們從瑣事中發現生活的美好，把點滴的快樂彙集起來，從而找到生活的意義。P. E. 約瑟（P. E. Jose）等人在2012年的一項研究中又發現，個體在一段時間內經歷積極事件的頻率較高的話，品味的運

用對於提升其積極情緒會有一定的作用，但效果並不十分顯著；而個體在一段時間內經歷的積極事件較少的話，品味的運用則可以顯著性提升其積極情緒。因此，對於普通人和那些生活中本來就沒有太多積極事件的人來說，品味對於提高其幸福感作用顯著。

## （四）努力去做善事

做善事可以增加人的快樂，已經被多個心理學研究報告證實了，人許多時候感到不快樂主要是由於自私心和貪欲，而利他行為是對抗自私和貪欲的最有效武器。目前心理學的研究結果可以簡單概括為：「如果你想快樂一小時，就去睡個午覺；如果你想快樂一整天，就去釣魚；如果你想快樂一個月，就去結婚；如果你想快樂一輩子，那就去幫助別人吧⋯⋯」

做善事並不意味著你要付出很多，有時其實只是舉手之勞，讓有事的人先走一步，幫別人帶一件物品，在路上主動讓一下路，抑或對不認識的人微笑一下等。千萬別小看了這些善事，它們可以激發你的快樂。

透過做善事來獲得快樂也許比接受某種直接刺激而獲得快樂更艱辛，但這種快樂是一種深層快樂，是人性得到滿足後而釋放的快樂。賽里格曼透過研究發現，選擇容易獲得的愉悅有時可能會導致不好的後果，因為人所擁有的力量和美德有時候會在簡單的愉悅中變得麻痺和枯萎。如心理學的研究已經證實，看電視連續劇時人們的情緒平均處於輕度憂鬱，而且越長的連續劇越容易使人產生憂鬱的狀態，但即便如此，多數人可能還是更喜歡宅在家裡看電視。簡單地透過直接刺激獲得愉悅，只是人在生物學方面的一個屬性，而透過努力付出獲得愉悅，卻是人性獲得心理層面的成長的結果，是一種自我證明，因此，這種愉悅所帶來的快樂會更持久，也更有益。

## (五) 經常感恩他人或社會

一定不要有「自己從不虧欠這個世界的任何人」這種想法，要知道你來到這個世界並健康地活到現在，有了現在的生活或工作，你就已經虧欠了這個世界很多。人要懷著感恩的心去生活，生活中所體驗到的對他人或事情的感激之情越多，人的心情就會越好。賽里格曼和他的學生曾經舉辦過一個「感恩夜」活動（類似於一個感恩派對），每個人都邀請自己想要感激的一個人一起參加這個活動，活動中所有學生都當眾感謝那個曾對自己有過幫助的人（要具體介紹他人幫助自己的事情經過，同時表達感激之情）。這個活動結束之後，相關的研究數據表明，所有參加這次活動的人在隨後的幾天直至幾個星期內，心情明顯更好了。

人在大多數情況下是以自我為標準來區分所發生的事情的，對自己有利的事就是好事，對自己不利的事就是壞事，和自己無關的事則是閒事。有些人對壞事總是誇大其嚴重程度，而且逢人必說；而對好事則永遠不滿足，不知道感恩，這兩種行為是人內心無法平靜和不快樂的重要原因。人要能夠學會凡好事（哪怕是微不足道的小事）必感恩，把感恩當作自己生活的一種習慣，因為這樣會放大人們對好事的記憶，從而把人的注意力集中到這些事所帶來的好處上。

怎樣才能形成感恩習慣呢？賽里格曼曾介紹了一種簡單的方法：每天睡前花5分鐘時間回憶一下剛過去的一天，回憶那些發生的和自己有關的事，尤其是思考一下有哪些事情值得感恩，並自言自語地小聲表達自己的感謝。不要小看這5分鐘的努力，它會讓平靜、舒適的感覺伴隨人們入睡，更會讓人在感受好事的快樂中做夢。

## (六) 學會寬恕

　　心理學有個心理發洩理論 (Catharsis Theory，以下簡稱發洩理論)，該理論認為人們應該公開討論或表達自己的消極情緒，否則這些消極情緒會一直被壓抑著而導致心理問題。

　　發洩一詞源於古希臘，原意是「淨化」或「清除」，主要指個體透過某種直接或間接的攻擊方式，釋放其正在感受著的一些消極情緒，如憤怒、悲傷、遺憾與惋惜等。首先將發洩概念引入心理學領域的是精神分析大師佛洛伊德，他認為發洩作為將憤怒情緒表達出來的一種方式，可以使個體已有的敵意得到釋放，從而減少其隨後的攻擊性。佛洛伊德認為生活中的艱難困苦和負面事件常常會導致個體產生憤怒等消極情緒，而這種消極情緒透過一般的方式不會平息，只有透過某種形式的攻擊行為才能得到排解、昇華或者轉移。

　　圍繞這一思想，有研究者建立了相應的理論模型，認為引發攻擊的情緒會在個體內部建立一種心理緊張感，而個體可以透過一些行為表達 (尤其是透過某種攻擊性行為)，減少這種緊張感，進而減少隨後的攻擊性衝動。從形式上說，這種攻擊行為可以直接針對目標主體，或者透過其他替代客體，也可以間接地透過觀看他人的攻擊行為等方式實現。

　　因此，從本質上說，發洩實際上是將積在體內的憤怒和攻擊性衝動進行釋放的一種方式。那人們為什麼要將這些情緒進行釋放呢？心理學界有一種認知，認為個體體內的憤怒、衝動等攻擊性情緒如果得不到表達，這些情緒將會導致個體某種程度的身心損傷，只有透過某種表達攻擊性行為的方式 (如直接的攻擊行為，或者觀看攻擊行為) 才可以使個體的心理狀態被積極改進，從而幫助人們產生良好的情緒體驗，降低其內部的攻擊驅力和攻擊性。基於這種理解，大量的流行雜誌、心理學書籍和媒體等都鼓勵人們尋找合適的方式來發洩自己的憤怒，如打枕頭、打沙袋、擰毛巾、

扔飛盤、踢易拉罐、尖叫等。

　　發洩到底有沒有用？這在心理學上還存在爭論。精神分析是大力支持和堅持發洩有效的一個心理學學派，其心理治療觀點主要是建立在攻擊的壓力平衡模型（the classic hydraulic model of aggression）基礎之上的。這個模型認為挫折會導致個體產生憤怒，憤怒進而在體內逐漸累積，這種逐漸累積的憤怒會對人產生很大的壓力，因而必須以某種方式得到釋放，否則會導致心理疾病。用一個簡單的比喻，這一過程就像越積越多的水一樣，如果不讓它洩出去一部分，最終它將沖毀堤壩而造成危害。持精神分析觀的學者將這種發洩看作是死亡本能的某種轉移（即強調攻擊是人的一種本能形式），並提出如果將死亡本能的這種破壞性轉向外部世界，那麼對生物個體自身的心理健康將會是有益的。

　　將發洩理論具體應用到心理治療的是佛洛伊德的學生威廉・賴希（Wilhelm Reich），他在心理治療中透過一些形式（直接的攻擊行為或某種替代形式）讓患者發洩自己內心的消極情緒，發現部分患者的心理症狀會得到一定程度的緩解。賴希把這種方法稱為情緒發洩療法，認為這種做法的原理類似於緊張肌肉的放鬆，這實際上是發洩心理療法的最早形式。

　　但也有觀點認為發洩無用，甚至有害。A. 班度拉（A. Bandura）的社會學習理論，假定個體生來並不具有攻擊驅力或攻擊本能，相反，攻擊行為是一種習得行為，主要透過觀察模仿他人或者社會強化習得。該理論認為，發洩過程中個體體驗到的力量、興奮和愉悅等強化了發洩中的攻擊行為，或者對敵意的外部表達弱化了個體對攻擊行為的內部抑制，因此社會學習理論反對發洩理論，認為發洩後個體的憤怒並不會減少，而其攻擊性行為卻有可能會增加。

　　心理學家C. E. 薛佛（C. E. Schaefer）和D. 馬太（D. Mattei）的研究顯示，成年人對兒童攻擊性行為表達的接納和鼓勵，會刺激兒童產生更多的

攻擊性行為，因為這種認可的態度並沒有使兒童學會抑制攻擊行為的概念，從而導致其隨後的攻擊性行為增加而非減少。因此社會學習理論認為，個體一旦習得攻擊性行為，就必須採取有效措施來積極地抑制，而不應鼓勵其發洩。班度拉甚至於1973年提出，應該要暫停對發洩理論的宣傳和它在心理治療中的應用，認為攻擊性衝動並不能透過參與象徵性的、運動性的或者現實生活中的攻擊行為而得到釋放。

認知新聯想理論（CNA）也認為，生活中的消極事件（如挫折、挑釁等）會引發人們產生負面情緒，產生攻擊性行為，而與攻擊有關的思維和記憶等是相連的一個連結系統，一旦攻擊思維被激發，與之相關的概念也會沿著連結系統進行傳播和活化。這個連結系統不僅僅和記憶中的攻擊性思維連在一起，也和相應的情緒反應和行為傾向連繫在一起。因此，發洩激發了攻擊性思維，同時也激發了一個由記憶、情緒以及攻擊性衝動組成的複雜連結，從而增加而不是降低個體的憤怒感受和攻擊性。

L. 貝克威茨（L. Berkowitz）認為，雖然發洩行為是針對非生命客體的，但這樣的攻擊行為實質上是在強化個體練習怎樣表現得更具有攻擊性，並啟動攻擊性思維、情感和行為傾向。尤其人們在發洩的過程中，專注於使其產生憤怒的目標個體時，這種專注於攻擊性行為的思維將活化整個系統，從而喚醒攻擊性衝動。

不過總體來看，現代人還是比較相信表達憤怒是健康的，而將憤怒埋藏在心底則是有害的。但正向心理學的研究發現，表達憤怒可能是有害的，當一個人心裡總是想著發生在自己身上的那些不好的事，想著怎樣去把它表達出來，人們的情緒會因此變得更糟。一個關於A型性格的心理學研究顯示，與感受憤怒相比，表達憤怒與心臟病發作的相關性更高。也就是說，那些選擇直接表達自己憤怒情緒的人，他們患心臟病的可能性更大，而當人們決定遏制憤怒或者顯示友好的時候，血壓實際上是下降的。

東方人「心裡憤怒但不表達出來」的方式也許在一定意義上更有利於人自身的快樂，所以人要學會寬恕。

人是有智慧的動物，當人們對一些事耿耿於懷的時候，其實是因為他自己不想忘記。你耿耿於懷，不肯原諒傷害過你的人，這種想法並不能造成他人什麼損失，卻會使你自己活在傷痛之中。如果人學會了寬恕，就能轉移甚至去除曾遭受的痛苦。當然，這並不意味著寬恕能夠自動懲罰那些曾經傷害過我們的人，而是它能在不改變記憶的情況下，改變人自己的心態，使人們的生活重新恢復到快樂的狀態。對於怎麼去寬恕，賽里格曼建議採用沃辛頓（Worthington）的REACH五步驟：

- **R即回憶（Recall）**：對於曾經的傷痛，請先做幾次深呼吸，然後慢慢讓事情在腦海中再過一遍。回憶時盡量要以客觀的態度去進行（如假定自己是一個第三者），不要把對方妖魔化，也不要自怨自艾或過度拘泥於細節。

- **E即共情（Empathize）**：試著從加害者（對方）的角度來考慮一下，理解他為什麼要傷害你。儘管這樣做不容易，但是設想如果讓加害者解釋，他會怎麼說，盡量想出一個可信的理由。以下幾點有助於人們尋找到合適的解釋：當一個人感覺到自己的生存受到威脅時，他會出於自衛而傷害別人；一個人在傷害他人的時候，自己也往往處於害怕、擔心或受傷害的狀態；一個人所處的情境條件導致他這樣做，這樣做不是他的人格使然；人們在傷害別人時，自己往往沒有清楚地意識到，只是突然發作。

- **A即利他性（Altruistic）真心寬恕**：回想一件你曾傷害過別人而對方原諒了你的事，想想你獲得原諒時的內疚，再想想你當時的感激之情。這是他人給你的寬恕禮物，因為你需要這份禮物，那你現在也可以送份寬恕禮物給別人。

所以，你在他需要時才贈予了他寬恕這份禮物，這是真心幫助他，而不是出於自己的利益。一旦你真心寬恕了別人，你也就獲得了解脫和快樂。

- **C即公開承諾（Commit）寬恕**：不要選擇在心裡原諒，要透過寫信給到加害者。在日記中、記事本裡清楚寫下自己的寬恕，或者以把這份寬恕告訴某位可靠的朋友、或第三者等方式公開表明自己的寬恕，但一般情況下不要在對方的集體面前表達自己的寬恕，因為這樣做會給對方造成一定的壓力。

- **H即保持（Hold）寬恕**：過去的記憶一定會再次回來，不過有記憶並不代表不原諒。寬恕並不是消除記憶，而是換掉記憶上貼的那個標籤。記住，當你已經選擇了原諒，就不要有任何復仇之心。

## （七）花時間和你的朋友或家人在一起

從現在已有的研究來看，你住在哪裡、有多少錢、做什麼工作等和你的快樂都不是很相關，但朋友和親情卻和你的快樂明顯相關。西卡森特米哈伊曾測量了一批學生的福樂感，並從中篩選出250名高分和250名低分學生進行比較，結果發現，低福樂組學生大量的課餘時間主要是在逛商場、玩電子遊戲和看電視中度過的，而高福樂組的學生卻愛好廣泛，他們把更多時間花在和家人及朋友身上，如約朋友打籃球，和家人在一起做家庭作業等。

快樂有多種來源，有時可以來自一份美食、一次按摩，甚至是聆聽鳥蟲鳴叫。但更多時候，快樂來自心靈的平靜。當一個人和朋友、家人在一起時，他會置身於功利、事物之外，從而更容易獲得內心的寧靜和快樂。

儘管和朋友、家人待在一起會有諸多好處，還能夠產生發自內心的福樂，但在現代生活中，很多人卻寧願選擇一個人看電視、玩遊戲等，這

主要是因為現代人太依賴自己的感官，太相信幸福就是自己的感覺這一信條。

　　其實，相關的研究早已經證明，幸福並不完全就是人的感覺，或者說人並不一定就是感覺的奴隸。美國《時代雜誌》2005年曾調查了美國婦女幸福感的主要來源（即你的幸福主要來自哪裡），結果子女（35%）這一因素排在各大來源因素的第一位，這說明多數美國婦女認為自己的幸福主要來自於自己的孩子或孫子（女）。而2002年諾貝爾經濟學獎獲得者、美國著名心理學家康納曼（Kanhnman）2006年在《科學》雜誌上發表了一個調查報告，他用「昔日重現法」（DRM）測量了900名德克薩斯州婦女的幸福感體驗，康納曼連續測量了3個月，旨在弄清楚美國婦女最喜歡和最討厭的活動。

　　結果發現，照顧孩子是美國婦女最討厭的活動之一，它的排名僅比「做家事」略好一點，列倒數第二。也就是說，當美國婦女正在照顧孩子時，她的感覺差極了，但當她做完這種感覺差極了的活動（照顧完孩子）之後，她卻覺得孩子才是她最主要的幸福來源。這說明幸福不僅僅是體驗本身，它還是一種意義理解（meaningful），這世上還有什麼比和家人、朋友待在一起更有意義呢！

## （八）照顧好自己的身體

　　人要照顧好自己的身體，每天要抽出一定的時間運動一下，這對改善心情大有好處。已有的多個研究證明，保持充足的睡眠，進行適當的運動和鍛鍊等可以在短時間內迅速增加人的快樂。

　　心理學目前的一個重要研究主題是「具身認知」，就是指身體的某種感受和心裡的感受有著一定的關聯，即人們的物理體驗或經驗和其心理體驗會有機地結合在一起。當一個人有良好的身體感受時，其內心也會相應

體驗到更多的快樂，當然良好的心理體驗也會影響個體的身體感受。加拿大多倫多大學的一項研究發現，一個人如果回憶自己曾經有過的被排斥的經歷（不好的心理體驗），與那些回憶自己曾經被接納的經歷（良好的心理體驗）的人相比，這些人的身體對房間的溫度估計會更低一些。所以人們在生活中經常說的冷冰冰也許有一定的道理，當身體感覺冷冰冰之後，心理上也可能就蘊含了排斥的意思。反過來，如果一個人本身正處於被排斥的境地，那他在身體上就會比普通人更渴望獲得溫暖的食物和飲料。

## （九）進行冥想練習

冥想（meditation）的含義比較廣泛，除了各種單純的冥想練習之外，其他一些如太極、瑜伽中也包含一定的冥想成分，心理學界一般將冥想看成一種綜合性的心理和行為訓練。從過程來看，冥想有著一些特定的練習技術和練習階段，一般需要人的注意、知覺等多方面認知功能的參與。冥想不僅強調身體的放鬆，更強調認知和心理的放鬆，從結果來看，很多人在冥想練習過程中會產生一些微妙的心理體驗變化。

冥想的種類多種多樣，根據人練習時注意力方式的不同，主要可以分為兩大類：一類是沉浸型冥想，另一類是專注型冥想。沉浸型冥想強調開放和接納，要求冥想時以一種知曉、接受、不做任何判斷的立場來體驗自己在練習過程中出現的一切想法和感受。專注型冥想則強調注意的集中，要求冥想過程中盡量將注意力放在感受呼吸、重複詞語（咒語）、想像圖像等心理活動上，從而逐步屏棄任何想法和感覺的干擾。

賽里格曼很推崇東方的冥想，他認為冥想雖然有多種形式，但無論何種形式的冥想，都需要有規律地去練習，需要靜下心來，放慢思考的節奏，這樣才能更好地發現身邊的美景。對於都市快節奏的生活人群來說，坐禪冥想是一種比較簡便易行而又效果良好的冥想方式，這種冥想形式可

以使人較快地脫離浮躁、獲得平靜。坐禪冥想的方法很簡單，只需要一個安靜的環境，一把舒適的凳子，以及掌握腹式呼吸的方法。具體做法主要為：人坐在凳子上，面朝正前方，閉上眼，合攏牙齒，直起身子，雙手交疊，自然放置腿上；隨後，開始深呼吸（腹式），同時數自己的呼吸，從「1」數到「10」，循環往復。在數的過程中，個體要將注意力集中在自己腹部的起伏上，在發現自己出現雜念的時候，輕輕地把雜念放下，再重新從「1」開始數起。一般初學者可以從每天10分鐘、15分鐘開始，逐漸加長練習的時間，想要練習的讀者不妨去找相關的書籍做進一步了解。

　　需要說明的是：由於要打破常規的生活方式，冥想練習在最初階段可能會比較困難，但相信經過幾個星期適應之後，冥想所帶來的快樂感會讓你覺得這一切的努力都是值得的。

　　臨床心理學家幾十年來的研究顯示，冥想對於很多心理、生理上的症候群有著良好的臨床效果。比如冥想能讓一些患者緩解焦慮、壓力，並具有減輕憂鬱症狀和改善睡眠的功能等。在此基礎上，一些臨床心理學家還開發出一種基於冥想的認知療法，這種療法對治療憂鬱症有著重要的作用。

　　過去的心理學實驗研究顯示，對於普通人而言，不論採用哪種方式的冥想，都會對人的認知、情緒和工作成績等方面產生一定的正面作用。比如一些實證研究就表明，冥想可以有效地增加個體的積極情緒和親近行為，增加個體的同情心、移情等人際交往性情緒，提高個體的免疫力。有研究者甚至發現，冥想對免疫功能具有較好的促進作用，進行冥想練習的受試者體內的流感病毒抗體量明顯高於那些沒有練習的控制組受試者。

　　此外，冥想還可以有效地增加個體對消極事物的心理承受能力。在2011年的一項研究中發現，在受試者接受每天20分鐘，共3次的冥想練習之後，同樣程度的消極圖片對受試者情緒體驗的刺激會比他們練習冥想前的要更小些，說明冥想讓受試者變得更寬容了，這種寬容在一定程度上具

有某種心理保護作用，從而增加了個體的快樂。從機制上說，冥想練習增加了受試者的積極情緒體驗，進而增加了大量的個人資源，包括警覺、社會支持、自我接納和對人生目的的感知，這些增加的個人資源進而提高了受試者快樂的機率，同時減輕了憂鬱的症狀。

## 二、影響人形成樂觀型解釋風格的主要因素

樂商既包含了即時快樂的能力，也包含了形成一種樂觀積極的生活態度。解釋風格是一種人格狀態，它是一個人從孩提時期就開始累積起來的一種看待自己或周圍世界的方式。有研究發現，一個人的解釋風格很早就開始出現，8歲左右的孩子就開始形成具有一定個性的解釋風格，人一旦形成了某種解釋風格，其後續行為會明顯地受這種風格的影響。因此，及早提高孩子的樂商不僅具有教育意義，也更具有生物學意義。

人的解釋風格（即生活態度）能改變嗎？從某些方面來說，答案是否定的。大量的研究顯示，一個人在生活中的解釋風格受基因的影響甚大，就像無論一個人怎樣努力節食，他的體重最終都會恢復到一個適度的體重範圍一樣。有心理學家專門研究了中樂透大獎的那些人，結果發現，就算一個人買樂透中了上千萬的大獎，他也只是暫時非常開心，一年以後，他開心的程度仍舊會恢復到中獎之前的程度。談戀愛的人也會有這種情況，當一個男孩開始追求一個漂亮的女孩時，他會覺得如果把這個女孩追到手，自己就會快樂一輩子，但當他真的和這個漂亮女孩結婚之後，只要一個月的時間（最多也就一年左右），他就又會恢復到他之前的快樂程度（即天性的基準）。

還有研究者在美國終身教授評選之前，測量了所有候選人的解釋風格（確定這些候選人的樂觀基準），然後問這些候選人，如果他們這次評上了終身教授會怎麼樣？如果他們這次沒有評上終身教授又會怎麼樣？所有候選人的回答都比較接近，他們都說，如果這次評上了，他們就會很開心，

而且這種開心一定會持續很長一段時間，甚至會延續到自己的後半生；但如果沒有評上，則會很難過，而且這種難過也一定會持續很長一段時間。

當終身教授評選的結果出來之後，這些候選人中有的被評上了，有的則沒有被評上。研究者在評選結束後的一週內，迅速對這些候選人的樂觀程度進行再次測量，結果發現那些評上的人都比評選之前更快樂，沒有評上的人則比之前更悲傷。組間比較更是有差異，評上終身教授的候選人比沒有評上的人顯著性快樂。但3個月後再去測量，結果發現之前的這些差異消失了，所有候選人（不管是否評上終身教授）又都恢復到了他們之前的基準。那些原本不太快樂的，但這次被評上終身教授的人，又恢復到了原來不太快樂的程度；那些原本快樂的，但這次沒有被評上終身教授的人，也恢復到了原來的快樂程度。

如果人的解釋風格一旦形成就無法改變，那對成人來說，他已經形成了悲觀型解釋風格，但是想透過努力使自己變成樂觀型解釋風格的人豈不就成了一種妄想？而正向心理學所謂的學習樂觀又有多大的價值呢？

事實其實並非完全如此。「人的解釋風格不會變」這句話隱含了三層真實含義：

- 解釋風格的變化會很慢。只有當人經歷了很多類似的刺激之後（如發生很多讓人開心的事），人的解釋風格才可能會相應地發生一點小變化，這就如鐘錶上的秒針和時針的關係，當秒針轉了60圈時，時針才會走上一小格。
- 要從小就培養孩子，讓他形成良好的樂觀型解釋風格，因為一旦形成了某種解釋風格，想對之做出改變時，則會事倍功半。
- 解釋風格不是一個固定數值，而是一個區間範圍。人們透過一定的努力或方法，至少可以使它保持在可達到範圍的最上端（即積極的那一端）。

所以在人漫長的一生中，要想真正事半功倍地形成樂觀型解釋風格，就必須了解那些會對個體解釋風格產生重要影響的因素。那麼，到底有哪些因素會對人的解釋風格產生重要影響呢？

## (一) 母親的解釋風格

賽里格曼的研究發現，孩子的解釋風格與其母親的解釋風格關係特別密切。研究者對100個兒童以及他們的父母親做了解釋風格問卷測試，從測試所獲得的結果來看，兒童的樂觀程度與其母親的樂觀程度極為相似，相關度非常高，而與其父親的相似度卻較小，相關性不大。

為什麼會出現這樣的情況呢？這主要是因為多數情況下母親照顧孩子的生活更多一些，其近距離接觸孩子的機會遠大於父親，而解釋風格主要就是在漫長的接觸過程中逐漸累積起來的。

看這樣一個例子：

一位母親帶著8歲的女兒開車進入購物中心的停車場，購物後打算開車回家。

女兒說：「媽媽，車門這裡有一塊地方被人撞扁了！」

母親說：「該死！你爸爸會罵死我的！」

女兒說：「爸爸出門時讓你把他的新車停得離別的車遠遠的。」

母親說：「該死！像這種倒楣的事總是發生在我身上。我其實很懶，總是不想抱著大包小包走過一個停車場那麼遠的路，我只想少走幾步路，我真是笨死了。」

女兒在旁邊完完整整地聽了母親的這番話，她聽到的不僅是母親說的自己那些不好的地方，也聽到了母親對這件事的言下之意，這包括：

- 「像這種倒楣的事總是發生在我身上」，這一解釋屬於永久性的壞，因為她用了「總是」，即一直會發生這樣的壞事；這一解釋也屬於普遍性

的壞，用了「像這種倒楣的事」，而沒有把這種不好的事界定在一個特定範圍內，比如只是界定在「車被撞」這件事上；這一解釋同時也屬於個別性的壞，即「發生在我身上」，而不是任何人都可能會發生這種事。這位母親把自己單獨列出來成為一個受害人，意味著只有她才會成為受害者。

- 「我很懶」，懶是一個永久性的人格特質，與之相對的是「我覺得有時候我有些懶」。實際上很多人在某些情境下都會懶，但她卻把它個別化為自己特有的一種屬性了。
- 「我只想少走幾步路」和第二條的內容一樣，具有永久性（壞）、個別性（壞）等特點。
- 「我很笨」和第一條的內容一樣，具有永久性（壞）、普遍性（壞）、個別性（壞）等特點。

女兒聽到了自己母親對於一件不幸的事非常悲觀的解釋，就會學到不好事件都會持續很久（永久性），會傷害到生活中的任何其他事（普遍性），產生都是她自己的錯（個別性）的看法，從而覺得世界都是這個樣子的。女兒如果每天從她的母親那裡聽到的言論都是這種悲觀型解釋，她就會每天自覺或不自覺地向這位她的人生當中最有影響力的人學習這種解釋事件的方式。

孩子的小眼睛是孩子和父母交流的最主要工具，父母身為孩子的啟蒙老師，每天都會面臨孩子成長過程中問到的許多「為什麼」，而父母——尤其是母親的行為方式，實際上每天都在不停地跟孩子解釋所發生的各種生活問題的原因。對孩子而言，獲得這些問題的答案很重要，因為他們的心智發展就是伴隨著思考這些問題而進行的。

家長除了要注意自己的行為，更要注意和孩子的言語交流。孩子對於「為什麼」的提問，其實就是孩子對生活的理解。就算有時大人被問煩

了，問題得不到回答，孩子也會用自己的各種感官來進行觀察。有時甚至父母之間的對話也很重要，孩子的耳朵很敏銳，他們會把父母的話迅速地變成自己的信念，同時傳遞到自己的生活中去。

## (二) 老師和家長的批評

也許很多老師和家長沒有意識到，孩子做錯事時，大人給予的批評可能會影響孩子的一生！當孩子在聆聽大人教訓的時候，他注意到的不只是批評的內容，還有批評的方式。孩子一般都會相信大人的批評是正確的（因為所有的成年人，在孩子心目中幾乎都是權威），而且他們會用這些批評來構建自己的解釋風格。賽里格曼團隊研究了一個小學三年級的課堂。

研究者在三年級的課堂裡進行隨堂觀察，並記錄和錄音學生及老師的所有行為。老師正在上課，而下面聽課的學生，卻有著不同的反應：女孩一般都安靜地坐著，手放在膝蓋上，很注意地聽老師講話；就算她們不想聽時，也會避開老師竊竊私語，總體上說女生都很守規矩。而男孩則大多很少願意安靜地坐著，動不動就在課堂上吵鬧起來，有時甚至會在課堂上跑來跑去或者互相追逐；就算坐著也總是在位子上扭來扭去，看起來根本沒在專心聽課。

小考的測驗成績出來了，有一部分學生考得不好（包括男孩和女孩），老師對這些考得不好的學生說了什麼呢？如果沒考及格的是男孩，老師一般都這樣說，「你最近上課時一點也不注意聽講，到處亂跑，所以這次不及格」「你沒有盡力學習你的功課，所以這次不及格」「我在上面教的時候，你在下面東張西望、吵吵鬧鬧，所以這次不及格」等。老師對這些男孩的批評中關於不注意聽、不努力或吵鬧的解釋都是暫時的、特定性的。老師這樣的解釋意味著：你的現狀可以得到改變，只要你改掉了上課時的這些壞習慣，用心聽課就能考到好成績。

而對於沒考及格的女孩，老師的批評卻是，「你的數學學習能力不行」「你交上來的作業總是亂七八糟」「你從來不驗算你的答案」等。因為這些女孩上課很守規矩，老師不能以那些外在理由來怪罪她們的不及格，所以老師不經意間灌輸這些女孩的都是永久性、普遍性的批評。

這些學生在這樣的評價中度過了三年級，到了四年級的時候，研究者對這些學生做了一個實驗，他們給這些學生一個無解的字謎難題（永遠也沒有正確答案），用來檢驗他們對「你為什麼沒有解出這個字謎來呢？」的解釋。當然，在研究者喊「時間到」的時候，所有的孩子都沒有做出答案。但是男孩和女孩對於這個問題的回答卻完全不一樣。

女孩們的回答是「我對猜字謎遊戲不太擅長」「我想我不太聰明」。同樣做不出答案的男孩們的回答則是「我沒有很專注地去解它」「我沒有盡全力解這個字謎」「解這個字謎時旁邊有人走來走去」，甚至有些男孩還說出了「誰在乎解你這個爛字謎」的話。這個實驗裡，女孩們對自己的失敗給出的理由具有永久性和普遍性的特點，是典型的悲觀型解釋風格；而男孩們給出的自己失敗的理由卻是暫時的、特定的，它們都是可以得到改變的，屬於典型的樂觀型解釋風格。他們經歷了同樣的一段教育，結果卻形成了完全不同的解釋風格。

這個實驗清楚地揭示了大人的批評影響孩子並使他們形成某種解釋風格的心理機制，所以，如果大人在評價孩子時總說「你很笨」、「你不行」等，孩子就會真的把它內化到自己的思想裡，並很有可能形成悲觀型解釋風格。而如果大人說的是「你沒有完全盡力」「這個是高年級程度的題目」「你不夠用心」，孩子就會把面臨的挫折看成特定的，是可以改變的，這會有利於孩子形成樂觀型解釋風格。

這裡要特別提一下，小時候很乖的孩子一旦在學習上遇到挫折或失敗，他們會更容易被教育（或教養）成悲觀型解釋風格。但由於傳統的文

化恰恰比較推崇乖小孩，認為很乖的孩子有教養、守規矩、是好小孩，因而父母都在費盡全力使自己的孩子成為乖乖牌。

## （三）早期的危機事件

人的一生可能只是一個能部分自控的過程，這實際上也是人天生就具有的一種無奈。在不同的人生階段，人們都有可能遭遇到一些自己控制不了的不幸，但相對來說，人生早期的不幸也許是人一生最大的不幸，因為這個時期的災難很容易讓人形成消極心態，從而形成悲觀型解釋風格。

1980年代，世界著名的社會學家格倫‧埃爾德（Glen Elder）在一個有關孩子在極端惡劣環境下成長的演講中，提到了他研究的一批特定的研究對象，這些研究對象都出生於美國經濟大蕭條（1929～1933年西方出現了資本主義經濟危機，由於這次危機範圍廣、時間長、破壞性大，以致整個社會出現了大蕭條、大危機，因此大蕭條成了這次危機的專有名詞）之前，不同的研究者已經對他們持續追蹤了60多年。在這些老人整個一生中，他們每個人都連續在不同的時間段（包括少年、青年和成年等）接受過多次的量表測試和面談，研究者記錄了這些老人人生中的每一件大事。而且這項研究後來還包括了這些老人的孩子，以及他們的孫子（女）。

埃爾德在演講中談到，有一些女孩，在1930年代因為大蕭條而失去了全部財富，在她們和家人的一起努力下，她們的家境在中年初期就得到恢復，她們重新成了中產階層，這些人在1980年代都身心健康地進入了老年期。

而同樣在1930年代遭受大蕭條災難的另外一些女孩，卻一直沒能從危機中解脫出來，她們在中年末期依然是典型的窮人，直到晚年也很淒苦，生理和心理都不太健康。

埃爾德根據記載下來的資料進行分析，認為其中的原因可能跟她們的解釋風格有關。但是由於解釋風格是賽里格曼在1970年代末才提出來

的，在此之前尚未有人關注過這個問題，更沒有人做過這方面的測量，所以無法確定這些老人屬於什麼類型的解釋風格。「如果有個時間機器就好了，我現在就可以回去重新測量一下這些女孩的解釋風格」，埃爾德在演講中開了一句這樣的玩笑。

賽里格曼後來的很長時間都在思考埃爾德的這句玩笑話，他有一天突然想到，自己的研究團隊使用的一種測量方法可以充當這個時間機器！這個測量方法叫做「言語解釋內容分析法（CAVE）」。這種方法是賽里格曼的一個助手發明的，讓那些不方便做解釋風格問卷的人做測量用，比如美國總統、政要、體育明星等。這些人因為身分特殊，一般情況下不可能要求他們做量表問卷，但如果想知道這些人到底是什麼類型的解釋風格又怎麼辦呢？研究者就只能透過報紙、電臺、電視等媒體來大量地蒐集其言論資料，然後把要測的這個人所說的具有因果關係的話從永久性、普遍性、個別性三個面向進行評分，最後得出這個人的解釋風格分數。研究者在信度檢驗中發現，用這種蒐集言論資料的方式所得到的分數、與做實際的解釋風格問卷所得到的分數非常接近。賽里格曼等用這種方法成功預測過很多事件，比如一支 NBA 球隊的成敗、總統大選中哪一位候選人將獲得勝利等。

因此，賽里格曼認為，如果有這些老人的原始面談資料，要分析他們的解釋風格就不會有什麼問題。

埃爾德隨後成功地調來了存檔的資料，那個年代還沒有錄音機，材料大多是用紙筆速記下來的。賽里格曼團隊對這些堆成小山似的、厚厚的材料經過艱苦分析，最終的分析結果表明：順利而健康地進入老年期的婦女，在年幼時大多是樂觀型解釋風格；而晚景淒涼的婦女，在年幼時大多是悲觀型解釋風格。

這個研究後來成為心理學史上最重要的縱向研究案例之一，取得了多方面的成果，如人發展的不均衡性、教育的發展意義等。但這個研究的一

個最直接結論就是：孩提時代所經歷的危機和不幸事件會影響一個人的解釋風格，並進而影響人一生的發展。在這一研究案例中，所有女孩都經歷了同樣的挫折和磨難（大蕭條），相關的記載資料表明，如果一些女孩能順利度過這個災難，而迅速地成為中產階層，她們就會形成樂觀型解釋風格，從而收穫一個順利而健康的晚年；如果她們不能順利度過大蕭條災難而一直淪為社會底層，就更容易形成悲觀型解釋風格，從而直接導致晚景淒涼。

因此，早期的生活經歷對一個人解釋風格的形成有重要影響，生離死別和巨大的社會變故往往會透過解釋風格而影響人未來一生的發展，這應該引起教育者們的重視。當然，如果所面臨的危機事件能得到妥善解決而出現好轉，孩子就會逐漸發展出一種觀點，認為不好的事件是可以改變、可以克服的；但如果這種危機或變故是永久性和普遍性的，那麼這顆絕望的種子就永遠埋在了孩子的心裡，並使他們終生受苦。

不過該研究中的另外一個現象也對人們有一定的啟發。整個研究所累積的資料顯示，出生於社會底層的女孩，在其成年之前所面臨的不幸事件顯著性高於出生於中產階層的女孩。從已有數據的統計結果來看，這些出生於社會底層的女孩的解釋風格更悲觀。而社會底層組內和中產階層組內的比較也顯示，個體早期面臨越多的不幸事件，其後的解釋風格也越悲觀。這暗示著給幼兒一個舒適安逸而幸福的早期生活經歷，也許會有助於其將來發展得更好！

為什麼會出現這一現象呢？這可能是因為出生於中產階層的女孩，其幼兒時期的生活條件比較優越，她們在孩提時代幾乎沒有什麼特別大的磨難，當大蕭條使她們突然變得一無所有時，她們幼小的心靈會相信這種厄運是暫時的（因為她們有過舒適生活的經歷），是可以克服的，因而她們並沒有被經濟危機擊倒，最終在中年期又恢復了過來。這就是說，之前很

小時候的如意幸福能有效增強人安然度過危機的信心。當真的度過了危機之後，這些成功經歷幫助她們最終形成了樂觀型解釋風格，並使她們有了晚年的幸福。

出生於社會底層的女孩則不一樣，她們從一出生不僅經歷了艱難困苦的生活，還經歷了更多由艱難困苦生活所導致的消極事件（社會底層面臨的不幸事件永遠會多於中產家庭），然後又經歷大蕭條時的一無所有，但由於她們從小就面臨生活困難，從沒有過舒適和安逸的生活經歷，她們會覺得自己的艱難困苦是永久的，是自己能力不足，天生命苦，厄運是無法逃脫的，這些想法使社會底層的女孩在大蕭條中一蹶不振，很久都爬不起來。當失敗困苦的經歷累積到一定的程度，她們也就形成了悲觀型解釋風格，這使得她們有了淒涼的晚年。

這說明貧苦不僅只是一種現象，它可能還是一種特質，具有某種類似於「遺傳」的性質。人們也許可以從埃爾德的這個有關解釋風格的研究中獲得某些啟示。窮人家的孩子因為貧窮而不得不經歷更多的磨難，這些磨難使他們相信自己的苦難是長期的、永久的，是自己天生就注定的，這使他們形成了悲觀型解釋風格。而悲觀型解釋風格則不僅加劇了他們的苦難，還使他們在生活中失去了前進的動力，並導致一系列問題。

## 第二節
## 關於人的改變

所謂擺脫不快樂，其實就是對人本身的一些消極狀態或性格特徵做出某種改變，特別是改變那些能引起自己不快樂情緒的東西，這也是提高樂商的一個重要組成部分。總體來看，人的不快樂總是和一些問題人格相伴，因此改變問題人格對擺脫不快樂、提高樂商具有非常重要的意義。不

過改變具有不確定性，人並不是任何方面的狀態都能得到改變，那人到底能夠改變些什麼呢？人又不能改變些什麼？為什麼有些人能改變而有些人不能？

## 一、人能不能發生改變

人到底能不能發生性格方面的改變？關於這個問題，學術界有兩種互相對立且勢均力敵的觀點：

第一種觀點是能改變。心理健康教育和心理治療等都暗含著一個前提：相信人具有可塑性，是可以得到改變的，所以這些行業的從業者總是鼓勵人們借由自己的努力或他人的幫助來進行自我改進和自我實現。比如，行為主義者認為任何事情都能夠得到改變，如智力、情緒、性格、性取向等，否則教育學或心理學就將毫無用處。沃森就曾說過，給我十幾個健康的孩子，我可以用不同的教育方式使他們成為任何你想要的人，如政治家、商人、社會工作者或小偷等。精神分析學派也非常信奉人是可以改變的，他們認為只要精神分析技術夠好，各種人格特質都能夠被揭露並得到改變。

第二種觀點則與上述正好相反，生物精神醫學則主張心理問題或疾病有點類似於生理疾病，甚至就是生理疾病的一種，疾病只能靠藥物治療，但藥物只是改善了人的病情，並不能影響人格的發展，因為人格是由基因決定的。在這方面，藥商、繪製基因圖譜的生物學家等都認為人格特點是天生的，強調人主要受基因以及大腦結構等生物因素控制。由於人的情緒、智力、性取向等主要受基因和大腦神經構造控制，所以這些東西無法改變。如現代醫學上有一種常用於治療癲癇的方法，即切斷兩個大腦半球之間的連繫（或者叫胼胝體切除手術），這種手術在臨床被叫做割裂腦。當病人接受了割裂腦手術之後，他會描述呈現在他大腦左半球的視覺資

訊，但如果把同樣的資訊呈現給右半球時，病人會什麼也看不見。這說明演化使機體獲得了特定的適應能力，大腦的兩個半球之間的功能不會完全相同，畢竟一個人不需要兩個支配或控制說話、記憶等的區域。這證明大腦對人的許多心理行為已經特異化了，簡單的影響不能改變它的狀態。

總之，對於人是否能改變這個話題，不同的人出於商業、治療或者政治等目的，提出了五花八門的說法。

其實關於變與不變，心理學還有第三種觀點，即有些心理學家認為人可以發生改變，但又認為這種改變僅發生在人生命的早期。這種觀點到現在還很受歡迎，但這種觀點在本質上其實比較接近強調人的不變性，因為在人生命的早期，一般情況下是不能控制自己的，即命運完全由別人決定。

如當代的多數人格心理學研究者就認為，人童年時期的生活方式有著強大的力量，會成為後來心理問題的根源，或者認為情緒特質具有很強的力量，可以左右人的行為或心理。這種觀點其實認為人的一切發展在人的早期就決定了，後來的生活不過是在現存的軌道上按既定的模式而運行，人所能做的不過是加快速度或減緩速度，並不能改變發展的方向。所以早期創傷或生活經驗等就成為這些心理學家們關注的焦點和核心。

正向心理學認為這種假設是不對的，沒有任何有效的證據能證明早期的學習有非常強大的力量，不論是心理問題、生活習慣還是人格特徵等，在它們發展的任何時期，人都可以在這些方面做出努力，並獲得一定的成效。成效的大小跟問題的深度有關，而問題的深度僅僅來自生物、證據和力量這三個方面。有些童年時期的特質印記很深而且不易改變，但這並不是因為這些特質習得較早而具有了強勢地位，而是因為一方面由於演化的需求，這些特質會抵制外在影響對其所做出的改變（如憂鬱在演化上能避免個體冒風險從而保護自己的生存，因此憂鬱天生就能抵抗外力對其的改變）；另一方面則是這些特質已經形成了固定的框架，可以成為個體今後

學習新的內容所依附的載體，這樣它們的力量就會很強大，以致無法改變。假定一個孩子面臨早期的危機事件而不能很快恢復，他就更可能形成悲觀型解釋風格；一旦形成悲觀型解釋風格而又沒有得到及時糾正，隨著生活的不斷進行，這個孩子將會以悲觀型解釋風格搭建更多的新知識，新搭建的知識越多，這個體系的力量就越強大，以致到後來這種風格就很難得到徹底改變。所以，童年及創傷對成年的生活其實影響很小。

## 二、分清可以改變的和不可以改變的

當很多學者著眼於生物精神醫學與心理治療二者間的對立時，正向心理學卻認為，生物精神醫學和心理治療思考的不應該是怎樣去辯駁對方，更重要的是要考慮怎樣把二者的長處結合起來，從而幫助人們獲得改變和進步。正向心理學認為人是可以改變的，這也是心理學最大的價值所在，但人並不是所有的方面都可以發生改變，因此，要對此進行明確區分，努力改變那些可以改變的，同時又要有胸懷容納那些不能改變的。

賽里格曼曾說道：「我在過去的25年裡研究樂觀，所以我的目的絕對不是摧毀你對改變持有的樂觀態度。但是，我的目的也不是保證每一個人都可以依他的心意去改變，這也是一個假的保證。樂觀地相信你可以改變，是所有改變過程的第一步。但是不切實際的樂觀，使你相信自己可以改變任何東西，這就成了一個悲劇。長期的挫折、自責、放棄會招致無助，我的目的是建立一個新的、有效的樂觀，使你可以集中你有限的時間、金錢和努力去做一個你力所能及的改變，從而使你的生活變得不一樣……正如禱告詞中所寫，人要有勇氣去改變你可以改變的，有這個胸襟去接受那些你不能改變的，而智慧就在於知道這兩者的分別。」

賽里格曼看到了生物治療和心理治療的互補性，提倡將兩者的長處發揮出來，這種觀點在一定意義上改變了臨床心理學的走向，將以解決問題

為核心的臨床心理轉變為以發展人的積極力量和特質為核心的積極臨床心理學。

對於變或不變這一問題，賽里格曼提出了問題的深度與改變之間的關係理論。他指出，靈魂最深處的問題幾乎不可能因心理治療或藥物治療而有所改變；介於靈魂深處和表層之間的一些問題或不良行為模式，則可以有一定程度的改變；而表層問題很容易被改變，甚至可以被完全治癒。

那麼，問題的「深度」究竟是什麼意思？賽里格曼認為問題的深度主要包括三個層面。

首先，深度代表著生物學的基因和遺傳問題。如果某種心理狀況是天生就有的或者遺傳的，有著生物學基礎的話，那它就是一個很深的問題，就較難改變。如果一個心理或行為問題並不是天生就有的，而是後天習得的一種習慣，這種問題的深度就較淺，就會比較容易改變。生物學的特徵都是人一生下來就有的，可以說是天生的，已經有相當長的一段演化史，比如躁鬱症就有一個明顯的特徵，夏季活躍、冬季沉寂，會隨著季節而發生明顯的變化，這種能量循環或許就是它的演化基礎。而且，同卵雙胞胎在躁鬱症上的相似性，要比異卵雙胞胎大得多，具有很高的遺傳性。

其次，深度還涉及問題的證據。如果隱藏於一個問題背後的信念越容易被證實且難以被推翻，這個問題就越難發生改變，這樣的問題就是一個深層問題。日常生活中，人們傾向於只關注那些能驗證自己信念的內容，而避免去檢驗這個信念是否錯誤，即所謂的證真。而實際上，人們在生活中透過蒐集反面證據來證偽才更重要，哲學家卡爾·波普爾（Karl Popper）更是強調只有能被證偽的才是真理。比如強迫症患者的一個核心信念是「如果我不徹底洗乾淨我的手，就會把病菌傳染給我的孩子或其他人」，這個問題很容易證真而無法被否決掉。如果強迫症患者不從反面來證偽，不找反面證據來檢驗自己的這一信念，他就會頻繁地執行洗手儀式，永遠不

會發現「就算不洗手也不會讓他的孩子感染病菌」，那麼這種狀態只能持續下去。

最後，深度還涉及信念的力量大小。假如問題背後的信念力量很強大，個體非常相信這個問題，那這個問題就很深且很難被改變。假如某種信念較無力，個體自身也有點將信將疑，它就較容易被改變。如一個失戀了多次的人會產生「我是一個不值得愛的人」的信念，這種信念就會有很強的力量而不太容易被改變，如果一個人相信「蜘蛛很危險」，這個信念的力量就比較小。當日常生活中遇到一個信念具有相反的證據時，在其他條件都差不多的情況下，人們都會傾向於堅持證據力量更強大的那個理論。

正向心理學在這裡傳達了一個樂觀的思想：人並不是歷史的奴隸，也不是一條預設軌道上的火車。知道了這些，人們就不難理解為什麼一些流行書上的心理治療、育兒方法以及自我提升方法，甚至20世紀一些重大的社會運動（如美國加州進行的自尊提升運動）等都是徒勞無功的，因為它們沒有考慮問題的深度而去進行改變。當人們想要改變自己無法改變的某些方面時，結果往往令人失望，這不但浪費了大量的時間，還遭受了無數不必要的挫折。

在心理學界，像賽里格曼這樣將基礎研究與臨床研究結合得如此緊密，影響人數如此之眾的，恐怕很難再找出第二人。他清晰地區分了哪些是可以改變的，而哪些又是不能改變的。

當人們知道了什麼是可以改變的，而什麼又是人自身必須接受的時，這實際上就是改變的真正開始。人們接下來要做的就是將有限的時間和精力集中起來，投入到那些可以改變的、值得改變的地方，這可以幫助人們對自己或他人有一個全新的認知，從而使自己的生活少一分自責，多一分自信！

因此，在已有實證研究的基礎上，賽里格曼對生活中的一些心理或行為問題能否得到改變做出了以下詳細的闡述。

- **變性癖**：根據上文的這些標準，性別身分的倒錯是人心靈最深層的問題，在妊娠期就已經有了某種生物學基礎。事實上，一旦具有了這種信念，他／她終生都無法被推翻和勸服。不過，性別角色對年幼的兒童來說是不可改變的；但當孩子長大之後，透過一定的教育，改變會逐漸變得有點可能性，也就是說可以發生一點點改變，但要想徹底改變幾乎是不可能的。

- **性取向**：性取向（現代心理學認為同性戀和異性戀都不屬於心理問題，只不過屬於不同的行為模式，是一種正常行為）同樣也是深層次的。有研究發現，性取向的一部分原因可能在妊娠期就奠定了基礎，大腦或許存在著某種人們還沒有發現的特殊機制。當這種機制被激發後，相關的性取向就被採用了。不僅如此，同性戀或異性戀的信念很容易被證實，很難被推翻。因此，性取向的深度為中等。這意味著性取向似乎具有一定的演化上的預備性，一旦被採用也會很容易找到證據支持。但好在這種信念的影響面很狹窄，只是影響到個體的性愛生活，而不會影響其他方面，透過治療就可以獲得一定程度的改變。

- **創傷後壓力症候群**：這是一種比較普遍的問題，這種問題的演化基礎可能很弱，人們尚未發現它具有遺傳性，但是它背後的信念卻是強有力的，很容易被證實，因而創傷後壓力症候群被改變的可能性比較小。例如，某人的孩子不幸去世了，他生命中珍愛的人被命運殘酷地奪走了，此時這個人的世界觀就會發生改變：「世界是殘酷的，沒有什麼公平可言。我失去了未來，失去了希望，我真希望不要活在這個世界上了。」這個人的想法具有真實性，因為他的孩子確實再也回不來了。心理治療和藥物治療也許能夠減輕個體對悲劇發生的特定地點的恐懼，但一般無法根治這一問題。

- **強迫症**：強迫症的深度是中等的。有一些證據表明強迫症患者的想法和特定行為方式似乎有一定的演化上的遺傳性。強迫症患者一般不願

意反證，不會坐下來思考不進行這些特定行為是否會帶來災難，因為強迫做特定的行為已經成了這些人的一個有效的儀式。強迫症信念的認知範圍相對較小，它們僅限於細菌、暴力、爆炸物等。心理治療可以有一定的改變，但通常無法徹底治癒。

- **酗酒**：酗酒有一定的生物基礎，具有中等程度的遺傳性，在某種程度上可以稱為生物上癮（細胞習慣了充滿酒精的環境，變得只有酒精存在，細胞才能好好運動）。賽里格曼認為當一個人發現自己沒有戒酒也能討得女孩子喜歡的話，個體就很難找出證據來推翻自己的信念。酗酒這種信念的力量非常強大，它是一種生活方式，就像學者聚會時習慣於揣測主人的書房裡有多少書一樣，酗酒者的思維也圍繞著「這個酒吧存了多少酒？誰會在聚會結束後繼續和我喝一杯呢？」這樣的問題，因此，酗酒很難被改變。

- **日常憤怒**：日常憤怒的深度不是很大，它具有明確的演化特點，已被證明具有遺傳性。如果個體認為自己被欺負了，一般情況下，個體可以找到別人欺負自己的證據，因而個體的憤怒就有了充分的依據。如果當個體具有「這個世界上所有的人，都只在乎他們自己」這一普遍信念時，個體認為自己被欺負的信念的力量就會很強大，這時的憤怒常不可遏制；而當個體具有「那個傢伙是個蠢驢」這種特定信念時，個體被欺負的信念就沒什麼力量。雖然對憤怒的研究還遠遠不夠，但實踐證明，憤怒似乎能夠得到一定程度的改變。

- **憂鬱症**：憂鬱症也是中等深度，憂鬱在現代社會是一個常見的現象。有時候憂鬱症患者的信念是歪曲的，也比較容易被駁斥，如一個聰明的人卻因為一次偶然的考試失敗就認為自己是一個很笨的人，或者一個有錢人卻認為自己是一個窮人而整天悶悶不樂。但很多時候，憂鬱症患者的這種歪曲的信念是基於他自己的生活現實，如多次失戀後「認為自己缺乏足夠的吸引力」。憂鬱這種消沉信念的力量有時較

小（如「她不愛我」），而有時又很強大（如「我不值得人愛」或者「我是個完全失敗的人」）。從演化論的角度來說，憂鬱症有一定的遺傳因素，或許還有某些演化機制上的準備，似乎憂鬱暗合了人類的祖先在遭受打擊後往往會躲進洞穴裡保存能量的行為。透過心理和藥物治療，能在一定程度上調節或緩解憂鬱症狀，但個體和憂鬱的抗爭可能需要持續一輩子。

- **社交恐懼症與人群恐懼症**：這兩個問題都接近於表層。社交恐懼症與人群恐懼症具有一定的演化論意義，為個體的生存提供一定的警戒作用。有證據表明這兩個問題為中度遺傳，由於不涉及生活中很大的範圍，社交恐懼症與人群恐懼症背後的信念就很容易被反證。不過，如果個體因為有這兩個問題而有意避免社交聚會，或者故意不出家門，那信念將得不到駁斥。透過心理治療和藥物治療，兩者都能有一定減緩，但不能完全治癒。

- **性表現的問題**：性表現方面的問題接近表層，經過適當的治療，很容易得到改變。性功能障礙並沒有生物學基礎，也不會遺傳。但「我性功能不足」的信念很難反證，好在這一信念的力量並不是很強大，且僅限於性愛和家庭生活。

- **特定恐懼**：特定恐懼指對一些生物特別恐懼（如蛇或蜘蛛等），這一問題也處於接近表層的位置。比如，「蛇很危險，它們會咬人，甚至有幾種能置人於死地」，演化機制給了人這種特定的思考方式，但這種對特定對象的害怕體驗是不會遺傳的。如果你避開了所有的蛇，從不跟它們接觸，那蛇很危險的信念就很難得到反證，你也永遠不會發現，只要稍微勇敢一點，蛇其實更害怕人。這種信念的力量很小，僅僅針對蛇等少數特定的對象。經過治療，完全可以消除這種恐懼，但在有些情況下它會有可能因其他東西的刺激而復發。

- **恐慌症**：恐慌症屬於表層問題。恐慌症常常是由錯誤信念而導致的無理由恐懼，如認為自己心跳加速是心臟病的徵兆，或者呼吸急促就是腦中風等。除了涉及身體病症之外，這種錯誤信念很少與其他方面有關，因此，它的力量很小。這種信念非常容易得到駁斥和反證，只需要醫生對患者解釋：他的症狀只不過是焦慮或者呼吸過度的症狀，而不是心臟病發作。恐慌症並沒有什麼演化的價值，也沒有遺傳性，透過心理治療和服用藥物完全可以治癒。

## 三、減肥能成功嗎？

減肥是對自己身體的一種改變，為什麼要單獨把體重改變這一問題提出來呢？這主要是因為體重已經成為現代社會影響人（特別是女性）快樂的一個非常重要的因素，世界上只要能天天吃飽飯的女孩幾乎有一大半在想著減肥。在現在這個以瘦為美的社會，肥胖已經變成了一個敏感話題。很多人關心自己看起來會不會很胖，有沒有超重，儘管人們時時注意和控制，可還是有很多人不幸被歸入了肥胖的隊伍。

按照賽里格曼對心理問題的深度論述，體重實際屬於一個相當深層的問題，所以改變起來很難。對90%以上的超重人群來說，節食的效果永遠只是暫時性的。人的體重受著強大的演化生物機制的保衛，這些機制使人類祖先成功地度過了饑荒和艱難，從而得到保留並遺傳到今天。

對於人為什麼會肥胖這個問題，人們長久以來形成了不少錯誤觀念，賽里格曼曾指出了幾種有代表性的錯誤觀念，並對這些觀念進行了澄清。

## （一）肥胖的迷思

- **迷思之一 ── 肥胖者吃得過多**：賽里格曼認為這是一種錯誤的觀念，實際上大部分研究顯示，肥胖者攝入的卡路里並不比普通人更多。在

一項研究中，研究者發現一些肥胖者透過節食似乎在開始階段就達到了減肥的效果，但當他們的體重減到比正常人超重60％之後就再也減不下去了。不僅如此，他們還必須每天要比正常人少攝入100卡路里，體重才能維持在這個超重60％的水準而不增加，這一結果充分說明肥胖者並不是由於吃得太多、攝入卡路里太多造成的。

- 迷思之二 —— **肥胖者有肥胖特質**：一些人以為肥胖者可能有著某種特殊的人格特質或神經構造（如愛吃甜食等），他們會比較容易受食物香味的影響，所以才容易因吃得過多而發胖。但幾十年來的心理學研究顯示，肥胖者和瘦者在人格特質上並沒有什麼差異，肥胖者並不會特別容易受美食誘惑，這也是一個錯誤的想法。

- 迷思之三 —— **不肯運動是肥胖的主要原因**：賽里格曼對這個觀點表示了質疑，從現實情況來看，肥胖者確實比瘦者不愛運動，但這裡面的因果關係究竟是「胖」導致「不愛運動」還是「不愛運動」造成了「胖」，這方面的證據到現在還不夠充分。

- 迷思之四 —— **肥胖者的意志力不堅強**：許多人在一些減肥廣告或電視上常常看到，有人在短短幾個星期之內就減肥成功，而自己卻經常受美食的誘惑而致減肥失敗，於是這些人的心裡充滿了失敗感，認為自己的意志力太薄弱，從而懷疑自己人格上是不是有什麼問題。實際上，這種觀念完全錯誤，體重在很大程度上是遺傳在發揮作用，幾乎每個肥胖者在減肥不久後就又恢復到自己原來的體重，這一特點是生理機制造成的。人在演化過程中已經形成了一種機制 —— 為了維持遺傳所獲得的體重，人的身體會全力反抗節食。節食的決心越大，身體會越努力打敗節食。

## （二）關於節食的意義

人們只要隨便搜尋一下時尚流行雜誌或一些網站，就不難發現這個世界有太多的減肥方法，如水果餐減肥法、每天一千二百卡路里減肥法、不吃午餐減肥法、一六八減肥法、氣功減肥法等。如果仔細研究一下這些減肥方法，它們都有一個共同的主題：你吃得太多，該節食了！

如果你真的聽從了它們的勸告，拿出最強大的意志力來抵擋美食的誘惑，期望像雜誌上宣稱的那樣擁有漂亮的小蠻腰，那你可能會失望。這些暢銷雜誌、瘦身食譜只是出於商業利益，它們的說法並沒有依據。至少到現在，透過節食而達到減肥的方法在科學上還無定論，而且越來越多的證據表明，節食不僅不能減肥，它還可能潛伏著種種弊端。賽里格曼認為減肥可能有以下的弊端。

### 1　節食對減肥根本沒有用

從節食減肥的實際情況來看，一個人的體重範圍很大程度上由他的遺傳情況所決定，各種節食減肥方法也許能讓人在1或2個月內瘦下去，但在幾年內卻一定會再次胖回來（即使你花相當大的精力去維持之前的效果，也沒有太大的用處）。一些專門從事減肥事業的機構的十幾項長期追蹤研究也證實了這一觀點，這些囊括幾千名節食減肥實驗者的實驗結果都非常一致，大部分人在4～5年時間裡又恢復了他們減肥之前的體重，只有約10%的人能夠在減肥後長期保持身材苗條。而且，實驗追蹤的時間越久，結果就越糟糕，如果實驗追蹤的時間持續10～20年，節食減肥的結果幾乎完全失敗。當然，儘管一些瘦身機構有著很多節食減肥者的追蹤資料，但是出於商業目的，它們絕不會公開這些失敗結果，所以如果你想節食減肥，我可以很有把握地告訴你：從長遠來看，節食一定不能達到減肥目的。

## 2　節食會使超重的情況更糟，而不是變得更好

賽里格曼認為這是祖先遺傳給我們的一種生理機制發揮作用的緣故。我們的祖先經歷了各種惡劣環境，他們靠狩獵、採集野果維持生命，有時候飽餐一頓就得維持好幾天。尤其當嚴冬的時候，在茫茫大雪中，他們很難狩到獵，往往不知道下一頓的食物在哪裡。為了維持生命，他們的身體努力發展出一種機制，使得他們在飽餐一頓後就最大化地儲存脂肪，而最小化地釋放能量。越經歷「飽餐 —— 飢餓」的循環，身體儲存脂肪、節約能量的能力就越強。隨著演化的過程，這種機制已經被深深埋藏在我們身體裡了。

在今天衣食無憂的社會，我們不需要像祖先那樣生活，伴隨大量的食物享用，肥胖的困擾也隨之而來。我們想到要控制自己的胃口，開始有意識地少吃甚至不吃食物。可是，我們從遠古祖先那裡遺傳而來的生命機制再一次被啟動了 —— 累積脂肪。我們的身體並不會判斷這是面對惡劣環境的無奈之舉，還是我們在有意識地節食減肥，它只負責啟動這個機制。所以，當肥胖者採取節食時，他的腦子裡就會每時每刻地想著吃的東西，他對食物的慾望遠超於節食前。同時，他的身體也開始按遺傳機制運作，一邊加大脂肪的儲存，一邊減少新陳代謝，就跟遠古時代維持生命一樣，十分盡責。這種運作的結果是節食的人連睡覺時消耗的卡路里都比別人少，更不用說清醒的時候了。

相信讀者此時能夠明白，有些肥胖者想要透過節食的方法減掉體重，而他的體重卻往往非但不減輕，反倒增加的癥結在哪裡了。

## 3　節食有損於身體健康

體重過重會引起一些健康問題，但是這些問題到底有多嚴重，科學界對比尚無一致的結論。那麼，體重超重了是否一定需要節食？

賽里格曼的觀點：雖然超重有害健康，但是節食同樣有害。如果體重減輕後又再次反彈，這一波動過程更可能導致嚴重的健康問題。他提醒人們，涉及 100 萬美國人的一個調查發現，雖然死亡率會隨著體重的增加而增加，但是，該調查還發現，在 5 年裡減掉超過 4.5 公斤體重的人，不論男女，他們心臟病和中風的發病率都遠遠高於理論預想值。另一個研究也發現，經歷至少一輪減肥和反彈循環的人，其死於心臟病的機率是 20 年裡體重逐漸增加的人的兩倍。還有一個持續 32 年、涉及 5,000 多人的研究顯示，與體重穩定的人相比，體重經常波動的人死於心臟病的風險要高 30%～ 100%。結合吸菸、鍛鍊、膽固醇和血壓等方面的因素，更表明體重波動增加了罹患心臟病的風險，而節食也許就是體重波動的主要原因。

賽里格曼推測（但不完全確定），體重的上下起伏對人體的危害可能大於體重的超重。如果上述實驗得到重複檢驗，且節食被證明是體重波動的主要原因，那麼奉勸肥胖者寧願胖一點也不要去節食。

## 4　節食會引起飲食失常

暴食症是一種不正常的進食行為，病人的體重都很正常甚至偏瘦，但是他們堅持認為自己很胖，然後不停地節食或者吃瀉藥減肥，卻又經常暴飲暴食，在大吃一頓後採取更加激烈的方式進行減肥。暴食症是精神病治療上的一個難題，很多治療師對它的治療都無從下手。

賽里格曼認為暴食症很大程度上是由節食引起的，是常年自我飢餓導致的結果。他遇到的每一個暴食症患者都在減肥，系統調查也顯示，至少 80% 的人在暴食症發作前正在減肥。人出於自我的生命保護，有一個自然體重，並會極力讓自己維持在這個自然體重之內。暴食症患者想達到的理想體重卻在自然體重之下，隨著節食的進行，他們與維持自身自然體重的對抗也越來越激烈。身體堅持要吃東西，要儲存脂肪，於是他想吃甜食，同時新陳代謝減慢。每隔一段時間，他的意志力就被身體的保衛機制打

敗,吃下大量的食物。但是過後,他又非常害怕這些吃下去的卡路里會影響他的體重,於是採取嘔吐、吃瀉藥等方法清理這些卡路里。

在美國,人們普遍越來越胖,但對瘦的標準卻一降再降。理想化的體重與自然體重之間的差距越來越大,人們根本無法達到理想瘦的標準。而在理想體重與自然體重的這場鬥爭中,二者差異越大的人,越容易受到暴食症的侵害。因此,治療暴食症的關鍵在於改變人們對於「瘦」的觀念。

## (三) 對肥胖者的建議

儘管前面論述了許多有關肥胖的迷思,但肥胖肯定不是一件好事,因此,賽里格曼還是提供了肥胖者一些對抗肥胖的建議。

### 1 經常運動

與克服肥胖相比,健康對一個人的意義更大。運動不一定能降低體重,但是,適量的運動可以顯著地降低死亡率。賽里格曼指出,有一項研究調查了10,000名男性和3,000名女性,發現其中最不健康的20%的人死亡危險性最高,你只要離開這最不健康的「20%人群」區域,就能顯著地降低自己所面臨的危險,而運動能幫你達到這個目標。賽里格曼指出,對哈佛畢業校友進行的一項調查證明,久坐的人比適量運動的人的死亡率要高出30%,而且,從統計學角度來看,適量運動(一週燃燒掉2,000卡路里)可以讓人多活兩年。

這些都表明,適量的運動(不贊成狂熱運動)能夠大幅度地降低死亡危險。適量運動指的是每天一小時的日常散步、半個小時的慢跑或半個小時的游泳。賽里格曼就堅持每天去游泳,雖然他的體重並沒有減輕,但游泳使他的肌肉更結實,情緒、睡眠更好,精力也更充沛。與節食相比,運動更容易堅持,因為它充滿了樂趣。另外,運動還有抵抗憂鬱、提高自尊的好處。

## 2 安排好自己的食譜

少吃東西沒什麼好處，但少吃不健康的食物卻很有好處，尤其是少吃脂肪和酒精類食物更是好處多多。首先，要特別注意像速食、巧克力和冰淇淋這些高脂肪含量的食物，它們含有的脂肪很容易轉化成人體內的脂肪。從統計數據來看，20世紀人們飲食中所含的脂肪量比之前一個世紀增加了25％，這個數字應該引起人們的警惕了。其次，要控制飲酒。飲酒的好處很少（據說只是可以活絡血脈），壞處卻很多，實際上酒不但有很高的卡路里，而且會上癮，對大腦具有一定的損害，研究已經證實長期飲酒（特別是過量飲酒）對大腦細胞的損害是顯而易見的。

當然在自己的菜單裡減少這兩類食物不一定就能減肥，因為還不清楚長期減少這兩類食物的話，身體是否會自動去補足低脂或低酒精飲食所失去的卡路里。但可以肯定的是，減少這兩類食物對人的身體健康是有益的。

## 3 感到飢餓的時候才吃

大多數人不知道飢餓是什麼樣子，通常都是時間到了就去吃飯，也不管自己餓不餓，就把盤子裡的食物吃得乾乾淨淨。有時候面對特別好吃的食物時，即使不餓也會狂吃一頓，這實際上是一種過度飲食。其實，今天的多數人幾乎每天都吃了比滿足自己所需的更多的食物，這種行為比肥胖還要麻煩，會導致人在很長時間裡把精力或能量集中在胃部來消化這些多餘的食物。

不過與肥胖不同的是，過度飲食是可以得到改變的 —— 人們完全能夠防止過度飲食。下面是賽里格曼在實踐中總結出來的防止過度飲食的幾個步驟。

其一，當面對誘人可口的食物時，人們首先應該問問自己：「我是不

是真的餓了，還是只是嘴饞而已？」如果你不覺得餓，那一定只是嘴饞，這時候就不要吃。

其二，在桌子上的菜吃到一半時，你可以停下來暗暗地問自己，「我飽了嗎？」假如你感到已經飽了，就結束用餐。假如你覺得自己還沒有飽，那就等吃到3/4的時候再問自己一次，每次都盡量控制在一吃飽就停的狀態。

其三，吃東西時可以慢慢地品嚐，不時喝口開水來減緩你的進食速度。咀嚼食物的時候把手上的筷子放下，這能讓你有時間考慮是否需要吃更多才能飽。

但是，暴飲暴食者還是可能會吃掉擺在他面前的所有食物。賽里格曼指出這個習慣必須打破，他提供了一個練習：在家中吃飯吃到一半時停下來，然後把碗裡剩下的食物切成碎塊，倒進馬桶裡沖掉 —— 食物最終都會到這個地方去。請記住，多餘的食物最後都是排進廁所或堆積在你的腰上，你也不過是多餘食物走向垃圾的中間人。

## 4　外科手術

節食對極度肥胖者根本不發揮作用，大部分肥胖者的體重在瘦了以後的幾年裡又會增加回來，而體重的上下波動本身也會帶來很大的死亡風險，因此如果你實在很胖（是你理想體重的兩倍以上），則可以考慮做外科手術。

臨床醫學證實，唯一一種對肥胖有長期效用的是「胃繞道」手術。這種手術的死亡率很低，風險不到1％，主要是將小腸和胃的上端直接連接起來，再進行一些相關的手術。術後病人的胃口大減，體重急遽下降，並且體重再也不會反彈。需要注意的是，這種手術後病人的自殺率在1％，而且餘下的一生都只能吃相對較軟的食物，因為這種手術的原理是不讓食物被完整消化就透過身體排泄出去。一項研究對幾百名進行了胃繞道手術

的病人進行了35年的追蹤，其中大部分人過得很好，手術前體重為136公斤的病人5年後一直保持在91公斤，心臟功能也得到了改善；但也有約15%～20%的手術失敗了，這些經過手術的肥胖者最後的體重和原來的差不多。

上文論述和分析了關於人能改變和不能改變的一些問題，如果對上文這些問題做一個簡單概括，人們不一定需要記住其中的大部分內容，只需要記住以下這些關鍵部分的內容。

以下這些是容易改變的：

其一，恐慌症較容易以認知觀念來糾正治療，但無法以藥物治癒。

其二，性功能障礙——性冷淡、陽痿和早洩較容易以認知方式治療，相應的藥物治療可以作為心理療法的補充。

其三，損害我們健康的不良情緒是可以控制的——透過認知重評或表達抑制等來控制不良情緒。

其四，憂鬱症可以透過直接改變意識觀念或者借助藥物來治療，其症狀會得到改善。

其五，樂觀是一種可以學習的技能，如果習得了，它會有助於增加個體的幸福感、工作成就感和促進身體健康。

以下是較難改變的，但即使對於較難（或不可）改變的方面，人們也同樣可以運用一些技術而有所作為：

其一，節食減肥從長期來看是沒有任何作用的。

其二，小孩子很不容易轉變其從小就形成的性別認同觀念。

其三，對於酗酒，除了順其自然，目前還沒有其他更好的方法。

其四，同性戀者一般無法變成異性戀者。

其五，回憶童年的創傷對解決成年人的人格發展問題不起任何作用。

# 第三節
# 改變自己不快樂的技術

不快樂有兩種：一種是由某種特定消極事件所造成的不快樂，如親人去世、戀愛失敗或工作失誤等，心理學通常稱之為狀態性不快樂；另一種是已經形成了不快樂的（悲觀型）解釋風格，這種人即使平時沒有受到消極事件影響也會表現得不快樂，心理學稱之為特質性不快樂。

對於擺脫第一種狀態性不快樂，目前心理學上有許多已被證明有效的方法。其中，最主要的一種方法就是人為誘導積極情緒，即在不快樂的事件發生之後，要讓個體接受一些快樂事件的刺激。如孩子考試不及格，一般都會變得不太開心，這時候大人或老師們可以透過讓他獲得意外之喜，或者幫他實現一個之前很想實現的願望等使他重新變得開心。當然，這種哄開心需要一定的技術，也就是說成人們應該根據對象的特點、實際的事件情況等採用不同的方法。

不過有一點需要強調，個體一旦接受了消極刺激而變得不開心，如果想要採用人為誘導積極事件而使其重新變得開心，這裡就存在一個誘導量的問題。心理學的研究已經證實，一次消極事件所造成的不開心，至少需要三次同等強度的積極事件的影響才會消除，也即積極與消極之間必須達到3:1才會有效，有時候這個比例甚至要達到8:1，這是人心理特有的「消極勢大」現象。這意味著在同樣強度的情況下，消極事件對人所造成的影響一定比積極事件所造成的影響更大（具體內容請參閱第六章心理資源部分）。

改變人即時的心理狀態其實是很容易的，任何人只要給他看一段快樂的影片，或者讓他在路上意外撿到100元，一般都會出現快樂的狀態。但如果要改變一個人的特質性不快樂（悲觀型解釋風格）就比較困難了，因

為從本質上說，人的特質性不快樂已經變成生活的一種習慣，所以這是一種習慣的改變。本節的主要內容在於提供幫助人們擺脫不快樂生活的技術。

## 一、時刻警惕地自我監視

習慣是一種固定且程式化了的資訊加工方式，是由某種行為和某種信號暗示建立一種連結而逐漸形成的，因此一旦條件適合而出現信號後，習慣的路徑有點難以控制或者干預。這就如一條生產流水線，一旦開啟了就會持續地進行下去，其中間的環節不會隨便發生改變。

儘管如此，習慣還是有辦法進行控制的，目前心理學的研究發現，習慣控制主要有兩種做法：

第一種做法是故意剝奪引發習慣的機會。即透過控制環境條件，使得不具備引發某種不良習慣的條件。如要想讓一個人改變原來吸菸的不良習慣，就可以增加他吸菸的難度，也可以不讓他看見香菸，或阻止他參與一些有可能引發吸菸行為的群體活動等。很多國家或地區為了讓菸民戒菸，制定了很多限制吸菸的條件，其原理就是故意剝奪個體引發吸菸習慣的機會。

如果回到要改變悲觀型解釋風格這個問題上來，人們就可以有意增加消極事件的引發條件，盡量降低消極事件的發生機率，或多與快樂的人相處等。但實踐證明，把自己從易引發悲觀習慣的情境中移除或者故意剝奪引發自己不快樂習慣的機會並不是抑制悲觀型解釋風格的最有效措施。

第二種做法是警惕地自我監視。如時常提醒自己不要這樣想、這樣做或不要做那件事等，也可以泛泛地提醒自己千萬不要出差錯等。相關的研究發現，這種警惕地自我監視對有效抑制個體已有的不良習慣非常有效，特別是針對已經形成了悲觀型解釋風格的人來說，這種警惕監視的效果是

顯而易見的。當發生了一件壞事件之後，這種警惕提醒有助於人們在壞事件中尋找積極的東西，並確保自己把注意力集中到事件的積極一面。

如當你因為跌斷了腿而不得不住醫院時（這是一件明顯的壞事件），你可以提醒自己要往好的方面去想，住院正好有很多時間可以仔細思考人生。或者假如你需要離開家鄉出遠門，你當然就不能經常看到家人了，這是一件壞事，但你可以提醒自己從另一個角度來看這個問題，這也正好使你有機會開拓新的生活方式和結交新的朋友。

但即使人們知道了警惕地自我監視這個技術之後，許多人在壞事件發生後也不一定就願意主動去尋找事件的積極一面，這是為什麼呢？這一方面可能是因為人在生活中存在一種惰性，不願意經常做出改變，因為改變將會花費更多的心理資源。但在另一個方面，人們不願意改變是因為心理上具有減少不確定性的動機。當人們面對不確定性時，如一件明顯的消極事件所具有的積極屬性，人們會產生一種減少這種不確定性的動機，改變在任何時候都是一種不確定的情景，因為它不是一種合乎通常意義的必然。

美國心理學家珍妮佛·S. 穆勒（Jennifer S. Mueller）等人曾做過一個有趣的實驗，他們在研究中讓一些受試者參加一項活動，告訴受試者在活動之後有可能會獲得額外的報酬，但這個額外的報酬既不依賴這些受試者本身在活動中的表現，也不依賴其他因素條件的制約，它只是一種運氣，類似於買樂透的中獎，但最終這些受試者都沒有獲得任何額外的獎勵。結果發現，和那些在參與活動時就被明確告知不能獲得任何額外獎勵的對照組受試者相比，這些受試者不管是在內在態度上或是外顯行為和態度上都更拒絕創造性。實驗結果證明，不確定的情景提高了人們拒絕創造性（改變）的心理。

實際上，在日常生活中大多數人都知道自己不能總是消極地看待各種事件，也會說出許多大道理，但多數情況下卻並不一定真的會在自己的實踐中

應用這些道理，這肯定不完全是意志特質或道德素養等方面的問題，而有可能是心理拒絕不確定條件的一種自然反應。所以有時認同只是一種道義上的價值感使然，而接受或拒絕則是一種心理的自然反應。因此，要想幫助孩子改變不良的行為或心理習慣，自我監視方面的實踐訓練就非常重要。

## 二、合理地表揚與懲罰

　　賽里格曼在研究中發現，習得性失助不只是由消極事件引起的，在一定情況下，積極事件也會導致習得性失助。現在的人都知道表揚和激勵的作用，這導致教育者總是在任何場合或任何情景下，都把表揚作為一種最主要的武器。其實不管孩子做了什麼都表揚他時，可能會帶來兩個害處：第一，孩子學習到表揚會自動地獲得，而不取決於他自己做了什麼事或怎麼做，這會使他變得被動；其二，當孩子習慣了表揚之後，他會不知道什麼叫成功，也不知道什麼叫失敗，這使孩子無法從失敗和成功中獲得經驗和知識。因此，在教養孩子的過程中，表揚應該是根據孩子的行為性質有選擇性地給予，而不能無論對錯都對孩子進行表揚。

　　從性質上說，表揚和愛、注意、關心以及愛護等不同。愛、注意和關心等都可以幫助孩子在一個安全環境裡去探索、去學習，這些做法可以是無條件的，孩子在任何情況下都應該獲得教育者的愛、注意、關心以及愛護等。特別要注意的是，教育者不能把愛、注意、關心以及愛護等當作一種教育手段。

　　而表揚應該是有條件的，應該在孩子取得成功時進行，並且應該根據孩子取得成功的大小而有所差別。父母要注意抓住孩子的一些代表性行為進行表揚和誇獎，比如孩子第一次寫出自己的名字、第一次能獨自整理自己的房間、第一次考了一個優異的成績等，這樣的表揚對孩子的成長非常有益。儘管出於對孩子的天然喜愛，家長要克制自己有條件地表揚孩子顯

得有點困難，但這樣對防止孩子變得習得性失助，以及保持你在孩子眼裡的信用非常有益。

　　和無條件表揚相比，賽里格曼認為懲罰對孩子的發展也是有利的，儘管和表揚相比，懲罰所起的發展作用相對較小，但懲罰也是不可或缺的一種教育方式。賽里格曼不認同史金納關於「懲罰實際上無效」的說法，現在大量的心理學實驗都表明，懲罰是孩子行為塑造最有用的一種方式，它能夠很好地消除不想要的行為。儘管如此，懲罰卻是一種冷性行為，它喚起的是害怕、疼痛等厭惡性感覺，不利於孩子積極情緒的發展，並會對孩子學會控制自我造成一定的阻礙。

　　對於教養孩子而言，實施懲罰要講究一定的技巧。在現實情況中，孩子往往不清楚自己由於什麼原因而受到懲罰，而往往將懲罰所帶來的害怕和痛苦與眼前的大人、眼前的情景連繫起來。在這種情況下，孩子迴避的就不僅是懲罰的原因，還包括迴避懲罰他的那個大人。所以在能夠找到有效改變孩子行為的辦法的情況下，不要輕易採取懲罰方式。即使必須懲罰孩子，也一定要讓孩子明白他做了什麼行為要受懲罰。特別要注意的是，你在批評或懲罰孩子時，只能針對他特定的行為本身，千萬不能泛化，不能甚至指責孩子的人格。下面是賽里格曼利用懲罰來教育自己孩子的一個例子。

---

### 專欄：賽里格曼和妻子教育女兒的故事

　　尼科爾2歲半的時候，有一次和姐姐拉臘在雪地裡玩。尼科爾拿雪球扔拉臘，一個接一個地扔，毫不手軟。拉臘雖然比她大一點，但還是被砸得到處躲避。

　　母親曼迪大聲喊道：「尼科爾，停止對拉臘扔雪球，你傷到她了！」

　　但是，媽媽的話好像沒用，又一個雪球砸中了拉臘。

「如果你再朝拉臘扔一個雪球，尼科爾，我就要把你帶進屋裡不讓你在外面玩了」，曼迪再次對尼科爾說。

然而，雪球還是飛向拉臘，砸到了拉臘身上。

曼迪立即抱起尼科爾，走進屋子裡不讓她出來玩。尼科爾哭了起來，抗議為什麼不讓她在外面玩。

「尼科爾，我告訴過你，如果繼續向拉臘扔雪球，我就要讓你到裡面來。你沒有停止，所以現在你不得不接受待在屋裡的懲罰。」曼迪提醒她。

尼科爾轉為抽泣，繼而大聲說：「我保證不再扔雪球了，不再扔了！」

## 三、降低自己的日常生活焦慮

日常生活的焦慮不如酗酒問題來得深層。害怕和勇氣是人格和基因的基本方面，有著很強的演化基礎（「在洞穴裡比較安全」）。大多數天生就膽怯的人過著膽怯的生活，困擾於害怕的想法。如果成功避免了令人膽怯的環境，這些想法就很難去反證，反而經常得到證實（盜匪確實是在晚上出沒）。世界是一個令人害怕的地方，這是一個力量強大的理論，可以被改變，但是不容易。不過，透過訓練、藥物以及精巧的治療方法，我們至少可以獲得一點點改變。

賽里格曼把日常生活中的焦慮比喻成心智的舌頭，就像舌頭會不自覺地尋找牙縫裡殘留的菜渣一樣，日常生活中的焦慮也一直在尋找人可能出錯的地方，它不停地檢查你的工作、愛情、生活甚至娛樂，直到發現有不完善的地方。如果它認為這個隱患會對你形成威脅，它就會讓你感到很不舒服，從而引起你的意識的注意，如果你還是不採取行動，它就加大影響程度，干擾你的睡眠、你的胃口，讓你吃不好、睡不著。

焦慮在某種程度上是有益的，它能使人儘早發現可能到來的災難，做好應對準備或者避開這個災難。但是在日常生活的大部分時間，焦慮在它可以發揮作用的範圍之外持續工作著，影響了人們的正常生活。賽里格曼認為，當焦慮帶來的痛苦持續發生，而你沒有辦法按照焦慮的要求改變現狀時，你就應該選擇結束這個痛苦。衡量這種狀態的標準主要有三個方面：

- **焦慮的不合理性：**我們要衡量一下自己內心的不良感覺與外界的真實情況是否相符合，我們是否已經憂慮過度、杞人憂天了。對一些生活在暴力、貧窮、失業家庭裡的人，或者受絕症陰影折磨的人，一定的憂慮可能是真實的，沒有誇大。而對大部分人來說，這種憂慮實際上只是我們祖先所遺留下來的一種心理品性，它並不是現在生活環境的必需品。
- **焦慮的麻痺狀態：**焦慮的原意是引起人的注意，而提醒人要採取一定的應對措施，但是當焦慮過於強烈時，反而會阻礙人的行動，阻礙人順利解決問題。當一個人極度焦慮時，甚至會造成人體癱瘓，動都動不了。
- **焦慮的強度：**是否需要改變這種焦慮還要看我們生活被焦慮所籠罩的程度有多高，只有太強烈的焦慮才需要我們努力去結束它。賽里格曼採用了情緒研究專家查爾斯·斯皮爾伯格（Charles Spielberger）的焦慮和憤怒量表中的部分問題，組成了一個自我分析量表，並給出了自己的標準。

請讀下面的句子，並圈選出最能代表你一般感覺的數字。這裡沒有正確答案，所以不要在任何一個問題上花太多的時間，你只要選出最能代表你平常感覺的那個答案即可。

1. 我是一個很穩定的人。

| 幾乎從來不是 | 有的時候 | 常常 | 幾乎總是 |
| --- | --- | --- | --- |
| 4 | 3 | 2 | 1 |

2. 我對自己很滿意。

| 幾乎從來不是 | 有的時候 | 常常 | 幾乎總是 |
| --- | --- | --- | --- |
| 4 | 3 | 2 | 1 |

3. 我覺得很緊張並坐立不安。

| 幾乎從來不是 | 有的時候 | 常常 | 幾乎總是 |
| --- | --- | --- | --- |
| 4 | 3 | 2 | 1 |

4. 我希望我能像別人一樣看起來快樂。

| 幾乎從來不是 | 有的時候 | 常常 | 幾乎總是 |
| --- | --- | --- | --- |
| 4 | 3 | 2 | 1 |

5. 我覺得自己是個失敗者。

| 幾乎從來不是 | 有的時候 | 常常 | 幾乎總是 |
| --- | --- | --- | --- |
| 4 | 3 | 2 | 1 |

6. 每當我仔細思考最近關心之事和利益時，我就會緊張和坐立不安。

| 幾乎從來不是 | 有的時候 | 常常 | 幾乎總是 |
| --- | --- | --- | --- |
| 4 | 3 | 2 | 1 |

7. 我覺得很有安全感。

| 幾乎從來不是 | 有的時候 | 常常 | 幾乎總是 |
| --- | --- | --- | --- |
| 4 | 3 | 2 | 1 |

8. 我有自信。

| 幾乎從來不是 | 有的時候 | 常常 | 幾乎總是 |
| --- | --- | --- | --- |
| 4 | 3 | 2 | 1 |

9. 我覺得自己不能幹。

| 幾乎從來不是 | 有的時候 | 常常 | 幾乎總是 |
|---|---|---|---|
| 4 | 3 | 2 | 1 |

10. 我為不會發生的事情擔憂太多。

| 幾乎從來不是 | 有的時候 | 常常 | 幾乎總是 |
|---|---|---|---|
| 4 | 3 | 2 | 1 |

　　請把10道題的得分加起來，注意有的題目的分數是從低到高，有的則是從高到低，計分時要換算清楚。分數越高表示生活越容易被焦慮所控制。與男性相比，女性一般來說相對更焦慮一點。

- ◆ 如果你的分數在10～11，你的焦慮程度在最低的10%範圍；
- ◆ 如果你的分數在13～14，你的焦慮程度在較低的25%範圍；
- ◆ 如果你的分數在16～17，你的焦慮程度處於平均數；
- ◆ 如果你的分數在19～20，你的焦慮程度在75%的範圍；
- ◆ 如果你的分數在22～24，而你是男性，你的焦慮程度是90%；
- ◆ 如果你的分數在24～26，而你是女性，你的焦慮程度是90%；
- ◆ 如果你的分數在25以上，而你是男性，你的焦慮程度是95%；
- ◆ 如果你的分數在26以上，而你是女性，你的焦慮程度是95%。

　　賽里格曼認為，如果一個人的分數落在90%以上的範圍，降低焦慮程度就可以改善生活品質。如果焦慮分數在18分，或者落在75%的地方，同時這個焦慮是不合理的或者使你不能動彈，那麼就應該降低一般焦慮程度。

　　賽里格曼指出，日常生活中的焦慮並不是心理學家研究的重點，大部分的情緒研究都集中在一些非正常的人身上，幫助他們去過正常人的生活，這其實是心理學的一大迷思。目前改善正常人情緒生活的研究還太少，也缺乏嚴謹科學的方法。原本應該由心理學家承擔的責任，現在反倒由一些報刊專欄作家、電臺節目主持人等在承擔。賽里格曼根據已有的科

學研究，推薦了普通人改善情緒生活的兩個方法：

第一個方法是漸進式放鬆訓練。先繃緊全身的肌肉，稍微堅持一下子，然後一小部分、一小部分地逐漸依次放鬆，直至全身肌肉都放鬆為止。每天做 1 ～ 2 次，每次 10 分鐘。當全身都放鬆的時候，想緊張起來也很難做到，焦慮情緒也就會被驅趕出身體了。

第二個方法是冥想。坐在一個安靜的地方，閉上眼睛，在心裡一直默念一個有音頻性質的音節（或者在心裡默默地數綿羊），一天兩次，每次 20 分鐘。這是一個很有用的方法，我們學習的時候不用管它的哲學理論，只要學它這種打坐形式就可以了。這種方法能把焦慮的動力性去掉，使人心情平復，從而不再感到焦慮。同時，它還能保留焦慮的思維部分，使人以後遇到不好事件時不會出現過度反應，而採取適當的行動。這個方法與前一個放鬆訓練的方法互相配合使用，效果會更好。

相比於酒精和鎮靜劑這些很多人採用的方法，這兩種方法都不是一次就能見效的。酒精和鎮靜劑雖然短時間內能緩解人的焦慮，但是它們損害身體的副作用也是顯而易見的，而且這些東西會上癮，以至到後來影響人的認知功能。放鬆訓練和冥想訓練對身體沒有任何副作用，且只要每天花 20 ～ 40 分鐘，持之以恆，就可在改善情緒生活上達到顯著效果，這也是酒精和鎮靜劑所無法比擬的。

## 四、樂觀訓練 —— ABCDE 模式

你曾經有過這樣的經歷嗎？有一天你決定去健身房鍛鍊，當你興致勃勃地跨入健身房大門時，看到裡面鍛鍊的人很多，而且肌肉發達，身材非常棒。你看看自己凸出的肚子，心想：「我來這裡幹嘛啊，真是丟人現眼！他們個個身材那麼好，我夾在裡面就像一隻水桶，還是趁沒人看見先回去算了。」於是，你沒幾分鐘就出來了。

這時，來了另一個人，他和你一樣忙於工作，忽視了鍛鍊，以至於身體發胖。但他看到同樣的情境後，說：「看，他們個個身材那麼棒，一定花了很多精力來鍛鍊。我應該早點來這裡，只要我也像他們一樣堅持，就一定能甩掉這身肥肉！」於是，他高興地走向健身教練尋求指導。

這裡，對於同樣一個事件，因為你們用的解釋不一樣，你們所採取的行動就也不一樣，你沮喪地離開了健身房，而他興致勃勃地走了進去。

我們可以看出，一個事件的後果不是由該事件直接導致的，而是我們的觀念在發揮作用。當面對一個不愉快事件（A）的時候，我們會很自然地去思索這個事件，從而得到一個信念（B），這個信念往往是習慣性的（受我們解釋風格的影響），是我們不自覺的想法。而且，這個信念並不會一直停留在那裡，它會形成一系列的後果（C）—— 我們採取何種行動，是無助、沮喪放棄還是再接再厲、勇敢面對？

悲觀的人在面對不愉快事件時，習慣於從最不好的方面去解讀，導致的後果自然是沮喪和無望，面對困難時往往採取退縮的行為。如果他能採用一定的技巧，有意識地改變自己平常習慣性的想法，那他對不愉快事件的應對就會發生改變，變得振奮、充滿活力。

改變一個人對不愉快事件的解釋風格的最主要工具就是反駁（D）。一個人感到不愉快，很焦慮或生氣，有時候是對的，它能避免把不愉快事件變成災難，但多數時候，這種不愉快的想法是扭曲的、不正確的，不應該讓它主導你的情緒。對悲觀者來說，就是練習如何反駁他負面的自動化解釋，也就是反駁他的信念（B）。當他面對負性事件時，需要細心地覺察自己的不良信念和想法，並觀察這個信念帶來的後果，隨後，猛烈地攻擊它，最後觀察自己因成功處理悲觀信念而獲得的激勵，並把這一系列過程都記錄下來。

如何反駁自己的不合理信念？這也許對初次練習反駁的人來說有難

度，我們常常想要改變自己的不合理信念，卻又不知如何才能改變。賽里格曼為我們練習反駁技術提供了一些方法，主要有以下五個方面。

## (一) 找到該信念不合理的證據

反駁一個負面想法的最有效方法就是找到例子去證明這個信念的不正確性，「事實勝於雄辯」，事實擺在那裡，用它來推翻自己誇大了的悲觀性解釋。

## (二) 尋找其他可能的原因

通常一件事的發生不會只有一個原因，而悲觀的人往往選擇最永久性、普遍性和個別性的原因去解釋這個事件。當面對一個不愉快事件時，去想想除了自己習慣的那種解釋，這個事件還可能是什麼原因導致的。

## (三) 簡化災難含義

當事實有時候不能直接說明你的信念錯誤的時候，我們還可以用簡化災難法，問自己即使這個想法是對的，那又怎麼樣？當推出一個新的想法時，再收集證據證明它的不合理性。

## (四) 思索該信念的用處

我們反駁的時候，還可以思索這個信念的用處，以及有什麼好處？是否深具破壞性？有時候效果比思考該信念正確與否還有效。

## (五) 設法改變情境

有時候我們的信念確實是對的，但是我們卻為此感到不愉快，此時就可以仔細思考一個問題：現在這個情境是可以改變的嗎？如果可以，我該怎麼做？

賽里格曼針對以上幾個方面還舉了詳細的例子，下面介紹其中的一個：

- **不愉快事件：**我辛苦做菜，請一群客人來家中吃晚餐，但是我發現我最想邀請的那位客人幾乎沒有動筷子。
- **信念：**菜很難吃，我根本不會做菜。我本想借這個機會多了解一下這位客人，讓她對我有好印象，現在全泡湯了，她沒有吃到一半就走已經算給我面子了。
- **後果：**我覺得非常失望，而且我很生自己的氣。我對自己做出這樣的菜感到很丟臉，我一個晚上都在躲著她，更不用說按原計畫跟她接近了。
- **反駁：**真是胡說！我知道晚飯沒有這麼難吃的。她可能沒吃什麼，但是別的客人吃了很多（找證據），可能有很多原因導致她不吃我做的菜（尋找其他原因）。她可能在節食，也可能身體有點不舒服，也許她的胃口本來就很小（尋找其他原因）。即使她並沒吃什麼，但她看起來還是很愉快的，說了一些笑話（找證據），還說過幫我洗碗（找證據）。
- **激勵：**我不像剛才那麼生氣和難堪了，我知道如果我躲避她，我才真正會失去一個接近她的好機會。

所以，賽里格曼的ABCDE模式就在於改變正常人的一些悲觀的解釋風格，透過對這個事件的重新認知而讓自己變得樂觀起來。具體操作是按這5個步驟跟自己的負面信念辯駁，並將它徹底排除出去。每次都用下面的事項記錄下來，練習多了就會幫助我們改變自己的悲觀型解釋風格，而習慣於以樂觀的方式去思考。你可以嘗試用以下的事項來進行經常性的練習。

1. 不愉快事件：＿＿＿＿＿＿＿＿＿＿＿＿＿＿＿＿＿＿＿＿
2. 信念：＿＿＿＿＿＿＿＿＿＿＿＿＿＿＿＿＿＿＿＿＿＿＿
3. 後果：＿＿＿＿＿＿＿＿＿＿＿＿＿＿＿＿＿＿＿＿＿＿＿

4. 反駁：＿＿＿＿＿＿＿＿＿＿＿＿＿＿＿＿＿＿＿＿＿

5. 激勵：＿＿＿＿＿＿＿＿＿＿＿＿＿＿＿＿＿＿＿＿＿

　　當然強調人要快樂並不意味著快樂就完美無瑕，其實快樂也有一些不足，如快樂的人在認知上相對更不準確，另外有研究發現，在一些特定條件下快樂的人有可能更自私。如在一個有關博弈遊戲的研究中發現，如果一個人有權在自己和別人之間分配稀有資源時，那些正在體驗積極情緒的人會變得更自私，而那些正體驗悲傷情緒的人則會變得更公平。這一研究結果說明積極情緒並不總是給人帶來賞心悅目的東西，有時也會帶來讓人討厭的東西。但總體來看，快樂帶給人們的更多的也許是好的東西。

## 五、改變飲食結構

　　越來越多的流行病學和飲食研究顯示憂鬱症患者大都存在n-3多元不飽和脂肪酸的缺乏，補充n-3PUFA能夠改善憂鬱症狀和行為。

　　多元不飽和脂肪酸又叫多烯酸，指含有兩個或兩個以上不飽和雙鍵且碳原子數為16～22的直鏈脂肪酸，根據靠近第一個雙鍵的碳原子位置，可將PUFA分為n-3、n-6、n-7和n-9系列脂肪酸，僅n-3和n-6系列脂肪酸具有生物學意義。n-3PUFA（也做ω-3PUFA）是指第一個不飽和雙鍵出現在碳鏈甲基端第三位上的脂肪酸，主要有α-亞麻酸、二十碳五烯酸）、二十二碳五烯酸、二十二碳六烯酸；n-6PUFA（也做ω-6PUFA），第一個不飽和雙鍵出現在碳鏈甲基端第六位上的脂肪酸，主要有亞油酸、γ-亞麻酸、雙高-γ-亞麻酸和花生四烯酸。n-3PUFA和n-6PUFA雖然雙鍵的位置及功能不同，但均屬於必需脂肪酸，無法在人體內自行合成，必須從食物中取得，且具有重要的生物學意義。

　　n-3PUFA和n-6PUFA的動態平衡對人體內環境穩定和正常生長發育具有重要作用，主要展現在穩定細胞膜結構、調控基因表達、維持細胞因子

和脂蛋白的平衡等方面。研究發現n-3PUFA在生物體生命活動方面發揮著重要的調節作用，其損耗可能引起人體自身免疫系統紊亂、心血管功能失常、發炎以及神經精神疾病等。EPA和DHA是主要的n-3PUFA，人體自身無法合成，故此，補充人體所需的EPA和DHA，最好的方法就是從飲食中攝入。

早在1980年代，就有回顧性觀察報告指出，憂鬱症受試者的DHA和EPA濃度低於非憂鬱受試者，n-3PUFA與憂鬱症之間可能存在負相關關係的基本假設被提出。而流行病學和飲食研究均顯示，n-3PUFA的缺乏與憂鬱症的發生和嚴重程度直接相關，而且存在反比關係。這些觀察研究一再地報告憂鬱者的n-3PUFA含量比非憂鬱者的低的結果，n-3PUFA與憂鬱症的負性相關關係已在世界範圍的研究中被揭示出來，而且越來越多的實驗證據表明n-3PUFA可能具有一定的預防和治療憂鬱症的作用。

魚類是人們飲食中n-3PUFA的主要來源，美國國立衛生研究院博士J. R. 希伯林（J. R. Hibbeln）發表的研究報告指出，憂鬱症發病率與人均魚類消耗之間存在顯著的負相關；在另一項研究中，他對22個國家的調查發現，海洋食品攝入（包括貝殼類食品）與產後憂鬱之間也存在類似的負相關關係，其中16個國家的產後憂鬱發病率與哺乳期婦女乳汁中DHA的含量呈反比例關係，但是並沒有記錄乳汁中EPA與產後憂鬱症的關係。對克里特島和希臘律師的一項調查研究也發現，輕微憂鬱者與那些正常人相比，其脂肪組織中的DHA含量顯著較低。另外一項研究，在考慮了年齡、性別、社會經濟地位、飲食方式、飲酒和吸菸習慣等混淆因素之後，仍然得出魚類產品的消耗和憂鬱症狀、重性憂鬱的發病率以及自我報告的心理健康狀態之間存在負相關關係的結論。

M. E. 舒伯萊特（M. E. Sublette）和同事經過兩年的追蹤研究，發現DHA以及n-3PUFA與n-6PUFA的比值（n-3/n-6）可以預測出憂鬱症患者的

自殺意圖。還有一項長達八年的追蹤研究發現，多吃魚類產品或者n-3PU-FA的攝入量超過總攝入能量的0.10％時，患憂鬱或週期性情感障礙的風險會顯著地降低。

因此，儘管調查研究為憂鬱症和n-3PUFA之間的負相關關係提供的證據並不一定完全可靠，因為相關關聯並不能證明二者有明確的因果關係，但在飲食結構中能有意識地多包含一些海產品或魚類應該是一個不錯的選擇。

# 第四節
# 讓憂鬱孩子變快樂的實踐

本次「樂觀學習ABCDE」實踐活動（以下簡稱實踐活動）的參與者是某國中國一的學生共22名憂鬱自測量表得分較高者。研究者在之前的一項日常憂鬱情緒調查中發現得分達到24分（即具有較高憂鬱情緒者）或以上的學生一共有56人，在徵詢了學生本人的意願和其家長、導師的意見後，最終選擇其中的22人參與了實踐活動，而其他人因各種原因（如上課時間出現衝突，學生不願意參加，家長不想讓孩子參加等）而未能參與。研究者把參與這一實踐活動的22名學生作為實驗組，為了進行實驗對照，另外的32名沒有參加實踐活動的學生則為對照組（原本應該有34名憂鬱得分極高的學生，但在一個暑假假期過後，有兩名學生轉學去了其他學校，所以只剩下了32名學生）。

## 一、「樂觀學習ABCDE」實踐活動的具體實施過程

為了更深入了解、研究各個受試者的具體情況，由研究者、老師、學生自己三方結合，對22名參與的受試者進行了狀態描述。具體描述舉例如下：

個案一：小A是一名男生，經憂鬱量表測量為全年段最高得分者，達到驚人的53分，學習成績在班級排名第40名（全班總共48名學生）。據了解，小A平時很有自己的想法，在老師們面前會表現得很好，但是背後又有自己的一套，學習方面較為懶散，沒有較強的自制力與毅力，經常有想法但實際行動堅持不了多久。小A還有一個姐姐，比他大兩歲，姐姐學習成績不錯，故家裡給小A的學習壓力不小。小A在班級裡人際關係不好，比較孤立，究其原因，小A的性格較為內向，平常不太擅長與同學交流與玩耍。小A的挫敗感和自卑感很強，情緒體驗相當消極。

個案二：小B是一名女生，其憂鬱量表測量得分也較高，為48分。小B的學習成績在班級排名第32（全班共48名學生）。小B在情緒方面一直處於比較壓抑的狀態，性格內向，不習慣在公眾場合表達自己的觀點，但在私底下，與小範圍內的好朋友在一起時則表現尚好。小B一直以來對自己的期望值較高，所以其學習壓力很大，但考試成績卻經常不如自己所願，所以她的挫敗感較強。

這次實踐活動主要是讓這部分學生參與一個系列團體心理輔導活動，但在具體實施時，研究者沒有告訴學生這是一個系列團體心理輔導活動，只是告訴學生這是一個學習樂觀的系列活動。學生每次參加實踐活動時都會領到一張「樂觀學習ABCDE」說明卡，這張說明卡主要包括ABCDE五個組成部分，這五個組成部分實際上就是去除消極信念的五個重要步驟，同時也是這次團體心理輔導活動的重要手段。ABCDE五個步驟具體如下。

A. 不愉快事件：＿＿＿＿＿＿＿＿＿＿＿＿＿＿＿＿＿＿＿

B. 信念：＿＿＿＿＿＿＿＿＿＿＿＿＿＿＿＿＿＿＿＿＿＿＿

C. 後果：＿＿＿＿＿＿＿＿＿＿＿＿＿＿＿＿＿＿＿＿＿＿＿

D. 反駁：＿＿＿＿＿＿＿＿＿＿＿＿＿＿＿＿＿＿＿＿＿＿＿

E. 激勵：＿＿＿＿＿＿＿＿＿＿＿＿＿＿＿＿＿＿＿＿＿＿＿

本研究持續了兩個月，實驗組主要採用「前測→樂觀學習ABCDE模式干預→後測」的模式，而對照組則採用「前測→參加學校一般的心理輔導課→後測」的模式，然後比對實驗組和對照組的前後結果。本研究之所以在數據處理上採用組內比較，主要是因為這一實踐活動只是一個準實驗，研究者無法嚴格控制影響實驗組和對照組受試者的各種無關變量，從某種角度上說，對照組在本研究中無非就是指那些生活在原本應該生活的環境中的個體。

所有對照組和實驗組受試者在之前的調查中所獲得的憂鬱得分作為其前測分數，後測憂鬱分數則是在這次實踐活動完成後（兩個月後）進行的，前後測的工具都採用了心理學中常用的CES-D憂鬱自測量表。CES-D量表是由美國國家心理健康協會流行病研究中心的莉諾·拉德羅夫（Lenore Radloff）於1977年設計的。多個國家和地區的研究顯示，該量表可以有效測試個體的憂鬱程度，其內部一致性達到0.77，4週之後的重測信度為0.67，效度為0.86。

CES-D憂鬱自測量表（見本章末尾的附錄）共包含20個描述，填寫時讓被調查人仔細閱讀內容，並選出最符合自己最近一星期情況的選項，答案包括「幾乎沒有（少於1天時間是這樣）」「寥寥幾次（指1～2天會這樣）」「有時（指有3～4天是這樣的）」「經常（指絕大部分時間是這樣的，大概有5～7天都這樣）」。每個描述的得分為0～3分，總分範圍為0～60分。CES-D憂鬱自測量表的計分很簡單，只要把各項得分加起來就是總分，只是其中有4個描述需要逆向計分，這些條目同時也可以防止被調查者胡亂回答而充當偵察題。各條目相加而計算出來的分數就是被調查者的憂鬱得分，得分越高表明其越憂鬱。如果受試者在同一道題上選了兩個答案，以分值高的那個為準。

如果得分是0～9分，說明被調查者完全沒有憂鬱；如果是10～15

分，那就說明被調查者有點憂鬱；如果是16～24分，表示被調查者具有中等的憂鬱；如果是24分或以上，那就表明被調查者可能陷入了嚴重憂鬱，所以24分是一個相當危險的分數。不過有一點需要說明，這個量表並不是用來診斷憂鬱症的，它的目的是反映被調查者現在的憂鬱程度，以及這一程度會導致被調查者產生憂鬱症狀的可能性。

另外由於研究者之前對學生憂鬱情況的調查一直持續到2010年7月份才結束（主要是調查之後需要整理和統計相關的數據），當研究者獲得相關的調查數據之後，學校就放暑假了，因此這次實踐活動的正式干預從2010年9月份的新學期開始才實施。由於過了一個假期，這些學生已經由國一升為國二了，他們的許多情況有可能發生了變化，因此我們在新學期開學之初，又對參與的22名學生和對照組的32名學生進行了學習成績的前測。

由於之前的調查研究顯示，學生的憂鬱情緒對其國文和英語等學科的影響不是很大，而對數學和自然等學科的影響較大。因此這次實踐活動中分別對這54名學生進行了數學和自然學科的前測，這次前、後測得的成績均不對學生本人進行反饋，也不公開，只供本次研究用。

「樂觀學習ABCDE」實踐活動主要採用團體心理輔導的形式，學生每週參加一次，為期兩個月，共進行了8次。一旦學生參加了「樂觀學習ABCDE」模式的心理輔導課，他就不再參加學校開設的其他心理輔導課。心理輔導課安排在每週三12：30到13：10（這主要是由於這些學生分散在8個班，所以只能利用中午的空閒時間），輔導地點在學校圖書館的學生閱覽室，學生分為四個學習小組，其中有兩個小組各6人，其他兩個小組各5人。

心理輔導課的大致過程是：第一，讓學生進行一個熱身活動（可以是一個遊戲活動，也可以是一個富有感染力的故事等），幫助學生沉浸在某種情景條件或情緒條件下。第二，引出主題，可以透過學生周邊的事或人

牽出一個問題，讓學生想出解決辦法。在學生想出一般的解決辦法的時候，老師透過誘導讓學生尋找到更多的辦法。第三，領會意義，讓學生對各種解決問題的方法進行比較，體會方法之中所包含的不同意義。第四，主題推廣，由這一問題推廣到學生自己所面臨的各種問題，然後讓學生使用「樂觀學習ABCDE」說明卡。第五，總結，讓學生相互討論發生在自己身上的這些事，相互啟發並給出各種處理意見（包括相互交換觀看和閱讀「樂觀學習ABCDE」說明卡）。

8次心理輔導課的內容主要為：來自家長方面的不愉快事件（2次）、來自老師方面的不愉快事件（2次）、來自朋友和同學方面的不愉快事件（2次）、來自陌生人和偶然性方面的不愉快事件（2次）。

「樂觀學習ABCDE」模式心理輔導課的核心在於幫助學生了解到事件的多重意義，學會從積極的角度來觀察和看待自己身邊的事情（包括問題和事件）。以下選取的是其中幾位學生的原稿。

## ■ 例一：××女生

不愉快事件：辛苦找了素材做教室布置，也花了很多心思，而且自己覺得十分特別，可是我最在乎的老師卻問了一個同學：「這是不是xx（某老師子女）做的？蠻好的。」我無意間聽到後十分傷心。

信念：無論我做多大的努力，我在藝術繪畫方面有再大的天賦也比不上別人，再努力也沒人知道。

後果：我痛苦了一晚上，並且在那個老師的課上不那麼認真了，我也很討厭那個同學，不被認可讓我感覺很難受。

反駁：不應該在乎別人的想法，要做好自己。

激勵：以後更加努力，以更強大的實力來應對這些不愉快事件。

## ■ 例二：××男生

不愉快事件：老師曲解了我的想法，莫名其妙地批評我，還讓我與相處不太愉快的人同桌。

信念：這件事我雖然有錯，但沒有那麼嚴重，老師不應當這樣批評我。

後果：這兩天上課受影響，容易走神。

反駁：事情既然已經發生，就是該發生的，我應該放下它，讓它過去。

激勵：不是每件事都是稱心如意的，總有被誤解的時候，如果糾結著不放，那就是與自己過意不去；放下它，坦然走下去吧。

## ■ 例三：××女生

不愉快事件：考試沒考好，爸媽「緊抓住不放」，念叨個不停。

信念：我知道自己的問題所在並已經努力，可他們還是要煩我。

後果：氣氛弄僵，我發脾氣傷了爸媽的心，我心情更差。

反駁：他們也是心急，為我好。

激勵：我要更努力，好好學習，並要控制自己的脾氣。

## ■ 例四：××女生

不愉快事件：在不知道原因的情況下，和同學關係處得不好，其他同學莫名其妙針對我。

信念：人若犯我，我必犯人。我有一種敵對心理，不想主動解決矛盾，處處較勁。

後果：心情不好，做什麼事都不能靜下心來，一直處於很難過、很糾結的情緒中，非常鬱悶。

反駁：嘗試主動解決問題，主動溝通，多次溝通，發郵件也好，發簡訊也好，解決就行。不希望自己活得太憂鬱。

激勵：我不能讓所有人都認可我，但我唯一能做的就是做到自己應做的。沒有必要讓自己太過於憂鬱，凡事想開點，心胸開闊點。

## ■ 例五：××男生

不愉快事件：一向主張民主、不以成績為中心的父親，在我一次考試失利之後，竟然把我之前的努力都描述成了無用功，說盡了我的不是，讓我十分懊惱。

信念：不管父親怎麼說，考試失利的確在很大程度上是自己的原因，但是父親不應該將我的努力全部埋沒，從此，我對父親有了另一種看法，我真的很生氣。

後果：我有好幾天對父親不加理睬。我認為他很勢利，我甚至十分意外我有這種想法。

反駁：但是幾天之後，父親與我交流並道了歉，我也接受了，父親仍是原來的父親。

激勵：我發現在努力的過程中，失敗是難免的，但也是有原因的。只有不斷完善，不找別人的原因，而是從自身找原因，才能使一切都好起來。

## ■ 例六：××女生

不愉快事件：從小家裡一直請家教幫我補課，我也沒抱怨什麼，一直乖乖地聽爸爸安排，但是我成績並不優秀。爸爸經常說我：「別再學了，一點也不乖，也學不好，這種孩子就應該送到鄉下去，想當年我們……唉！」

信念：心裡超級不爽，當時甚至上網調查各種死法，考慮怎麼自殺死相會好看一點又不痛苦……心裡當時會有一種想法：我明明夠乖的了，要是別人早就跟你頂嘴了，還會在這裡聽你訓？不要學就不要學好了，反正你說得都對嘛，那我不要學好了！

後果：成績暴跌，本來打算好好學習的志氣也沒了。

反駁：家長其實還是為我好的，頂多多訓我幾次。如果不學習，最終是自己倒楣；如果死了的話，也就看不到心愛的動漫了，所以算了。

激勵：為了實現自己的理想，現在就委屈一下吧，再過幾年就能解放了，還是要乖一點。

對照組的學生則和學校其他所有同學一樣，參加學校正常開設的心理輔導課，這些學生被分散在各自原來的班級之中（實驗組則是集中起來的），隨班級一起上課和學習。在該實驗學校，國中階段的心理輔導課也是每週一節。

## 二、「樂觀學習ABCDE」實踐活動的結果與分析

這次實踐活動只持續了兩個月的時間，這並不是研究者的初衷，研究者本來想至少進行一個學期或一個學年，但從具體的實際情況來看，這次活動在具體的實施過程中受到了許多因素的制約和影響，這些因素主要包括：首先，干預培訓和其他教學發生了衝突。參加活動的22名學生可以不參加班級正常開設的心理輔導課，但由於班級的其他同學都需要每週上一次心理輔導課，因而這些人在別人上心理輔導課時不好安排。其次，這22名學生在參加「樂觀學習ABCDE」模式心理輔導課之後，出現了明顯的實驗者效應，據這些學生的班主任反映，這些學生在日常學習中的態度和從前開始不一樣了，主動性似乎更強了。之所以認為這種變化可能是實驗者效應（即受試者由於意識到自己參與了某項活動而表現出某些有意行為或言語），主要是因為有部分學生在參加了兩次訓練之後，行為就出現了明顯的變化。從理論上說，團體干預不可能出現如此明顯的即時效應。最後，在研究過程中，研究者從沒有把這些學生的憂鬱得分告訴過任何人（包括學生本人、他們的家長、班主任、任課教師等），但隨著實驗的進

行，一些老師和同學開始好奇，經常談論這件事，有部分老師和同學似乎已經猜測出這些同學可能有什麼問題，研究者害怕研究的目的和意圖被識破，從而影響這22名學生的發展。基於以上這些原因，尤其是害怕這次實踐活動有可能會傷害到這些參與干預的學生，因而研究者在兩個月後不得不中止了該活動。

但這次實踐活動以及之前有關學生日常憂鬱情緒的調查還是取得了一些讓人意想不到的結果。

## （一）國中生的憂鬱情緒存在著性別差異

過去的多個研究和臨床經驗表明憂鬱存在性別差異，總體來說女性要比男性更容易憂鬱。本研究以國中生為研究對象，結果證實國中生的憂鬱同樣存在性別差異（女生比男生更易憂鬱）。這一結論在本研究中具體表現為兩個方面的特點：

第一個方面，就整體的狀況來說，女生的憂鬱得分（15.09）高於男生的（11.63），兩者的差異非常明顯（p＜0.005），說明女生整體上的憂鬱程度要高於男生。但這種男女生憂鬱平均得分的差異還不是問題的關鍵，因為即使是女生，憂鬱平均得分也只有15.09，還處於臨床意義上的正常水準，即沒有達到問題狀態。所以面對男女生憂鬱平均得分的差異，就憂鬱這個面向來看，男生可能要比女生好一點！

第二個方面，女生處於憂鬱問題狀態的人數要顯著高於男生，揭示這一現象是一個關鍵。從本研究調查所獲得的數據來看，憂鬱得分在16分以上的學生共130人，其中女生有89人，男生有41人，這就意味著有41.4％（89：215）的女生可能存在憂鬱問題，而男生有憂鬱問題的比例為23.8％（41：172），女生比男生高了近一倍。

過去面對男女生憂鬱的性別差異，研究者通常都會用性別文化特徵來

加以解釋，人們一般認為男生喜歡體育運動，樂於參與社會活動，生活中相對更大方，小事不太會放在心上；而多數女生卻比較心細、情感豐富、多愁善感等。男女生之間的這些性格差異可能導致女生的焦慮和憂鬱程度高於男生。

但真的是社會性別文化差異導致了憂鬱的性別差異嗎？如果真的是，那只能說明多年來學校教育成為男女不平等事實上的幫凶。研究者認為憂鬱的性別差異除了社會性別文化的影響之外，還可能存在著某種生理上的原因，也許女性天生存在著某種易憂鬱的基因，正是這種基因使我們男女平等的教育沒能產生男女平等的結果。

## （二）憂鬱和理科學習成績有很大的關聯，而和文科學習成績的關聯不大

對學生日常憂鬱情緒的調查研究發現，學生日常憂鬱情緒的強度和數學、自然兩門學科的學習成績有很大的關聯。憂鬱程度越高，其數學、自然成績則越低；而憂鬱程度和其國文、英語兩門學科的成績則關聯不大。由此，研究者推斷，憂鬱可能會阻礙理科學科的學習，而對文科學科成績的影響較小。

這是在過去的相關研究中沒有發現的一條規律，人們通常認為憂鬱的人會思考得更深、更細，如許多大哲學家、一些偉大的思想家等均患有嚴重的憂鬱症，但這並不妨礙他們成為偉大的哲學家或偉人，如榮格、費希納、邱吉爾、林肯等都是相當程度的憂鬱症患者，似乎憂鬱在一定程度上反而可以提升一個人的思考力。然而本研究卻揭示憂鬱並不能促進學生的理科學習成績，因此研究者推斷，憂鬱也許可以提升一個人的思考力，但這不包括縝密的邏輯思考力，因為數學、自然等理科學科內容是一個縝密的邏輯關係鏈，其前後之間相對比較固定，需要縝密的邏輯思考力。當然

本研究的這一推斷還需要更多相關的內容來進一步地證實，這也許是一個較好的未來研究方向。

## （三）憂鬱問題可以透過團體輔導的方式加以改變，至少「樂觀學習 ABCDE」模式在對抗憂鬱問題時顯示了較好的結果

這次的實踐活動也許有不完善的地方，但這次活動從一定意義上證實了「樂觀學習 ABCDE」模式確實對改善學生的日常憂鬱情緒有效。

「樂觀學習 ABCDE」模式是一種正向心理學取向的心理輔導模式，儘管過去的一些研究證明 ABCDE 模式比較適用於改變人的原有信念，但這些研究主要是在西方做的，東方有關這一方面的研究幾乎沒有。因此本研究用國中生為受試者做了憂鬱干預研究，結果證實「樂觀學習 ABCDE」模式同樣適用於東方的國中學生。

幾乎所有的認知心理學家都持有一個同樣的立場，即不同的人會產生不同的看法，從而導致了不同的結果。從本質上說，引起人產生某種情緒的並不是人遇到的事件本身，而是人對刺激事件（情境）的信念和認知。因此，憂鬱產生的原因不是事件本身，而是當事人對這個事件的看法，只要改變了看法就可以改變相應的情緒。

具體從這次實踐活動來看，實驗組 22 名原本憂鬱情緒非常高（臨床意義上的問題狀態）的學生憂鬱情緒明顯下降，其學業成績也相應提高。儘管研究者基於一定的原因而沒有對研究過程進行嚴格的控制，實驗結果不是特別令人信服，但這至少也從另外一個角度說明了「樂觀學習 ABCDE」模式的價值，說明學校對學生憂鬱情緒進行干預是很有必要的，這會大大有利於培養學生的積極情緒，提升學生的心理健康。

## 三、有關的教育建議

### (一) 國中生的心理健康應以預防為主

　　相關資料顯示，以前影響學生學習的一個非常重要的因素是身體疾病，而到了今天，憂鬱、精神分裂等精神問題則已經成為影響學生學習的主因。從實際情況來看，憂鬱情緒輕則會影響學生正常的學習和生活，重則有可能引發憂鬱症並導致嚴重的後果，如自殺及自殘等。國中是性格形成和發展的一個重要階段，由於國中學生的心智發展還沒有完全成熟，情緒波動性強、不穩定性強，他們在生活中遇到一點點小挫折等問題時（在今天尤其是學業方面的壓力），如果不能及時處理和消化，極易導致憂鬱情緒。總之，中學生憂鬱情緒的產生已經成為一個不容忽視的社會問題，教育工作者要努力創設一個良好寬鬆的校園學習環境，讓學生感受到來自他人的關心，在情緒不好的時候有傾訴和分享的途徑。

　　憂鬱本來是一種成年人特有的心理病，但21世紀之後，憂鬱卻以較快的速度開始向低年齡學生逼近。為什麼有些十二三歲的國中生會出現憂鬱的傾向呢？歸結起來，可能有以下幾個方面的原因：

- **嬌生慣養**：現在的國中生絕大多數是獨生子女，從小嬌生慣養，在家人的百般呵護和讚美聲中長大，其耐挫心理相對薄弱。家庭的過度溺愛又使這些心理較幼稚、容易以自我為中心的孩子平時自我感覺良好，不能承受和應對來自外界的困難和挫折，這導致生活或學習中的一點小困難、小批評、小矛盾等都會引起他們焦慮的心緒，進而產生憂鬱。

- **性格內向**：透過對憂鬱得分極高學生的間接了解和直接的交談後，研究者發現他們有一個共性 —— 性格內向，這些學生面對問題時多採取消極被動的態度。這種性格決定了當出現不良生活事件時，他們不

能積極應對，也不能透過與人溝通來及時排解自己不良的情緒，比如求助於家長、老師，這使得不良的情緒、壓抑的心境長期存在於內心，逐漸產生了憂鬱情緒。

- **競爭挫折**：現在的國中生同樣面臨著較大的學業壓力，同學之間競爭激烈，再加上家長們的期望值過高，這使他們常常處於心情苦悶的狀態，而這種狀態又會引發意志消沉、學習渙散和成績下降，成績下降帶來的挫敗感更加重了他們的不良情緒，最終導致憂鬱。

- **失範的家教**：家庭教育方式在學生憂鬱產生過程中也發揮了重要的作用。父親的過度嚴厲、母親的過度溺愛，還有父母的漠不關心等都有可能對孩子的心理產生不良的影響。這些失範的要求，或者使他們整日處於高壓之下，無法放鬆，讓他們感覺生活缺少了溫暖和希望；或者使他們過度放鬆，沒有嚴格要求自己，扛不起責任和壓力，最終這些都有可能使學生產生憂鬱。

目前，憂鬱情緒已成為在校學生的隱形殺手，識別並且及時干預這種情緒，應該成為學校心理健康教育的工作重點。但心理問題有一個特點，一旦患上之後則不易於治療，這主要有兩個方面的原因：首先，心理問題的病因不容易確定，所有臨床經驗（不管是生理臨床經驗還是心理臨床經驗）都證明，只有找到病因本身，才能真正消除問題。但心理問題的病因和個體的生活經驗緊密相關，有些甚至已經和個體的生活完全融合在一起，人們很難準確找到它們。其次，心理問題的病症不太容易確定，人的行為方式從本質上說都具有個性化特性，和其他人的相似性很低，如果人們僅憑其行為和周圍人的行為不太一樣而界定其存在心理問題，那很可能會泛化了精神問題的範圍。因此，中小學心理健康主要從預防入手，透過制定有效的預防措施來確保和改善學生的心理健康。

事實上，預防的思想已經得到了現代醫學的證明，如預防感冒的效果

就遠大於其治療效果，儘管人們還無法完全治癒一些疾病，但人們已經透過預防而使這些疾病得到了有效控制。

## (二) 國中階段應著重關注女生的憂鬱問題

現代社會複雜多變，人們生活在這樣一個環境裡也面臨了比祖先更多的危險，這些危險常常滲透在一個個的生活事件（如失戀、人際關係衝突、家庭變故等）之中，無聲無息地侵蝕著人們的心靈，在這個過程中，女性由於其獨特的生理、心理和文化結構而更易遭受傷害。

從之前的調查來看，女生在憂鬱情緒上的平均得分不僅比男生更高，人數也遠遠多於男生，因此加強國中女生的心理健康教育，應該成為學校心理健康教育的重點。就國中女生而言，她們實際上正處於典型的煩惱增殖期，這種不良的情緒狀態還會隨著年齡的增長而呈現緩慢上升的趨勢。大量的調查表明，國中女生存在著更多的心理健康問題（相比於男生），這主要是因為女生更敏感，在日常生活中會體驗到更多的消極情緒。消極情緒不僅是引發個體各種行為問題的一個重要來源，其本身還會增加和壓力有關的生理紊亂的易感性。

消極情緒的減少並不意味著積極情緒必然增多，積極情緒增加有其自身的規律和特點，雖然積極情緒可能和消極情緒間有一定的關聯，但二者之間沒有因果關係，因此學校在幫助學生消除消極情緒的同時也應該要關注學生積極情緒的培養。積極情緒體驗是正向心理學關注的中心主題之一，積極情緒代表個體體驗積極感覺的程度，如高興、滿意、愛、崇高、自豪等，它與積極態度相連繫，有利於提高個體的生產力。許多研究者認為情緒狀態本身就是衡量心理健康的一項重要指標，因此，良好穩定的情緒狀態是心理健康的一個重要條件。

### （三）應該大力加強國中學生的心理輔導

本次實踐活動既是一次研究，它同時在一定程度上更是一次有關憂鬱問題的團體心理輔導活動。從理論上說，國中學生就患上憂鬱症，肯定不是某個方面的原因，一定是多個方面因素影響的結果，因此解決這一問題也需要社會、家庭、學校等各個方面的努力。

社會看似無形，但它卻時時刻刻影響著我們每一個人的生活，社會不僅要保衛它的公民的生命安全，同時也要保證其公民的心理健康。因此，作為社會的執行者 —— 國家，應該為公民的心理健康制定一套完整且有效的保障制度，並努力創造出一種積極、樂觀、向上的生活態度和文化氛圍。

家庭是一個人最重要的生活場所，在家庭教育中，父母要轉變過去那種只重智育，忽視德育、體育、心理健康教育的錯誤思想觀念，正確處理好成人與成才的關係；父母要以身作則，保持心理健康，只有父母心理健康了，孩子的心理才會更健康，「陽光」的父母才能打造出更「陽光」的子女。

學校在學生的心理健康中始終起著主導作用。總體來看，學校要將以人為本落實為以生為本，營造健康和諧的心理氛圍。身為靈魂工程師的教師應努力摒棄升學考試主義的禁錮，將素養教育落到實處，積極關注學生出現的各種心理困惑，用心靈影響並塑造心靈。在升學考試技能已經登峰造極的今天，如果老師們還在所謂的升學上過多地糾纏，那只能對學生造成更大的傷害。老師應有意識地鼓勵學生正確對待失敗，運用各種方法激發其學習興趣，使其體驗成功的喜悅。

從技術角度上看，國中的心理輔導課要注重加強中學生自我意識的培養，幫助中學生積極地了解自我、評價自我，擺脫各種心理壓力，促進心

理健康。不僅如此，國中生的心理輔導課還要著力引導學生建立良好的生活習慣，例如，多做一些戶外運動，保持良好的睡眠，釋放心理負荷，從而增強體質。一項對學生睡眠情況的調查顯示，睡眠良好、一般、經常做夢、失眠的人的憂鬱發生率分別為9.84％、13.38％、33.33％、50％，這表明睡眠狀況越好，憂鬱發生的可能性越小。

# 附錄：CES-D 憂鬱自測量表

仔細閱讀題目並選出最符合你最近一星期情況的一個選項。

1. 我被一些很稀鬆平常的事情所困擾。

| 幾乎沒有<br>(少於 1 天) | 寥寥幾次<br>(1～2 天) | 有時<br>(3～4 天) | 經常<br>(5～7 天) |
|---|---|---|---|
| 0 | 1 | 2 | 3 |

2. 我胃口不好，食慾大減。

| 幾乎沒有<br>(少於 1 天) | 寥寥幾次<br>(1～2 天) | 有時<br>(3～4 天) | 經常<br>(5～7 天) |
|---|---|---|---|
| 0 | 1 | 2 | 3 |

3. 即使有家人朋友的幫助我也不能走出沮喪的陰影。

| 幾乎沒有<br>(少於 1 天) | 寥寥幾次<br>(1～2 天) | 有時<br>(3～4 天) | 經常<br>(5～7 天) |
|---|---|---|---|
| 0 | 1 | 2 | 3 |

4. 我覺得我做不到別人那麼好。

| 幾乎沒有<br>(少於 1 天) | 寥寥幾次<br>(1～2 天) | 有時<br>(3～4 天) | 經常<br>(5～7 天) |
|---|---|---|---|
| 0 | 1 | 2 | 3 |

5. 我很難集中注意去做一件事情。

| 幾乎沒有<br>(少於 1 天) | 寥寥幾次<br>(1～2 天) | 有時<br>(3～4 天) | 經常<br>(5～7 天) |
|---|---|---|---|
| 0 | 1 | 2 | 3 |

6. 我感到沮喪。

| 幾乎沒有<br>(少於 1 天) | 寥寥幾次<br>(1～2 天) | 有時<br>(3～4 天) | 經常<br>(5～7 天) |
|---|---|---|---|
| 0 | 1 | 2 | 3 |

7. 我做每一件事情都很費勁。

| 幾乎沒有<br>(少於 1 天) | 寥寥幾次<br>(1～2 天) | 有時<br>(3～4 天) | 經常<br>(5～7 天) |
|---|---|---|---|
| 0 | 1 | 2 | 3 |

8. 我對未來感到無望。

| 幾乎沒有<br>(少於 1 天) | 寥寥幾次<br>(1～2 天) | 有時<br>(3～4 天) | 經常<br>(5～7 天) |
|---|---|---|---|
| 0 | 1 | 2 | 3 |

9. 我覺得我的人生很失敗。

| 幾乎沒有<br>(少於 1 天) | 寥寥幾次<br>(1～2 天) | 有時<br>(3～4 天) | 經常<br>(5～7 天) |
|---|---|---|---|
| 0 | 1 | 2 | 3 |

10. 我感到驚恐萬分。

| 幾乎沒有<br>(少於 1 天) | 寥寥幾次<br>(1～2 天) | 有時<br>(3～4 天) | 經常<br>(5～7 天) |
|---|---|---|---|
| 0 | 1 | 2 | 3 |

11. 我睡覺很容易驚醒。

| 幾乎沒有<br>(少於 1 天) | 寥寥幾次<br>(1～2 天) | 有時<br>(3～4 天) | 經常<br>(5～7 天) |
|---|---|---|---|
| 0 | 1 | 2 | 3 |

12. 我過得不快樂。

| 幾乎沒有<br>(少於 1 天) | 寥寥幾次<br>(1～2 天) | 有時<br>(3～4 天) | 經常<br>(5～7 天) |
|---|---|---|---|
| 0 | 1 | 2 | 3 |

13. 我比以前話少了。

| 幾乎沒有<br>(少於 1 天) | 寥寥幾次<br>(1～2 天) | 有時<br>(3～4 天) | 經常<br>(5～7 天) |
|---|---|---|---|
| 0 | 1 | 2 | 3 |

14. 我感到寂寞孤獨。

| 幾乎沒有<br>(少於 1 天) | 寥寥幾次<br>(1～2 天) | 有時<br>(3～4 天) | 經常<br>(5～7 天) |
|---|---|---|---|
| 0 | 1 | 2 | 3 |

15. 人們總是那麼不友好。

| 幾乎沒有<br>(少於 1 天) | 寥寥幾次<br>(1～2 天) | 有時<br>(3～4 天) | 經常<br>(5～7 天) |
|---|---|---|---|
| 0 | 1 | 2 | 3 |

16. 我無法享受我的人生。

| 幾乎沒有<br>(少於 1 天) | 寥寥幾次<br>(1～2 天) | 有時<br>(3～4 天) | 經常<br>(5～7 天) |
|---|---|---|---|
| 0 | 1 | 2 | 3 |

17. 我曾暗自神傷、潛然淚下。

| 幾乎沒有<br>(少於 1 天) | 寥寥幾次<br>(1～2 天) | 有時<br>(3～4 天) | 經常<br>(5～7 天) |
|---|---|---|---|
| 0 | 1 | 2 | 3 |

18. 我感到很悲哀。

| 幾乎沒有<br>(少於 1 天) | 寥寥幾次<br>(1～2 天) | 有時<br>(3～4 天) | 經常<br>(5～7 天) |
|---|---|---|---|
| 0 | 1 | 2 | 3 |

19. 我覺得大家都不喜歡我。

| 幾乎沒有<br>(少於 1 天) | 寥寥幾次<br>(1～2 天) | 有時<br>(3～4 天) | 經常<br>(5～7 天) |
|---|---|---|---|
| 0 | 1 | 2 | 3 |

20. 我做什麼都不太順利。

| 幾乎沒有<br>(少於 1 天) | 寥寥幾次<br>(1～2 天) | 有時<br>(3～4 天) | 經常<br>(5～7 天) |
|---|---|---|---|
| 0 | 1 | 2 | 3 |

# 第五章
## 樂商的核心內涵 —— 積極特質

人可以堆山填海，人可以扭轉乾坤
—— 離開樂商，這僅僅是一句口號。

正向心理學以提高人的樂商為主要任務，而樂商的核心內涵是人的積極特質。只有人的各種積極特質得到了發展，人才會有較高的快樂，才會更可能擺脫自己的消極體驗，才會更可能影響他人而使他人變得快樂。因此，正向心理學強調要以人實際或潛在的積極力量、美德和善端為出發點，提倡用一種積極的心態來對人的心理現象（包括心理問題）做出新的解讀，從而幫助社會全體成員（包括有問題的人、普通人或具有一定天賦的人）最大限度地挖掘自己的潛力並獲得美好生活。也就是說，正向心理學的核心任務是發揮、培養和增長人的積極力量，以此來提高人的樂商，那什麼是積極力量呢？

賽里格曼和彼得森教授合作，經過3年多的大量調查和研究，提出了人類積極特質分類理論。正向心理學關於積極特質的分類，主要借鑑了精神病學把人類各種精神問題進行分類的方法和思路。按照這種思路，好人能分為幾類呢？好人的分類標準又是什麼呢？正向心理學認為好人有很多種類，好人的分類應該有好人的「行為症狀」，而好人的「行為症狀」其實就是其所表現出來的積極特質。因此，正向心理學根據不同的積極特質把好人分為6個大類，也被稱為6大積極特質（或6大美德）。

由於6大積極特質的分類相對比較抽象，人們不太容易對其進行操作和測量，因而彼得森教授和其助手 —— 出生於韓國的年輕學者南希·帕克（Nancy Park）等人又進一步把6大積極特質分解成為相對更好操作和測量的24種積極力量，也即每一種好人又可以細分為各種亞類，這就如精神分裂症這種精神病，具體也可以再細分為偏執型、青春型、緊張型、單純型等多個亞類一樣。

積極力量既是每一種好人細分出來的亞類，在另一種意義它實際上也是實現6大積極特質的主要因素和途徑，所以積極力量有時也被稱為要素性積極力量（每一大類的積極特質被分解為若干要素性積極力量）。比如

正義（公正）這種積極特質可以透過培養個體的良好公民身分、忠誠、合作和領導力等積極力量來得以實現（既可以單獨培養，也可以幾種綜合培養），而忠誠、合作本身是正義（公正）的一個亞類，它們在一定意義都屬於正義（公正）這一積極特質，因而也就成了正義（公正）這一積極特質的要素性積極力量或亞類型積極力量。

## 第一節
## 樂商的具體內涵 ── 24種積極力量

　　根據正向心理學已有的研究，24種積極力量具體是好奇、熱愛學習、判斷、心靈手巧、社會智慧、洞察力、英勇、堅持不懈、正直、親切、愛、公民職權、公平、領導力、自制、遠見、謙虛、欣賞美、感激、希望、精神性、寬恕、幽默、興趣（在不同的文章或書中，由於翻譯的原因，這24種積極力量的名稱可能會有一些不同，但內容都差不多）。

　　從心理學已有的研究來看，6大積極特質及其所包含的24種積極力量是所有民族、宗教、文化、哲學學派等共同推崇的，是人類普遍存在的，因而它們可以被認為是放之四海而皆準的人類基本美德。如比斯瓦思-迪安納等人在2006年發表了一個研究報告，該報告對離北極圈很近的北格陵蘭島的土著居民因紐特人、肯亞的一個遊牧部落馬賽人以及美國伊利諾大學的大學生進行了比較研究。結果表明：這些來自完全不同文化背景的受試者都具有24種積極力量（儘管程度高低不同），不僅如此，24種積極力量在這三類人群中受歡迎的程度，以及在生活中的重要性方面都具有很高的一致性。在另一項研究中，帕克及其同事為了驗證24種積極特質的有效性，於2006年對24種積極力量進行了一個網路調查，這次調查一共有來自54個國家和地區以及美國50個州的受試者參加，對相關數據進行比較分析之後，結果顯示這24種積極力量中的絕大多數（90%以上）能得

到來自不同國家或地區人群的廣泛認可，且態度基本一致。除此之外，其他的一些跨文化的相關研究也發現了大致類似的結果。

世界上每個人都具有24種積極力量，差異只是在於程度的不同。就某個個體來說，如果其某一種積極力量非常突出，我們就可以把這種積極力量稱為這個人的性格優勢，如正直特質占優勢的人常被稱為正直的人，幽默占優勢的人可以被稱為幽默的人。當然如果一個群體具有某種非常突出的積極力量，那這種積極力量也可以成為群體性格優勢。對於任何人或任何一個群體來說，戰勝困難或獲得生活勝利主要依賴於自己最突出的積極力量 —— 心理學上有時稱之為利用性格優勢。因而從一定意義上說，一個人或群體的性格優勢既是個體或群體賴以立身的基礎，同時又為這個個體或群體增加了更多創造美好生活的心理資本。因此，關注積極力量應該成為人類自我繁榮的一條主要途徑。

積極力量是不是人本身就具有的一些好特質或特性？或者說，人的積極力量是不是人一生下來就具有的天資？按照賽里格曼之前對這一問題的觀點，他認為人的天資和積極力量是兩碼事。天資是人生來就獲得的擅長方面，它主要是人從自己的祖先那裡獲得的一些獨特優勢，不需要學習的過程，比如有些人生來就擁有完美的聲音、漂亮的面容、飛快的奔跑速度等。而積極力量雖然與天資有些相似的地方，但是又有明顯區別。

首先，積極力量是一種品行或品德方面的特質，而天資可以涉及人生活的各個方面。其次，積極力量儘管也有一定的遺傳性，但更需要經過一個學習過程，積極力量是逐漸累積的。透過學習，每個人都可以擁有程度差不多的積極力量。如，一個人即使缺乏英勇、獨創性、正直和友好等積極力量，也能夠透過足夠的練習和良好的教育來使自己的這些方面得到明顯改善，並最終達到和他人一樣的程度。但如果一個人缺乏天資，就算經過刻苦訓練也不見得就能達到和有天資的人差不多的程度。雖然經過一定

的訓練可以提高人的跑步速度，但你永遠達不到世界冠軍的程度，同樣，穿華麗而有氣質的衣服能使人看上去很漂亮，經常聽大量的古典音樂可以提高人的樂感，但受天資所限，這種改變或提高非常有限。

# 一、什麼樣的特質才可以被稱作積極力量？

儘管所有的積極力量都是積極特質，但並不是所有的積極特質都可以被稱作積極力量。因為積極特質在不同的文化或宗教背景下差異很大，不僅如此，積極特質還是一種靜止狀態的描述。而積極力量卻在各種文化背景下都獲得差不多的認同，同時它們本身還必須和積極特質的形成過程相關。

具體來說，判斷一種人格特質或積極特質是不是一種積極力量主要有以下六個標準，而且一般情況下要這六個標準同時滿足才可以。

## (一) 積極力量是一種穩定的要素性心理特質

積極力量可以跨越不同的情境和時間，如生活中、工作中等，在特定時間或固定情境下才顯示出的特質，則不屬於潛在的要素力量。例如儘管大方是一種受到很多人讚賞的積極特質，但由於這種特質在生活中並不一定總具有積極意義，如一個人總是不顧具體情況而把自己家裡的東西隨便施予他人，這種品行在這種時候就對家人造成了一定的傷害，因而大方就不能被稱作一種積極力量。

## (二) 積極力量要有社會的整體價值

一方面，積極力量一般會為自己、他人和社會帶來好的結果，比如，當一個人透過努力而使自己具有了良好的領導能力後，從個人角度來說，往往能樹立工作威信，同時也有可能獲得更多進修機會或者加薪等好結

果；從他人角度來說，好的領導力會讓被領導者、同事或上司都工作得更舒心；從社會角度來說，好的領導力會使社會更加和諧，更加繁榮昌盛。當然在另一方面，某些積極特質也許並不會帶來明顯的物質等方面的利益，如寬恕等，但是如果這種特質對個體自己、他人或社會具有很大的意義，它仍然可以被稱作一種要素性積極力量。

除此之外，每一種積極力量會有一個對立面，這個對立面的價值必須和積極力量的價值相反。

## （三）積極力量還必須展現在父母對新生兒的願望上

當一個孩子剛出生時，他的父母希望他具有什麼特質，父母的這些願望就是一種很重要的積極力量。反之，如果父母不希望孩子具有某種特質，那這些特質就不能成為積極力量。如，所有的父母都希望自己的孩子勇敢、充滿愛心和先見之明，而並不是所有的父母都希望自己的孩子自私、溫順等。

## （四）積極力量不能具有排他性

個體的積極力量的展現不會影響或降低周圍其他人的積極力量的發揮，當一個人展現自己的積極力量和相應的行為時，對自己、他人或社會而言都應該是一種雙贏或多贏的局面。

## （五）積極力量必須有文化支持

積極力量必須有相當長的發展歷史，有一定的習俗、禮節、模範、寓言、座右銘等文化方面的支持。即使在不同的文化中，它們所流傳下來的寓言或故事往往也包含了一些共同的東西，如忠誠、合作、負責等人格力量。一般來說，每一種積極力量都應該在歷史上有其相對應並為人稱道的

典範人物，比如甘地代表了仁慈的領導力，愛因斯坦代表了創造性，雷鋒代表了誠實和謙虛等。

## （六）積極力量除了極個別情況之外，必須受全世界普遍推崇

積極力量不管是在東方文化、西方文化、佛教、伊斯蘭教，還是在基督教文化中，都不應有衝突。所以，當代華人現在最推崇的一部分內容並不能算作人類的積極力量，比如高效率、競爭性、漂亮的外表、刻苦等，它們固然具有獨特的積極意義，但從全世界各種文化的角度來看，它們並不適用於地球上的全部人類。

## 二、具體的積極力量

下面我們分別來對積極人格的6大積極特質做簡單的介紹和論述。

## （一）智慧

第一大類積極特質是智慧（即有智慧的人），智慧是人類改變或創造生活的前提，同時也是人應對世界最好的武器，它所包含的積極力量主要有：

### 1 好奇／對世界感興趣

好奇指面對與個體自己先前經驗不一致的事物時，能以開放的姿態去體驗並採取靈活的應對方式和措施。好奇可以是特定的，比如只對乒乓球運動感興趣，也可以是普遍的，如對全世界所有的動物感興趣。一般情況下，科學家更容易對特定的事物好奇，而社會工作者、政治領導人等更容易對世界的各個方面感興趣。好奇是人類改變世界和不斷進取的一個基本前提，總體來說，好奇的人不會容忍模棱兩可，而有著強烈的解開問題、尋找答案的欲望。好奇在世界任何文化中都受到推崇，但它的對立面 —— 冷漠則在任何一種文化背景條件下都不會受到推崇。

### 2　熱愛學習

　　熱愛學習是一種積極力量，儘管它看起來並不像是一種積極力量，但事實上它滿足積極力量的一切條件。熱愛學習的人喜歡保存大量知識的地方，如學校、圖書館和博物館等，他們享受生活中的一切學習機會，無論是在班級裡學習還是自學，也無論是年輕時的學習還是年老時的學習，他們都樂在其中。熱愛學習的人並不會特別在意學習所能給他們帶來的功利，他們熱愛學習主要在於他們在學習中能體驗到快樂。一般熱愛學習的人比較熱衷於某一專業或領域，而且在該專業上的技能表現出色，就算得不到他人的價值認可也無所謂。

### 3　正確判斷／決定性思考／開放性思想（類似於人們生活中所說的理性人）

　　這是一種很難找到一個確切詞語來表達的積極力量，但它的意思很明確，即一個人要能在充分並全面考慮各種證據的基礎上迅速得出結論，同時面對新的變化既不輕易做出改變，也不輕易改變已經有的意見，既開放靈活又意志堅定。具有這種積極力量的人，在思考一個問題時會從各個方面去驗證它，一般不輕易得出結論，一切決定都建立在可靠證據的基礎上。當然，這樣的人同時也善於變通自己的想法，透過客觀理性地篩選現存的各種資訊，做出於人於己都有利的判斷。所以，具有這種積極力量的人既堅定又靈活，一切根據實際與現實做判斷，從不將自己的願望和需求與客觀世界的現實搞混。

　　與這一積極力量相反的是邏輯混亂、偏執和沒有主見的個性特質，比如邏輯混亂（最近我一出門就下雨，我一定會遇到什麼問題的），過度個性化（這一切一定全都是我的錯），以及非黑即白（沒有人比我更笨了）的武斷想法等，這些特質容易導致人產生憂鬱和消沉等不良情緒。

### 4 心靈手巧／獨創性／實踐智慧（即常說的能工巧匠）

這是在當代社會最受推崇的積極力量之一，也就是人們通常所說的創造和創新，但這裡主要指人們在各種實踐活動中的創造和創新，如經常在自己的院子裡搞出一些讓人意想不到的新花樣，或者總是在工作中發明一些有效的工具等。在任何一個社會，創造和創新都能使人進步，並充分實現自己的價值。當具有這種積極力量的人想要實現一個目標時，會特別擅長尋找一些新奇合適且有效的行為方式來達成，這樣的人很少滿足於按以往慣例來做事。這種積極力量包括各個領域的創造和創新，如文學、藝術創造以及人們的日常生活實踐等，因此它有時也被稱為實踐智慧。

### 5 社會智慧／個人智慧／情緒智慧（即日常所說的情商高）

社會智慧類似於人們通常所說的情商，但它比情商的範圍更廣泛。社會智慧主要涉及人與人的交往，具有這種積極力量的人會不斷觀察他人的變化，能較好地站在他人的立場，考慮他人的情緒、性格、動機以及心理意圖等，他們的行為反應不拘泥於某一種固定形式，而是因人而異。這種積極力量還包括個體對自我的反思和體察，並且根據反思的結果來選擇和指導自己的行為。這種積極力量較高的個體一般都會把對自我的體察和對他人的觀察結合起來，從而在各種社會生活中做出合適而又貼切的選擇。

### 6 洞察力／大局觀

這是比較接近智慧本意且表明個體成熟程度的一種積極力量，它主要是指面臨各種複雜問題或情景時，能迅速地發現和找到問題的核心，從而順利解決問題或簡化問題。這個世界正變得越來越複雜，人們的生活也因此變得更不容易，個體一旦具有了這種積極力量，不僅會使自己的生活更有條理且更輕鬆，同時別人也會來尋求你的幫助。從本質上說，洞察力和大局觀其實是一種看待世界的獨特方式，它一方面意味著效率，另一方面更意味著一種

特別的能力。總體來說，有洞察力和大局觀的人擅長於解決生活中最重要、最糾結的問題。它的反面是人們日常生活中所說的鼠目寸光。

## （二）勇氣

第二大類積極特質是勇氣（即勇敢的人），它的積極力量主要有：

### 1 英勇

這是一個在任何民族都會保留相當多故事的積極力量，人類在任何時代、任何場合都對英勇的人保持敬仰。具有這種積極力量的人不會在面臨威脅、挑戰、傷痛或者困難時退縮，他們會義無反顧。英勇不僅僅是生理上的一種表現，比如面臨火災時毫不慌張而勇敢上前，它還包括在智慧、情緒上勇於堅持自己的觀點立場。從本意上說，英勇不是不感到害怕，而是雖然感到害怕，卻依然選擇面對。這一積極力量的反面是怯弱。

### 2 堅持不懈／勤奮／勤勉

這是一種涉及意志力的積極力量，總體來看，所有的社會或民族都會推崇這種積極力量，每個父母都會因為孩子具有了這種積極力量而驕傲。勤奮的人即使面對高難度的任務也會想方設法將它完成，他們在生活或工作中少有抱怨，做事執著有恆心，有始有終。當然，堅持不懈並不意味著執著於一些無法達到的目標，或為一些不切實際的目標空耗精力，事實上這些人處事靈活、現實，絕不是完美主義者。這種積極力量主要展現在日常生活中和學習中，勤勉的人一般有抱負，能為未來著想，不太為眼前的困難所阻礙。這種積極力量的反面是懶惰。

### 3 正直／真誠

實事求是是對這種積極力量最好的解釋，沒有人會喜歡不說真話的人。如果一個人很正直，這不僅指這個人能說真話，也指這個人能以一種

坦率和真實的方式來生活。所謂真誠，它實際上不僅指人要訴說事情的真相，還指人要以純粹的方式告訴別人你的想法和承諾，在這一過程中不摻雜個人任何的感情和價值。所以，正直的人應該是純粹的人。和這一積極力量相反的是虛偽。

## （三）愛與仁慈

第三大類積極特質是愛與仁慈（即有愛也能被愛的人），它的積極力量主要有：

### 1 慷慨／親切

慷慨是愛與仁慈的第一步，如果一個人對什麼都斤斤計較，那他肯定也養成不了愛與仁慈的積極特質。但慷慨又不是施捨，那種居高臨下的施捨只不過是一種自我誇耀，真正的慷慨是建立在親切待人的基礎之上。具有這種積極力量的人，不管是在幫助別人還是在與別人相處時，總是將對方的需求放在自己的需求之上。這種人喜歡為別人做好事，常常會主動抽出時間幫助別人。幫助家人或朋友並不能顯示出有多慷慨，慷慨更主要展現在幫助不熟悉的人身上。這種積極力量的對立面是斤斤計較。

### 2 愛與被愛

愛與被愛（主要指狹義上的男女之愛）既是一種親密關係，同時也是一種能力，更是一種積極力量。這種積極力量不僅僅指男女間的浪漫方式，它還反映你如何看待與評價你親近的人，如何處理與對方的親密關係等。愛是一種積極力量，怎樣去愛已經被太多的聖人先哲論述過，其實概括起來，愛無非就是一種心疼。而被愛也是一種積極力量，如何才能使自己被愛實在不是一個簡單而又有明確答案的問題。不過在多數情況下，愛他人容易，而使自己被愛則相對更困難，這種情況在男性當中尤其如此，

因此當前的教育更應該針對如何提高被愛特質而進行。這種積極力量的對立面是恨。

## (四) 公正

第四大類積極特質是公正（即正義的人），公正所包含的積極力量主要顯示在公民活動中，不僅包括人與人之間的關係，還包括個體與家庭、社區、國家乃至全世界等更大群體之間的關係。公正積極特質所包含的積極力量主要有：

### 1 公民職權／集體工作／忠誠

公民職權是這種積極力量的核心，這種積極力量主要指個體屬於團體中的一員，個體必須對自己的團體、隊友等忠誠，要樂於和團體中的人分享，並且為團體的成功不懈努力等。身為團體中的一員，每個人都必須努力做好自己分內的工作，一定要尊重團體的目標（特別是個人目標和團體目標發生衝突時），要充分尊重團體中處於權威位置的人，要將自己的個性融合於團體的風格和要求。這種積極力量不是來自先天的遺傳，也不是自動地伴隨著生理成熟而自然形成，它主要依靠後天的培養。

### 2 公平與公正

這是一種如何看待他人與自己的積極力量，當你擁有一定的資源決定權時，你不應該讓個人情感影響你對他人的決定，而是要給每個人以機會。特別是你應該站在全人類的角度上思考問題和做出決定，不能只充當某一群人的代言人。具有這種積極力量的人應該以更高的人類道德原則來指導自己的日常生活，要認真考慮對那些你從不認識或從未見過的人給予同等的福利，在同等情況條件下必須以同等的方式來對待他們，要將個人偏見拋在一邊。公平與公正儘管是一種特質，但在一定條件下也會轉換為

一種社會氛圍，當一個社會的多數人都在比較家庭背景時，整個社會就會形成一種不公平的社會風氣。這一積極力量的對立面是偏見與歧視。

### 3　領導力

領導力指在舉辦活動等方面表現出色，能使一個團體人盡其能，物盡其用。一個具有領導力的領導者首先必須做出有效的領導，在完成群體任務的同時也能保持與各成員間的良好關係，並使各個成員的才能得到充分發揮。同時有領導力的領導者也必須是仁慈的領導者，要能以他人利益和集體利益為重，不利用自己的權力或資源來謀取私利，在處理團體關係時，不故意損害他人，寬宏大量並堅持正義，一身正氣。這一積極力量的對立面是昏庸。

## （五）節制

第五大類積極特質是節制（類似於日常所說的有涵養的人），作為一種約束自我的核心積極特質，節制是指對自己需求和欲望的適當表達。有節制的人不是壓抑自己的動機，而是在不傷害到自己和他人的前提下，等待機會來滿足自己的需求和欲望。這一大類積極特質所包含的積極力量主要有：

### 1　自制

自制就是自我控制，它是指在條件不具備的情況下，個體要有意識地阻止自己的渴望、需求和衝動。自制的前提是要明辨是非，當一個人在思想認知上認為自己實現某種目標的可能性比較大時，就會圍繞這一可能性來安排自己的行為，所以個體要有意識地提高自己的知識修養，並且把所學到的知識付諸行動。自制在一些特定的條件下很重要，如當不幸事件發生後，個體要努力調節控制好自己的情緒，不衝動；當面臨消極不如意時

要能夠獨自修復和對抗不恰當的消極情緒等。

從演化論的角度來說，每個人天生就會透過遺傳而獲得一種心理功能：那就是為了獲得某種收益而付出短期的代價，從而抑制自己當前的某種行為或心理，如情緒調節、注意調節、處理精神壓力、行為調節、控制衝動或抵制誘惑等。但這裡的關鍵是代價和收益之間的矛盾衝突，所以對於同一種行為或條件，可能不一定所有人都會主動進行自我控制，人在處理這個矛盾時既會受到先天的特質影響，也會受到不同的情境條件的影響。因此，後天的培養提高這種積極力量，可以使人在面臨矛盾衝突時做出正確的選擇。自制這種積極力量的對立面是隨心所欲。

### 2 遠見／謹慎小心

遠見和謹慎小心相結合是一種思想和行為的結合，如果你只是謹慎小心而沒有遠見，那你就可能成為一個因循守舊的人；如果你只有遠見而不謹慎小心，那就有可能成為一個空有抱負的人。遠見是指在決定做某事之前就做了充分的調查研究，並制定了切實可行的行動方案，一般來說，具有這種積極力量的人能夠抵制短期利益的誘惑，從而實現自己的長遠目標。所謂謹慎小心的人，就是指你說的話、做的事經過了仔細考慮，絕不會讓自己後悔。當然謹慎小心還包括人們在日常生活中能注意到各種危險而使自己不受傷害。這種積極力量的對立面是盲目衝動。

### 3 謙虛

這種積極力量的內涵有點接近於人們日常生活中所說的低調，它主要指一個人不喜歡成為公眾聚焦的對象，不喜歡誇誇其談，更傾向於用實際行動來表達自己。謙虛的人從不認為自己很特別，也不喜歡炫耀自己的才能或所有。謙虛不是自我的感覺，而是別人的評價。總體來說，謙虛的人有一顆平常心，並不把自己的抱負、成功和失敗看得多麼重要，認為勝利

和挫折都是一件平常事。謙虛不僅僅是一種行為方式，更反映了一個人的心理特質。謙虛的對立面不是通常所說的驕傲，而是浮誇或誇誇其談。

## (六) 精神力與超越

第6大類積極特質是精神力與超越（即日常所說的不凡的人），它所包含的積極力量主要有：

### 1 欣賞美／優秀

欣賞美是一種能力，但它也是一種特質。這種特質主要指個體能夠準確地區分好壞，並對好的或美的持讚賞態度，即當個體遇到這些美和優秀的人或物時會產生積極情緒。欣賞美包括很多方面，如玫瑰的花香、人體的曲線、音樂的韻調、自然的鬼斧神工、數理的精緻巧妙等，同時欣賞美還展現在對反映人類美德的行為有著獨特的鑑賞力。欣賞美的對立面是美醜不分。

### 2 感恩／感激

感恩是一種個體意識，是欣賞他人或社會對自己有價值意義的事件後，產生的一種情緒狀態，指個體能意識到身上正在發生或已經發生了的好事，並且從來不認為這些好事是理所當然的。感激不僅僅展現在特定的人或事件上（如別人對你做的任何支持性的事件、為你付出的努力和時間犧牲，或者是欣賞你的優點或長處，或者提供你提供機會等），還指向一般的對象（如生活本身和這個世界的一草一木等，生活在這個世界多麼美好），此外，它也可以針對那些虛擬的東西。如果人們仔細回憶自己的過去，就會發現自己可能漏掉了許多本來應當要感激的東西，許多發生了的、帶給我們恩惠的事情，就像抓在手裡的沙，不經意間就慢慢消失了。人要經常重新撿起這些需要感激的事，並深深地報以感恩。

感恩這一積極力量具有文化普世性價值意義，一個人從很小的時候就

被教導要對他人的恩惠或友善行為等表達謝意。一般人總認為感恩是為了讓施惠者從中獲益，因為感恩有可能會向施惠者傳達一個訊息：他們的行為被注意到了並被欣賞，這將鼓勵他們繼續這樣做下去，並因此而有利於施惠者的身心健康，提高他們的生活滿意度。一般認為，當一個人在日常生活或工作中給了他人恩惠之後，他在心理上會不自覺地產生一種吃虧的感覺，會因此而產生不滿意感，而感恩會有利於消除這種吃虧心理，提高其滿意感。事實上，相關的研究報告及日常生活經驗都告訴人們，一個經常受到感恩的人會顯著提高自己的生活或工作滿意度。如，一個經常做家事的妻子如果能經常接收到丈夫的感恩，她就很少會抱怨家務勞動的不公平。不過現在也有研究發現，和那些不太表達感恩的人相比，那些經常表達感恩的人對生活或工作的滿意度也會得到提高，也就是說感恩對感恩表達者的心理健康也有好處。

感恩表達還受感恩者本人的心理影響，多數人對家人滿足自己需求的要求和動機會更高，一般顯著性高於普通朋友或陌生人。就是說，和其他人相比，家人要做得更多、更好（感恩刺激強度要更大）才能獲得和其他人相同程度的感恩，這就是所謂的「親情麻木」。所以這裡就存在一個「似我強度」（即和我本人相同的程度）心理，如果一個人和他人發生了爭執，他就會要求一個陌生人能站在公正的立場上說話（這樣他就會表達感激），對自己的朋友則要求他們站在自己立場上說話（這樣他也會表達感激），而對於家人則要求他們無條件地幫著自己一起和對方爭執（這樣才會表達感激），這就是心理上的似我強度問題。這裡的似我強度是由個體主觀上的心理距離決定的，心理距離越近則越似我，因而就會要求對方在態度和行為上要更似我。

但如果一個人接受了別人的恩惠而不感恩會怎樣呢？在電影《哈利波特：消失的密室》中，多比是一個很可愛的小精靈，喜歡哈利波特和鄧布利

多。多比非常喜歡自由，會經常熱心幫助哈利波特。但由於他原來是馬份的家養小精靈（多比受到了馬份的恩惠），因此他每次違背主人的願望而幫助了哈利波特之後（沒有對馬份感恩），都會由於內疚心理而進行自我懲罰，現在心理學上把這種不感恩而導致內疚心理並進行自我懲罰的現象叫作多比效應。當然，多比效應的出現也有一定的條件，實際上多比並不是每次幫了哈利波特之後都會自我懲罰，只有當他的幫忙使馬份受到的傷害達到了一定程度時，多比效應才會出現。心理學的研究也發現，只有在個體對他人所造成的傷害不可能得到修復的情況下，產生的內疚才會產生自我懲罰行為，而如果造成的傷害可以得到修復，則一般不會出現自我懲罰行為。

### 3　希望／樂觀

希望與樂觀其實是緊密連繫在一起的，一個人只有滿懷希望，他才會樂觀，心中沒有希望的人一定是一個悲觀的人。充滿希望對一個人有很大的價值，因為人不僅要活在今天，更要活在明天，只有對未來有希望才會使人們積極地生活下去。具有這種積極力量的人會堅信自己擁有一個很好的未來，並且願意為之認真計劃、不懈努力。這種積極力量代表了人們對未來的一種積極看法，相信未來會有好事情發生，認為只要自己努力就一定能夠達成自己的願望。這一積極力量的對立面是悲觀絕望。

### 4　精神性／信仰

人活在這個世界上要有自己的精神性或信仰，信仰對人們的生活有重大影響，是生活滿意感的重要來源。這種積極力量強調人要一貫地對宇宙、生命的意義產生敬畏，要強烈地以這種意義作為自己的生活目標，要有清晰的生活哲學來規範自己，明確自己到底為什麼活著以及到底要追求什麼。信仰的對立面是渾渾噩噩。

## 5　寬恕／寬容

寬恕與寬容是最為人稱道的積極力量之一，現在也被看作增進人幸福感的一種有效方法。正如你會做出對不起別人的事一樣，這個世界肯定也會有人做出對不起你的事，人要原諒曾經傷害過自己的人，要再給別人一次機會。具有這種特質的人應該在自己受到了傷害之後，利用移情的方法從對方的角度來看一下問題，從而改換一下事件的標籤。寬恕應該是真心的，並要有具體的行為，當人們真的寬恕之後，就會更關注消極事件的積極一面，同時其報復、迴避等消極動機或行為也會相應得到減少。這種積極力量的對立面是報復，現在有一種不好的現象，許多電影都以報仇雪恨為主題，強調報仇後的痛快。當然，對十惡不赦的人來說，報仇是必要的，但總是宣傳這種主題，則會導致人們在小事上也錙銖必較，時時想著報復。

## 6　幽默／玩興

人們都願意和一個有趣味的人一起生活，因此，幾乎在所有文化背景下，幽默都是一種為人稱道的積極力量。幽默的人更容易發現生活中陽光的一面，這種人不僅自己快樂，更會帶給他人歡樂。生活本身只是一個過程，在這個過程中會有品質上的差異，怎樣的生活才是一種高品質的生活呢？那就是你每天的快樂越多，你的生活品質就越高。所以，人還是應該釋放出自己的玩興，盡最大可能讓自己的生活多一分快樂吧。這一積極力量的對立面是呆板木訥。

## 7　興趣／熱情／熱衷

從價值角度來說，興趣並不是一種積極力量，因為它並不總是指向積極的東西。例如一個人對賭博非常感興趣，那這種興趣就不具有積極的價值。但儘管如此，人們還是把興趣列為人的一種重要的積極力量，這主要

是因為興趣是人們生活的原始動力，同時也是其他一些積極力量產生的基礎，如自制、領導力等積極力量都必須有興趣的參與才能達成。具有這種積極力量的人會全身心投入某個活動，會對生活充滿期待，並最終獲得生活上的各式各樣的成功。這種積極力量的對立面是百無聊賴。

# 第二節
# 運用積極力量來改變生活

在《真實的幸福》這本書的序言中，賽里格曼這樣寫道：「真正的快樂來源於你對自身所具有的最基本的積極力量的辨別，以及把這些積極力量應用在每天的工作、戀愛和教育孩子的過程中。」如何在工作、戀愛和教育孩子中運用自己的積極力量呢？這既是一個意識問題，又是一個技術問題。

從心理學、社會學過去的多個研究來看，一個團體（或群體）的競爭力不是取決於團體所擁有的物質力量，而是取決於團體的精神力量，而精神力量則又主要取決於這個團體成員所具有的積極力量的總和。如美國學者2006年的一項研究發現，除技術因素之外，軍隊戰鬥力強的另外一個重要原因，就是軍隊成員具有更多的積極力量和美德。研究者把美國西點軍校學員、挪威海軍學校學員和美國平均年齡在 18 ～ 21 歲的普通年輕人擁有的24種積極力量進行比較。結果發現，軍校學員有更多的積極力量，具體表現在誠實、希望、勇敢、勤奮和團隊精神等方面。美國軍人手冊更是明確提出軍隊成員應該具有7種特質，它們分別是忠誠、責任、尊重、無私服務、榮譽、正直、勇氣，在這些特質中有4項 —— 忠誠、尊重、正直、勇氣 —— 屬於正向心理學所提出的積極力量。

想要應用積極力量改變自己的生活，首先必須知道自己的積極力量的

程度及特點。對於不同的人來說，其積極力量的發展具有兩個基本特徵：第一，同一種積極力量，在不同人身上的發展程度有很大差異；第二，不同的積極力量，在同一個人身上有不同的發展程度。例如有的人在領導力發展方面有很高的水準，但在勇氣方面卻表現出較低的水準，另外一些人也許正好相反。

怎樣測量他人或自己的積極力量的發展程度和發展特點呢？目前主要有兩種方法：

方法一：運用各種積極力量的單獨量表分別來進行測量。現在心理學已經針對這些積極力量，開發出了許多相應的量表，如精神性測量量表、興趣測量量表等，然後根據這些量表的測量結果來判定他人或自己積極力量的程度和特點。不過這種方法比較複雜與繁瑣，24種積極力量可能就需要24種量表以及相應的常模。

方法二：用一個簡單量表直接測量24種積極力量的程度，讓個體自己和其他人分別針對24種積極力量為自己進行7點量表或9點量表打分，然後綜合自評量表和他人評判量表的結果，來確定自己的積極力量程度和特質，這種簡單量表具體如下。

請你根據他（或自己）的實際情況分別對他（或自己）在以下24個方面的情況進行評價，評價分為1～9分，其中1分為最低程度，9分為最高程度。

| A. 智慧與知識 | | | |
| --- | --- | --- | --- |
| ✦ 好奇 | ✦ 熱愛學習 | ✦ 判斷 | ✦ 心靈手巧 |
| ✦ 社會智慧 | ✦ 洞察力 | | |

| B. 勇氣 | | |
| --- | --- | --- |
| ✦ 英勇 | ✦ 堅持不懈 | ✦ 正直 |

**C. 愛與仁慈**

◆ 親切　　　　◆ 愛

**D. 公正**

◆ 公民職權　　◆ 公平　　　　◆ 領導力

**E. 節制**

◆ 自制　　　　◆ 遠見　　　　◆ 謙虛

**F. 精神力與超越**

◆ 欣賞美　　　◆ 感激　　　　◆ 希望　　　　◆ 精神性

◆ 寬恕　　　　◆ 幽默　　　　◆ 興趣

　　這種評價方法可以一次就完成，操作過程比較簡單、直觀性好，但準確率沒有第一種方法高。為了提高這種評價方法的有效性，可以請更多的第三者參與評價，或者請同一個人多次評價等。

　　當個體了解了自己的積極力量的程度和特點之後，就應該針對這種特點把自己的積極力量應用於生活的各個方面，從而使自己的生活更加幸福。當人們在生活中有意地使用積極力量時真的會造成促進作用嗎？從心理學的研究來看，這一問題的答案是肯定的，因為人的心理其實極易受到外界訊息的暗示，並做出相應的改變。讓我們來看看心理暗示的作用到底有多大。

　　在過去的實驗中，心理學透過訊息誤導，可以讓參與實驗者把路口的「停車」標示當成「讓車」標示，可以把刮鬍子的男人記成留鬍子的男人，把錘子記成螺絲起子，把米奇記成米妮，把筆直的尺子看成彎曲的……更匪夷所思的是，人們可以透過訊息引導，讓某個人回憶起他未曾經歷過的事情。比如，心理學家金伯利‧韋德（Kimberly　Wade）曾做過實驗，他偷偷捏造出20個人兒時乘坐熱氣球遨遊空中的假照片，然後對這20個人

一一進行訪問，請這些人回憶當時坐熱氣球的情景。第一次訪問時只有1/3的人回憶起了當時的「情景」，第二次訪問時差不多有一半人能夠回憶起當時的情景，到了第三次訪問時大多數人都能詳細地敘述他們兒童時代根本就沒有發生過的這件事情。這一實驗表明，人的思想和記憶具有驚人的變化性和可塑性。很好，我們再來看一個更加過癮的心理實驗，這個實驗讓你看到世界上根本不存在的東西 —— 鬼魂。

為了研究「暗示」對人的心理產生的作用，理查·懷斯曼（Richard Wiseman）和他的魔術師朋友安迪效仿19世紀的「通靈會」（和已經死去的人的靈魂溝通）製造通靈假象的做法，招募了幾批志願者來參加幾場通靈會。他們找到一個廢棄的古代監獄 —— 一個黑暗潮溼陰冷、讓人毛骨悚然的地方。漆黑之夜，扮演成通靈人的安迪把志願者帶入監獄裡一個閃著影影綽綽燭光的房間，讓他們圍坐在房間中央的大圓桌旁。坐定之後，安迪開始講述一個虛構的鬼故事，故事的主角是個名叫瑪莉的歌手，她在這所監獄裡被謀殺。為了讓大家相信這是真的，安迪展示了瑪莉生前用過的物品 —— 一個沙鈴、一個手鈴、一顆藤球。當然，瑪莉這個虛構人物的這些物品也不是真的，而是從二手市場上買來的舊貨。

展示出這些物品後，安迪叫大家手牽手，把燭火熄滅，他準備召喚瑪莉的靈魂了。燭火熄滅後，房子裡一片漆黑，由於這些「遺物」被塗上了亮光漆，在黑暗中依稀可見。首先安迪叫這些志願者看藤球，看了幾分鐘後，藤球開始騰空升起，在房間內到處飄動。等到藤球回到了桌子上，安迪又叫大家注意沙鈴，不久，這個沙鈴在桌子上慢慢滾動起來，那滾動的聲音在這死一般寂靜的夜空顯得特別恐怖。透過紅外線的拍攝觀察，懷斯曼發現，這一毛骨悚然的現象確實讓很多在場的志願者驚呆了，很多人嚇得瑟瑟發抖。其實，這些現象跟鬼魂毫無關係，只不過是魔術師安迪的雕蟲小技，可憐這些志願者都不知道安迪是個魔術師，就這樣被他騙了。製造了令人毛骨悚然的氛圍之後，安迪開始暗示大家，瑪莉已經回到房間裡了。安迪讓瑪莉移動那個又大又重的桌子，他不斷地說「做得好，瑪莉」

「把桌子再抬高點」、「桌子開始移動了」之類的話。其實，桌子根本就沒有移動過，也沒有飄起來，但是，很多志願者卻表示真的看到桌子飄動了。因為經過上面一系列的暗示和環境烘托，許多人已經相信瑪莉的靈魂確實在房間裡（註：內容中的少量語句經過了簡單修改）。

眾所周知，生活幸福是人類的終極目標。亞里斯多德就曾強調說，幸福是人類的終極目標，其自身就是目的。因此，即使正處於繁榮昌盛的社會，也應該提倡用積極的暗示，讓自信者更自信，讓智慧者更智慧，讓滿意者更滿意，讓成功者更成功。賽里格曼建議尤其在工作方面、愛情方面、教育孩子方面和心理健康方面要盡量使用自己獨特的積極力量，從而幫助自己或他人獲得真正的幸福。

## 一、工作方面

實際表明有很大一部分人並不喜歡自己的工作狀況。以美國為例，從1970年代至21世紀初，美國人的收入上升了16％，而認為自己很幸福的人卻從36％下降到29％，從這個意義上講，收入的增加並沒有同步提高員工的工作滿意感。那麼怎樣才能有效提高人們的工作滿意感呢？

賽里格曼指出，提高工作滿意感的祕訣在於經常地發揮每個人的積極力量，也就是說，人們要重新定義和安排工作，使人們的積極力量在工作中得到充分展現。在過去很長的一段時間，人們總認為自己工作只是為了獲得薪水，是為了使自己及家人能生活下去，因此人們在工作中就應當無怨無悔地去做任何事情，包括滿意的事和不滿意的事。但現在這種情況改變了，大部分人的工作已不再只是為了獲得薪水和退休金，而是有了更高層次的目的，包括在工作中發展自己或鍛鍊自己，使自己在社會中顯得有價值，能帶給自己快樂或自我實現等。也就是說，現代社會的人從事工作的一個很重要的目標，是使自己感到快樂和滿意，工作本身已經從金錢行

為開始演變成滿意行為。當然這種變化趨勢也會因具體的現實狀況不同而發生一些改變，如當工作機會變得較稀少時，滿意感就相對不那麼重要，如果每一份工作都有幾個人在搶，許多求職者也因此而變得不那麼挑剔了；當工作機會開始增多時，滿意感就會占據更重要的地位。

但總體來看，社會在逐漸走向以個體工作滿意感為核心的社會，因為現代社會的生活保障事業不斷發展，人們的生存壓力不大，所以現代社會條件下的人每天都在問自己：我真的想要做這份工作嗎？

## （一）工作認同與工作滿意感

彼得森教授舉辦的一項有5,000多名成年人透過網路參與的關於積極力量方面的研究發現，積極力量和個體的生活滿意感顯著相關，特別是24種積極力量中的希望、興趣、感激、愛、好奇等與個體自身的生活滿意感顯著相關，當這幾種積極力量的得分較高時，個體一般都具有較滿意的生活。

在提高工作滿意感的問題上，首先不得不提到工作認同問題，因為個體不同的工作認同常常制約著個體工作的滿意感。因此，儘管現代社會裡大多數人把工作滿意感作為自己選擇工作的一個重要因素，但他們的實際關注點卻不一樣。工作認同按性質的不同一般大致劃分為三類：職業、事業和天職。

職業認同就是指個體把自己所從事的工作僅僅看作一項謀生的手段。雖然個體也對自己所從事的工作感到滿意，但他所做的一切主要是為了獲得金錢或物質報酬，這種工作認同的員工的工作滿意感主要由金錢或物質報酬等因素決定。職業認同的最大特點是個體的自我並沒有投入工作中，而是游離於所從事的工作之外，是金錢或物質把自我和工作暫時性地連繫在了一起，一旦個體不能從工作中獲得自己的物質利益，他便立刻產生不滿意感，並會毫不猶豫地放棄自己所做的工作。

當把工作認同為一種事業時，個體就不太關心自己在工作中所獲得的

金錢或物質利益，而是更關心自己在工作中所取得的成就和進步（不等同於我們通常所說的自我實現，自我實現主要是價值意義上的，其層次更高）。當然成就或進步有時可以透過金錢或物質利益來證明，但事業認同的個體只是把金錢和物質利益作為其成就和進步的一個附屬品，金錢和物質本身對其工作並沒有驅動力。在現代社會中，成就和進步主要表現為個人職位的升遷、名氣和權力的擴大、地位的提高等，因此職位、名氣、權力和地位等成為影響事業認同個體的滿意感的最主要因素。理論上說，這種事業認同個體的每一次升遷、名氣的每一次擴大、權力的每一次增加等都會帶給他莫大的快樂，也就是說這些因素決定了他工作滿意感的大小。事業認同個體的最大特點是自我有了部分的投入，具體來說就是個體自我所包含的認知部分已投入了工作，而情感部分則沒有。事業認同的個體已經理解了工作背後的社會意義和社會價值，其在工作中的自主性、創造性較高，而且對工作中出現的一些厭惡性刺激也能接受。但這種工作認同還僅是一種外在支配下的自主，並沒有和個體本身的內在價值系統完全融合。如果事業認同的個體的職位升遷（或與升遷相關的權力、名氣的增大等）停止，或他在主觀上認為升遷的機會不大，他就會到其他地方去尋求自己的發展，但這種轉向相對於職業認同個體較為緩慢。

　　天職認同是一種最高層次的工作認同。個體把某一項工作當作天職時，完全是因為個體對工作本身已產生了巨大興趣，工作的意義已徹底融於自己的生活和生命，金錢的獲得和個體職位的變化已變得意義不大或毫無意義。天職認同個體的工作滿意感不再受任何外在條件的影響，而只受一個因素 —— 工作本身的控制，只要做這項工作，即使在工作中不能獲得相應的金錢或物質利益、職位得不到升遷，他也會感到滿意。天職認同的個體最大特點是個體的自我已完全投入工作之中，工作本身已成為最大目的和意義。

從社會本身的發展要求來看，如果社會能讓所有人的工作認同都達到天職認同的話，那就可以保證每一個人都能從工作中獲得盡量多的幸福。而要做到這一點，一個最基本的前提就是，讓每一個人在自己的工作中盡量多地表現和運用自己的積極力量。事實上，社會中那些和正義、生命等相關的工作必須具有天職認同，也就是說做這些工作的人一定要不考慮個人的名利得失，如法官、醫生、教師和警察等工作。因此，努力提高這些人在自己工作中的表現和運用自己積極力量的技術，就具有了很重要的現實意義。傳統意義上，天職認同常出現在科學家和社會公益活動家群體中，但實際上，只要能有意識地在自己的工作中運用積極力量，人們所從事的每一項工作都有可能昇華為天職，即使是清潔工、銷售員和收銀員等這些常見的工作也是如此。

## （二）工作中運用積極力量的技術

工作中無論面臨的是重大問題還是日常事務，只要這種挑戰與個體的能力大致匹配，從理論上說，這種工作就一定會讓人產生滿意感。但這需要一些條件，賽里格曼在這方面給出了一些建議：首先，每個人要發現自己主要具有什麼樣的有代表性的積極力量；其次，要選擇那些能夠讓你經常使用自己有代表性的積極力量的工作；最後，創造性地改造你目前的工作，直至它令你的積極力量經常得到發揮。如果你是一名雇主，請選擇那些個人積極力量與工作相契合的員工；如果你是一名管理者，請給你的員工一定的空間─讓他們在完成任務的前提下能夠自由改變自己的工作狀態。

不僅如此，工作是一個很複雜的系統，除了涉及一定的專業知識和技能，更主要的是涉及人與人之間的溝通。無論是對危機做出反應，還是制定長期或短期的工作計畫，有效溝通都是最重要的，而有效溝通主要依賴社會智慧。工作中如何運用社會智慧等積極力量來與他人進行有效溝通呢？

## 1 仔細分析溝通對象的特點

溝通對象的知識、能力、過去的生活經歷、人口統計學方面的特點、人格特點和氣質類型等都對溝通有重大的影響。例如，和外向的人進行溝通就要多講後果，而對內向的人則要多進行動機激發和行為誘導；對男性要著重內容的重點，而對女性則要著重各種細節；對生活經歷豐富的人要以諮詢的方式進行，對生活經歷簡單的人則直接告知或進行言語勸說。總之，一定要記住，良好的溝通在於向對方推銷他的利益，而不是你的內容。工作中尤其要注意，對以下三類不同的人運用不同的溝通內容和方式。

與下屬溝通時，應該確切地讓下屬知道自己與他觀點的分歧和相同之處以及原因，不要總是有上級意識，這樣容易使領導者或管理者被孤立。要努力使自己的人格得到下屬的認可，只有這樣，下屬才有可能接受上級的思想和意識，服從管理和指揮。具體來說，身為一個領導者要善於向下屬表露自己的意向和情感，也要了解下屬的意向和需求，只要不是原則性的，應該順其所意；要關心下屬的工作和生活，更多地考慮下屬的各種正當利益；要主動把重要工作交給下屬，委以重任，信任他們，並在下屬出現錯誤時能理解和原諒他們。

與上司溝通時，則要先陳述你自己的觀點，然後再陳述其他觀點，在這一過程中，既要表現出自己的正直，又要表現出對領導者或管理者的權力和威信的尊重；要清楚地了解領導者或管理者對自己的期望，並以此指導行為；一定要表現出自己對當前工作的需求、掌控和忠誠，把自己的抱怨降到最低限度，適當時候要主動尋求領導者的幫助和指導，不能抓住領導者曾經的錯誤不放。

與同行或同事溝通時，一定要努力對其他人的工作表現出一定的興趣和關心，但不要去干擾或指揮他人的工作。從理論上說，每個人在自己的工作領域都是權威，他要有控制感，不喜歡地位和他差不多的人來指手畫

腳。無論任何時候都要保持適度的禮貌和坦誠，在別人面前要保持樂觀積極的態度，沒有人願意和一個悲觀的人進行過深的交往。溝通時，要顯示出有合作的態度和能力，要以團隊的利益、群體的目標為溝通的主要內容，還要適時地真誠讚揚對方，承認他在工作中的價值。

### 2 溝通中要有自己明確的觀點

從一開始就明確表達你的觀點，以便無論是同意你還是不同意你的人都能理解你的論述。只有當對方能夠聽懂並明白你的觀點時，對方才能跟得上你的思路，太拐彎抹角地表達自己的觀點，現在越來越不被人喜歡和推崇。在表達觀點時最好透過羅列正反兩個方面的觀點，或是引用其他合理的相反建議來表明你對這一領域的認知和理解，同時也說明你已經採納了其他人的合理的可供選擇的觀點，以此來突出為什麼你的觀點是更好的。

### 3 確立並檢驗溝通目標

溝通中最好按意圖、策略、具體任務來替你的溝通目標進行分類。同時把溝通目標放到實際環境中去檢驗，檢驗主要包括：目標是否符合倫理，是否有足夠資源支撐目標的實現，能否爭取到需要配合的人的支持，是否與其他同等重要或更重要的目標相衝突，制定的目標在競爭的環境中是否能有充分的機會，目標實現後引起的後果可能是什麼等。透過檢驗可以判斷自己的目標是否需要修正。

### 4 釐清具體的溝通內容並提供合理的證據

溝通內容是由目標和任務決定的，它的載體是基本訊息，這些訊息就是陳述清楚的事實，由於不同的人對內容的需求不同，溝通內容在不同的人身上要有所調整。如當你在工作中可能需要休假一段時間，你就應當針對不同的人進行不同內容的溝通。

- 對上司：要突出工作一定不會因休假而產生影響，強調已經安排好了自己的工作，休假期間同事們會幫自己完成那些工作，在休假前以及休假後會多投入一些時間和精力。
- 對同事：要突出每個人重新安排工作計畫的可能性，強調自己的謝意以及將如何報答同事們的幫助。
- 對其他人：要突出工作中的相互體諒和幫助的重要性，強調其他很多人已經得到過這樣的體諒和幫助了。

提供證據時有幾個技術上的問題要注意，一般來說，支持你和中立的人都想首先聽到支持你目標實現的詳細論證，而懷疑和敵對的人，在他們的憂慮被充分考慮之前則不會注意你對目標的積極論證。對話題感興趣的人，想立即了解那些能夠證實目標的詳細材料，而對話題不太感興趣或不太熟悉的人，只有在溝通的後期，當他們的興趣被喚起後才會樂意對你的目標做出反應。

### 5　溝通中要做一個好的傾聽者

溝通還包含了另一個重要方面，那就是傾聽。傾聽不僅僅指聽，它更意味著你關心對方的情感，你與對方有共同的興趣。良好的傾聽很容易形成心理學上的自己人效應。為什麼很多人不太願意傾聽或在傾聽上存在問題呢？從心理學的研究來看這一方面的原因很多，如認知失調（即聽的內容和自己的實際行為或情況存在矛盾）、焦慮（即情緒不穩定）、被動型傾聽（因外在壓力而被迫傾聽）、對對方缺乏尊重、不理解傾聽的內容等。

## 二、愛情方面

儘管有調查顯示，每10對結婚的人中有3對以分手告終，但每年還是有一對對新人伴隨著浪漫的誓言而走進婚姻，「從今天開始，不論貧賤或

富貴、生病或健康，我都會愛你、珍惜你，直到死亡把我們分開。」

對於婚姻關係，正向心理學並不是去拯救那些快要瓦解的婚姻，而是使一個穩固但又比較平淡的婚姻變得更積極。怎樣利用積極力量來增強兩人之間的愛和親密關係呢？賽里格曼認為，當我們身上的主要積極力量每天都能得到發揮時，婚姻關係一定會變得更好、更積極。事實上，良好的親密關係不可能自然達到，一定需要人們有意識地去做些什麼。針對具體的方法，賽里格曼提出了以下建議。

## (一) 長期「保持錯覺」原則

剛談戀愛的人出現「情人眼裡出西施」的現象並不稀奇，但結婚幾十年的雙方其實也可以一直保持「情人眼裡出西施」的狀態。婚姻中夫妻雙方如果能持續地發現配偶的積極力量和優點，那麼就能夠減少他們日常生活中很大一部分的矛盾和摩擦，賽里格曼將這種方法稱為「保持錯覺」原則。從發現和欣賞的角度來看，滿意的夫妻在對方身上看到的是美德和力量，他們比配偶的朋友甚至是配偶的家人更能發現配偶所具有的優點，而不滿意的夫妻看到的則是對方的缺點，甚至是被放大了的缺點。從這一方面看，保持積極的錯覺能夠增進婚姻的滿意感。

從個體這一方面來講，當人的最優力量得到充分展現和運用時，內心必定充滿喜悅。尤其當配偶也發現了自己的這一力量時，人們會變得更努力，從而不辜負對方的信任。這對於加深雙方感情、穩固婚姻來說都是大有益處的。具體的操作方式如下：

首先請你對配偶的積極力量分別進行評價，填寫在下面的清單裡。

| A. 智慧與知識 | | | |
| --- | --- | --- | --- |
| ✦ 好奇 | ✦ 熱愛學習 | ✦ 判斷 | ✦ 心靈手巧 |
| ✦ 社會智慧 | ✦ 洞察力 | | |

**B. 勇氣**

✦ 英勇　　　　✦ 堅持不懈　　　✦ 正直

**C. 愛與仁慈**

✦ 親切　　　　✦ 愛

**D. 公正**

✦ 公民職權　　✦ 公平　　　　✦ 領導力

**E. 節制**

✦ 自制　　　　✦ 遠見　　　　✦ 謙虛

**F. 精神力與超越**

✦ 欣賞美　　　✦ 感激　　　　✦ 希望　　　✦ 精神性

✦ 寬恕　　　　✦ 幽默　　　　✦ 興趣

　　然後從中選出得分最高的三種積極力量填入下面的清單，這實際上就是對方有代表性的積極力量，每一種都需要列出一些具體的事件。

◆ 積極力量：＿＿＿＿＿＿＿＿＿＿＿＿＿＿＿＿＿＿＿

◆ 事件：＿＿＿＿＿＿＿＿＿＿＿＿＿＿＿＿＿＿＿＿＿

◆ 積極力量：＿＿＿＿＿＿＿＿＿＿＿＿＿＿＿＿＿＿＿

◆ 事件：＿＿＿＿＿＿＿＿＿＿＿＿＿＿＿＿＿＿＿＿＿

◆ 積極力量：＿＿＿＿＿＿＿＿＿＿＿＿＿＿＿＿＿＿＿

◆ 事件：＿＿＿＿＿＿＿＿＿＿＿＿＿＿＿＿＿＿＿＿＿

　　這兩項工作完成後，把它拿給你的配偶看，以便對方知道你發現了他／她具有的力量，並且對此抱著欣賞的態度。當然，這不是婚姻關係中一方就能完成的，他／她也需要完成同樣的任務並且反饋給你。

## （二）圍繞所發現的有代表性的積極力量來營造樂觀的婚姻

賽里格曼是關於解釋風格方面的研究專家，這使得他非常重視樂觀對於穩固婚姻的重要性。如果兩個悲觀的人結了婚，一旦相互之間發生了不愉快的事件，兩人的解釋往往會呈現螺旋式下降，越來越悲觀，最終有可能使得婚姻關係不能長久。因此，即使是悲觀的人也要盡量透過學習而使自己變得樂觀。

一個關於樂觀與悲觀的研究調查了54對新婚夫婦，並對他們進行了4年的跟蹤研究。結果是婚姻滿意度與悲觀呈負性相關，這表明只有樂觀的解釋才能提高婚姻滿意度，而滿意度的提高又促進了樂觀解釋。研究還發現，其中的16對夫婦在4年裡離婚或分居，而在這一過程中越是樂觀解釋的夫婦就越不會離婚。由此可見，樂觀對婚姻關係的維持十分有利。賽里格曼建議夫妻雙方都應該要用樂觀的積極方式去進行解釋。

例如，當配偶做了一件令你不開心或生氣的事情，請努力找一個暫時的且只針對這件事的理由，「他太累了」「他今天心情不好」「他這一次只是喝醉了」；而不要用人格特徵類的句子去描述對方，「他總是不注意聽我說話」「他是個壞脾氣的人」「他就是個酒鬼」。

又如，當你的配偶做了一件讓你很開心的好事，你就要有意地把它放大，要以永久性、普遍性的解釋方式去讚美對方，「她一直很聰明」「她總是能做得最好」。千萬不要用運氣或偶然等因素去描述，「這次只是對手不強或對手讓步了」「她今天只是幸運」。

## （三）有回應地、感興趣地傾聽對方

兩個人談話的時候，如果經常出現一個人在說話，而另一方只是在不動聲色地等他／她說完的狀況，這對維持良好的婚姻來說十分不利。對說話者而言，傾聽者的積極回應非常重要，這能讓說話者直接感受到自己是

否被重視和關心。在婚姻中更是這樣，賽里格曼指出了一些適用於夫妻交流時的傾聽技巧。

首先，一名好的傾聽者要學會使用「確認」信號。賽里格曼建議，在聽對方說話的時候應該加上「嗯」「我知道了」「我明白你的意思」等；當表示同意或者同情的時候，點點頭或用些「確實如此」「對的」「這不能怪你」等方面的語詞，這種回應十分必要。

其次，在傾聽時還要集中注意力，防止分心。如果想要在談話中集中注意力，那麼，孩子的哭鬧、必須做的家事、身後的電視節目等外部干擾因素一定要事先解決，這些外部干擾因素會讓你顯得漫不經心。不僅如此，人還要避免一些內部干擾因素的影響，如疲勞、思考其他事、厭倦，以及最常見的時時準備反駁等。如果確實存在傾聽的困難，那就應該事先跟對方說清楚「我很願意現在和你討論這個問題，可是我現在感覺疲憊不堪」「我現在被有關工作的事務纏住了」等。此外，當你的注意力帶有感情，當你特意去稱讚配偶的長處時，你便能提高自己的注意力。而要克服疲倦、想其他事這些外部干擾因素，一個很好的辦法是簡單複述對方的話，因為這需要集中注意力才行。

最後，還要調整好傾聽時的情緒狀態。當你情緒很好的時候，回應和注意會做得較好，而在情緒不好的時候，你往往會失去同情心，容易聽到對方所講的內容中的錯誤，並有可能直接反駁對方。因此，在情緒狀態不好的時候，有必要事先告訴對方「我今天實在非常沮喪」「我心情不佳」，或者提議「我們能夠等晚飯之後再談這件事嗎」等。

上述是夫妻日常談話中發揮積極力量的技巧，但這些技巧在談論一些非常敏感的問題時就不夠用了。當然，對於關係糟糕的夫妻來說，可能任何談話內容都是敏感的地雷區，一不小心就會引發爆炸。但即使是關係融洽的夫婦也存在一些敏感話題，如金錢、性以及對方的親人等。關於

夫妻雙方如何交流這些敏感性話題，賽里格曼推薦夫妻雙方可以使用「發言者 —— 傾聽者規則」（Speaker-listener Ritual）。遵循這個規則進行談話時，可能會有一個小小的儀式。開始談話時，首先讓一方手裡拿塊小毯子或者棒槌之類的東西，表明這方具有發言權。雙方要時刻記住並遵守規則，當自己手裡沒有棒槌等東西時，就只能夠傾聽，絕不能發言。當一方發言之後就把手裡的東西交給另一方，這意味著這一方在這一時刻已經把發言權交給了另一方，另一方可以發言，而這一方就只能傾聽。這種談話中一定不要一開始就急著解決問題，因為在敏感性話題中，做一名耐心的傾聽者是解決問題的先行條件。

如果你是一名發言者，你只能談論自己的想法與感受，不要談論對方的所感所想，因為你的主觀解釋和感受也許並不是對方的真實感受或想要表達的意思。也不要用類似「我覺得你很可怕」「你是個自私的人」等評價性說法，而是使用只表達自我感受的語句，例如「當你一直跟她說話的時候，我感到心煩意亂」。同時也要注意，別占用大量的發言時間來進行漫長的訴說，要經常停下來讓傾聽的一方進行必要的解釋或反應。

如果你是一名傾聽者，你對所聽到的內容不能進行反駁，不能提出解決方法，也不能有消極的肢體或臉部語言。你的任務只是聽懂對方的話，當對方要求你簡述他／她的意思時，你應該照做。當然，你也會得到反駁或表達自己的機會，當然那是在對方把棒槌等東西交給你的時候。

總之，當辦公室的壓力、學校的壓力或外界無窮盡的社會壓力闖入人們的家庭生活時，它在某種程度上就會取代或減少配偶應給予另一方的注意力，這會導致兩人之間的親密關係逐漸被稀釋。因此，需要經常有回應地、感興趣地去傾聽，因為愛在這個世界上是不可取代的。

## 三、教養孩子方面

積極力量對孩子的成長或發展也有重要影響：

首先，積極力量能顯著增加孩子的主觀幸福感。P. 思邁（P. Shimai）等人於2006年以美國和日本青少年為受試者做了一項研究，結果表明，興趣、希望、好奇和感激等積極力量與青少年的主觀幸福感呈顯著正相關。當受試者的積極力量得分越高時，其主觀幸福感的得分也相應越高。在2006年另一項經典研究中，帕克和彼得森透過分析父母對自己孩子的描述內容後發現，愛、興趣、希望等積極力量與年齡較小兒童的幸福感密切相關，而感激這一積極力量則與年齡稍大兒童的幸福感密切相關。

以大學生為受試者的研究同樣表明積極力量和個體的主觀幸福感相關聯，一項對克羅埃西亞大學生的研究發現，某些積極力量（如愛、幽默等）與人際歸屬感這一心理需求的滿足和大學生對生活意義的追求呈顯著的正相關。另外的一些研究也發現，感激和希望這兩種積極力量，會使青少年將自己的過去和未來連繫起來，從而使自己的生活具有一致性，而洞察力和智慧等積極力量則是提高個體主觀幸福感的最主要因素。

其次，積極力量有利於青少年經歷創傷後的成長。彼得森等人透過網路取樣進行了一項追溯研究（短期縱向研究）發現，積極力量有助於青少年從生理和心理疾病中恢復過來，與那些沒有從疾病中恢復的個體相比，那些擁有從疾病中恢復經歷的個體自我報告了更高的欣賞美、感激、英勇、好奇、公平、寬恕、熱愛學習和精神性等積極力量，這說明這些積極力量的干預措施將有助於遭遇生理或心理健康危機的個體更好地恢復健康，並創造更加美好的生活。還有一項與HIV疾病（愛滋病）有關的研究也發現，精神性這一積極力量的增加能減緩個體疾病病情的發展。

有趣的是，積極力量有助於個體創傷後的成長，但在另一方面，某些

創傷性事件也可能會增長個體已有的積極力量，而這一特點恰恰可以被教育所利用。如彼得森和賽里格曼在美國九一一事件之前和之後測量人們的積極力量，發現九一一事件發生之後的兩個月內，人們在感激、希望、領導力、愛、精神性和公民職權等積極力量上的得分要顯著高於九一一事件發生之前的，並且這一趨勢在九一一事件發生後的10個月仍然存在，但一年之後這種趨勢開始逐漸消失。研究者推測，經歷創傷性事件之後，人們的某些積極力量有可能會得到某種程度的增強，這說明積極力量和消極事件間的關係可能比較複雜，至於這一現象背後的原因則有待人們進一步去探討。

再者，積極力量可以顯著減少或降低青少年的問題行為。有研究顯示，24種積極力量中的多數積極力量與青少年的行為和情緒問題（如憂鬱、青少年犯罪和暴力行為等）呈顯著的負相關，而與青少年的親社會行為（Pro-social Behavior）則呈顯著的正相關。2008年，一項針對非裔美國青少年的性犯罪及藥物濫用（吸食各種毒品）的大型研究也發現，熱愛學習、好奇心和謹慎等積極力量與他們的性犯罪和藥物濫用等問題行為呈顯著負相關，即積極力量程度越高，這兩種問題發生的機率就越小。

因此，社會要致力於培養青少年的積極力量，以下發生在學校環境中的例子也許可以清楚說明有關學校培養積極力量的簡單做法。

美國首都華盛頓某所學校的一名教師給三年級學生一個作業：「一天晚上，我在睡覺。一個飢餓的吸血鬼吸食我3,652公升的血，吸食我弟弟1,865公升。這個吸血鬼那晚共吸食多少公升的血？」另一個題目：「約翰的父親給了他1,359顆彈珠，他吞下了585顆後死亡。9個朋友來參加葬禮，約翰的父親把剩餘彈珠均分給這些朋友，每人得到多少顆？」法律明文禁止青少年吸菸，他又出了一道題目：「約翰、傑克和吉姆晚飯後點了香菸，開始吐菸圈。最終，他們一共吐出6,437個菸圈，如果約翰吐52個，傑克吐3,896個，那麼吉姆吐了多少個？」

這個老師就因為給學生違背社會倫理的數學作業而臭名遠颺。

對孩子積極力量的培養，除了學校之外，家庭也是很重要的一個因素。身為父母，最快樂的事應該是幫助孩子建構起積極情緒和積極人格特質，而不僅僅是化解孩子的消極情緒或消除他的消極人格特質。從心理機制角度來看，積極情緒比積極力量或美德出現得更早，孩子一出生就會產生某些積極情緒，所以人們肯定是從積極情緒發展出個人的積極力量和美德。因此，培養孩子的積極力量可從培養孩子的積極情緒做起，要注意並鼓勵孩子積極情緒的發展，不能一直受消極情緒的吸引。因為積極情緒有利於擴大和建構孩子的各種智慧和身體資源（即積極情緒的擴建功能），這可以幫助孩子長大後獲得更好的發展，而如果一味地體驗更多的消極情緒，則會影響孩子的智慧、社會、身體的資源擴展以及資源的儲備。在這方面，賽里格曼提出了父母培養孩子積極情緒的8條主要途徑。

## （一）讓孩子和父母一起睡到1歲

在這方面，賽里格曼有著許多的切身體驗，他們夫妻和每個孩子都睡到1歲生日為止。這樣做除了便於母親哺乳外，還有很多其他益處。

### 1　更多的愛的接觸

和孩子一起睡能夠建立新生兒和父母之間強烈的愛（安全接觸），動物實驗中的印刻現象也許會部分存在於人的身上，因此和幼小孩子更多的接觸，有利於孩子獲得更安全的愛。之前的內容已經分析過，孩子由於生活能力較差，其控制感的獲得較成人一般要困難得多，而和父母睡在一起，他獲得控制感的可能性會大大提高，這使他更容易形成樂觀的人格。孩子在入睡前、半夜醒來以及早上起床的時候都能和父母進行一些感情交流；半夜需要喝奶的時候，孩子因能及時得到滿足而不會啼哭很久，這樣，孩子成長所需要的被疼愛感就能直接得到滿足。成人都希望孩子覺得

自己是被珍愛的，希望他們在進入一個新環境中相信自己會受人喜愛，就算事實並非如此，但懷有希望總是好的。

### 2　有更多的安全感

　　父母和孩子一起睡，對孩子及時和持續關注，能夠形成一種安全接觸的關係。如果孩子醒過來時父母在身邊，就會逐漸形成父母能夠信賴、自己在關愛中成長的感覺。身邊充滿愛的溫暖，不用擔心被拋棄，這些出生初期就形成的信念對孩子的成長是非常有益的。除此之外，成人也會擔心嬰兒出現一些狀況，比如突發呼吸停止或者其他一些原因可能導致嬰兒死亡的症候群，有時甚至擔心行竊者或者火災、洪水、寵物發瘋等因素對孩子可能造成傷害。如果父母在嬰兒身邊，意外情況發生的時候就能及時給予保護。

### 3　和父親一起冒險

　　傳統上一般由母親照料嬰兒，孩子對母親的依賴更深，這導致孩子總愛在母親身上撒嬌，這時候父親往往很難插入其中。如果父親和孩子一起睡，增加感情交流，則能顯著地改善這種情況。

　　即使孩子和父母一起睡是一個相當普遍的現象，但問題是多數家庭做過了頭，他們會讓孩子和自己睡到三四歲，有些甚至是到七八歲的學齡初期。這種做法導致孩子產生了更多的心理依賴，而有可能形成習得性失助。

## （二）經常玩同步性遊戲

　　賽里格曼常常和他的孩子們玩一種同步性遊戲，即大家要在同一時間模仿其中一個人的行為。這個遊戲來自賽里格曼習得性失助方面的研究，意在讓孩子知道自己的行為是重要的，他們能夠控制活動並得到自己想要的結果。同步性遊戲很簡單，也很方便，午餐後或者休息時在汽車裡都可以進行。比如賽里格曼的第六個孩子卡莉吃完午飯時，大家都等著她吃飽

後拍桌子；她拍一下，大家也拍一下；她抬起頭看看大家，然後又拍了三下，大家也一樣拍三下；她用雙手一起拍，大家也用雙手一起拍。結果這個遊戲惹得卡莉咯咯大笑，大家也玩得很開心。不僅如此，卡莉還從中學習到了她的行為能夠影響她愛的這些人的行為，她是重要的，因此有助於她積極主動地成長。

一些最簡單的玩具也可以用來培養孩子的控制感。比如積木，你可以把積木搭起來，由孩子把它推倒或者孩子自己堆再推倒；硬紙板箱可以做成房子模型，成人可以在一些沒有用的大的紙箱上開些門和窗戶，邀請孩子進去嘗試各種行為；不要的書和雜誌，可以讓孩子去撕碎等。在撕碎廢紙方面有一個研究很有趣，有人讓孩子在兩種不同條件下撕碎廢紙，一種條件是讓孩子自由撕，另一種情況則要求孩子按照預先制定的規則撕，結果發現那些按照一定規則撕碎廢紙的孩子，他們的思維靈活度和創造性都顯著低於那些自由撕碎廢紙的孩子。這說明在孩子遊戲時，大人可以參與，但大人在這裡面不能充當指揮者或遊戲控制者。也就是說，如果孩子參與的是成人完全控制的遊戲，那這種遊戲對孩子不具有任何發展作用。

當孩子玩得正開心的時候，一定不要強制讓他們停止，這會讓他們覺得自己沒有控制感。如果時間不允許，你可以提前10分鐘參與到他的遊戲中去，並且和他說「在必須停止之前我們還可以玩10分鐘」。不用擔心這樣做會過度縱容孩子的自我控制性，因為在他們小小的世界裡遇到的無助情況會比成人多很多，像尿溼褲子了，肚子餓了，想媽媽了等，這些對他們而言都是挫折。因此，多提升孩子的控制感會更有利於他們健康成長。

## （三）要控制運用消極的話語

賽里格曼一直相當關注消極詞彙與積極詞彙對孩子發展的影響。日常生活中用得比較多的「不行」和「好的」，正代表著消極與積極這兩個方

面。他建議家長在與孩子交流的時候，盡量不要用「不行」等消極詞彙來拒絕孩子的一些要求。每個人的頭腦中都有一個話語系統，這一話語系統所具有的屬性，主要源自孩子在小的時候所受到的父母話語的引導，並在此基礎上一點一滴地累積而成。對於孩子的行為和要求，家長不要因為怕麻煩而直接說「不行」，如果某種行為或要求對孩子有危險或者真的不行，也應該採取其他方式讓孩子停止或放棄。比如不懂事的卡莉想要玩弄家裡養的寵物龜，賽里格曼沒有直接說「不行」，而是守護在她旁邊並跟她說「輕一點」，或者拍拍手把她的注意力引到另一項活動上去。

孩子很容易對商店裡的各種玩具產生欲望，在他喊著「我要！我要！」的時候，家長不要直接說「不行」，可以跟他說「你還有兩個月就要過生日了，我們回去把它記下來，到時當作你的生日禮物」。這種形式除了避免使用消極話語，還能培養孩子延遲滿足的好特質。

## (四) 與兄弟姐妹的競爭

傳統心理學一般認為，大一點的孩子不喜歡弟弟妹妹，因為他感受到了來自弟弟妹妹的威脅，這種情況就算他們長到了80歲也一樣存在。精神分析心理學比較推崇這種觀點，認為小的孩子會得到父母更多的關愛，姐姐或哥哥得到的關愛相應地就變少了，因此，姐姐或哥哥的心裡就會瀰漫著悲傷、嫉妒、討厭等一系列消極情緒。在這種前提下，家庭裡兄弟姐妹間的競爭就像一場得與失的戰爭。

但正向心理學的觀點卻與之相反，認為家庭裡的情感和關愛資源並不具有逐漸耗竭的屬性，相反，這些資源是可以創造再生的，只要家長注意並運用巧妙的方法，多個孩子的家庭裡兄弟姐妹間的競爭問題就會少得多，甚至能夠增加每一個孩子的受重視感。

賽里格曼和他的妻子就很注意家庭情感資源的創造，他們的每個孩子

在出生後從醫院回到家裡時，第一個儀式就是接受姐姐、哥哥的擁抱。千萬別小看這個儀式，它會讓人產生一種愛的責任。例如他們的小女兒尼科爾剛出生回到家裡的時候，妻子曼迪就信任地把尼科爾放到當時2歲半的拉臘的膝蓋上，當然媽媽已經在旁邊做好了一定的保護措施。儘管拉臘自己也很小，很可能抱不好妹妹，但這種儀式的象徵意義很重要。事實證明，尼科爾依偎著拉臘，拉臘也非常小心地抱著尼科爾，根本沒有出現任何閃失。

每個孩子都希望自己是重要的、被信任的和無可取代的，其中的任何一種感覺遭到破壞，競爭就很容易在他們幼小的心中萌芽。當然，一次儀式或行為指導並不會立刻創造出一個愛意融融的氛圍，因此，家長要做個細膩的人，從孩子的行為中讀出他們的心思，並根據實際情況採取有效的措施。

賽里格曼和妻子帶尼科爾回家的第二天，鄰居及朋友等很多人前來探望，尼科爾被許多人抱來抱去，成為注意的焦點，而拉臘則在一邊獨自坐著，很少被人關注。第二天上午，母親曼迪在餵尼科爾喝奶的時候，拉臘走過來要母親拿一張紙給她。賽里格曼在旁邊稍微有點責備拉臘：「你沒看見媽媽正忙著餵奶嗎？你可以自己去拿。」拉臘當即流出了眼淚，轉身跑開了。下午，曼迪在忙著幫尼科爾換尿布時，拉臘又走了過來，嘴裡大聲宣告：「我討厭尼科爾」，並用力在媽媽曼迪的腿上打了一下。這時候賽里格曼和妻子意識到拉臘心理上出現了競爭，他們必須找到一個辦法來處理它。

晚上，尼科爾又要換尿布了，母親曼迪把拉臘帶了過來，跟她說：「拉臘，尼科爾現在需要你的幫助，媽媽也需要你來幫忙。」於是，曼迪把溼尿布拿下來的時候，拉臘去拿擦拭布，曼迪幫尼科爾換上乾淨尿布時，拉臘去把髒的尿布丟進垃圾桶。事情結束之後，媽媽和拉臘兩人一起洗手，儼然親密合作完成了一件大事。雖然換尿布因為有了拉臘的幫忙而花費了

相當於平時的兩倍的時間，但這一活動卻能讓拉臘感到自己是重要的，並且有一個要負責任的新身分，從而增加了她的安全感和價值感，同時也在家庭裡創造出了更多的愛意。

賽里格曼認為，孩子到達童年中期（進入幼兒園的年齡）的時候，各自最有代表性的積極力量已經開始表現出來了，有的熱心、有的善良、有的聰慧、有的擅長活動等，善加利用這些積極力量，就能很好地處理兄弟姐妹之間的競爭。比如做家事，這是最能預測孩子長大後心理健康情況的一項活動，如何合理地分配給每個孩子任務，而不讓他們發生爭執呢？基本原則就是家長要充分利用好每個孩子的積極力量。

賽里格曼的家庭是這樣分配的：拉臘心地比較善良，也很勤勞，於是負責鋪床，她常常以疊出整整齊齊的被角為傲。達里爾比較幽默、愛玩，於是負責洗碗和清理餐桌，當他把水弄得到處都是，把剩餘的食物高高地拋進垃圾桶時，他會因此而捧腹大笑，洗碗在達里爾那裡成了一件開心事。尼科爾有著和善、細心、會照顧的特質，因此由她來照顧家裡飼養的寵物──兩條年老的英國牧羊犬和一隻俄國龜，幫牧羊犬梳理毛髮、餵食物和維生素片，帶俄國龜出籠子散步並幫牠清理籠子成了尼科爾的主要任務。在自己的積極力量得到發揮的條件之下，每個孩子都會快樂地做著家事，他們之間就不會互相競爭和嫉妒。

## （五）睡前的黃金時間

孩子在睡覺之前的幾分鐘是一天當中最為寶貴的運用和培養積極力量的時間，用這一段時間來進行一個晚安之吻、一段簡短的祈禱儀式等是比較合適的。賽里格曼認為，睡前的幾分鐘對培養孩子的積極人格來說是一個極佳的時段，因為這時候的行為會成為他夢境的基礎。他提供了2種具體的方法。

## 1　最好的瞬間

　　有研究統計了憂鬱症患者和非憂鬱的人回憶中的好事和壞事之間的比率，發現憂鬱症患者的比率是1：1，即回憶內容中好事與壞事的比例大致相等，而非憂鬱症的人的比率為2：1，同時也發現，憂鬱症狀得到逐漸改善的人，回憶中想到好事和壞事的比率也由1：1逐漸提高到2：1。賽里格曼根據這個研究結果，設計了一個被稱為「最好的瞬間」的睡前儀式，即每晚睡覺之前都讓孩子列舉今天最喜歡的事情，以此訓練孩子在睡覺時發展積極思維。他認為，只要能堅持不懈，這最終一定會幫助孩子發展自己的積極力量。

## 2　夢境

　　一些科學研究的結果表明，憂鬱的成年人或孩子的夢境裡常常充滿著失去、挫敗和拒絕，也就是說，一個人夢境的基調與一個人的憂鬱程度相一致，消極的夢境常伴隨著憂鬱的發生，而積極的夢境則伴隨著更高的心理健康。賽里格曼指出，孩子入睡之前的那段時間，其腦海裡一般都滿載著各種情緒和視覺意象，這些情緒和視覺意象會成為他隨後夢境的線索。因此，在睡覺之前幫助孩子建立積極健康的情緒和視覺意象，有助於孩子獲得一個美好積極的夢境。

　　這個方法其實並不難，尤其在「最好的瞬間」遊戲之後更容易進行。首先讓孩子躺在床上，回憶一件真正讓他感到高興的事；接下來讓他對這個景象進行詳細描述，並把注意力集中在這個景象上；然後用一個他學過的積極詞語來描述或概括這個景象，在睡著的過程中一直默念這個詞。

　　比如賽里格曼的孩子達里爾曾描述過自己一個很開心的景象，這個景像是和妹妹卡莉玩遊戲。達里爾從遠處跑過來，讓卡莉用腦袋頂他的肚子，然後他在草地上跌倒，卡莉會因此而笑著尖叫。達里爾把這個情景命

名為「腦袋」。賽里格曼就要求他在入睡過程中一直想著這個詞，努力做一個跟這個情景相關的夢。

## (六) 運用正面強化

行為主義心理學的正向強化技術，對於讓孩子從眉頭緊皺變成面帶微笑的效果非常好，即當孩子面帶微笑了，他就可能會得到一個他喜歡的東西，這樣以後孩子面帶微笑的可能性就會越來越大，這種技術就叫做正向強化作用。孩子在成長過程中，基於自我存在的基因遺傳，一定會經歷一個「我要……」的要求過程，在這個過程裡，正向強化就會發揮很大作用。一定要讓孩子知道，如果他在表達「我要」的時候緊皺著眉頭，那他的這個要求肯定不能實現；反之，如果面帶微笑來提要求，那他的要求就有可能得到滿足。

但是，正向強化有時卻無能為力，因為孩子並不總是機械重複那些受到過獎勵的行為。尤其是四五歲的時候，孩子容易出現一些必須糾正但看起來又無法改變的行為。比如，賽里格曼的小女兒尼科爾就曾出現過一種不好的行為 —— 躲藏，這種行為在一段時間裡幾乎每天都有幾次，而且持續了一星期。她會在搖搖欲墜的老房子裡發現了某個壁龕後就偷偷躲在裡面，任由母親曼迪喊破喉嚨，房前屋後到處找，她聽到了就是不出來。後來有幾次母親在老房子裡找到了她，一次次責備她，但這種情況卻還是一次次地發生了。賽里格曼和妻子用了各種辦法：不對這一行為過度關注，不忽視她的存在，不再對她大聲喊叫，其他人不在她的房間裡待很久，找到她的時候不再打屁股，耐心跟她解釋藏在那裡的危險和可能會出現的問題……正負強化的技術都用盡了，儘管尼科爾自己也知道這樣做不對，這種躲藏行為還是越來越嚴重了。

最終，賽里格曼和妻子決定採用一種新辦法 —— 和尼科爾做交易。

尼科爾曾經很想要一個昂貴的芭比娃娃，他們答應等她生日再買。在離她生日還有5個月時，賽里格曼夫婦想要買芭比娃娃給尼科爾了，條件是：第一，停止躲藏；第二，母親叫她的時候要馬上過去。母親叫她時，哪怕她只有一次沒過去，芭比娃娃也要被沒收一星期。如果這種情況發生兩次，芭比娃娃就永遠送給別人。結果尼科爾高興地答應了，再也沒有出現過躲藏的行為。

賽里格曼指出，這是一種微妙的技術，前提是父母要有把握能跟年幼的孩子訂立約定，而且假設孩子是有遠見的，能夠預見自己如果再做那件錯事，就意味著不遵守諾言，同時也會失去已經得到的獎勵。不過，只有對於孩子的某一些特殊行為，當一切普通的獎勵和懲罰都不發揮作用時，才能採用這種做交易的方式。而且不能過度使用，否則會讓孩子認為這是一種可以獲得平常無法得到的獎勵的手段，因而變本加厲地出現各種行為。出於這種技術的特殊性，家長一定要注意：在孩子的整個兒童期使用這種方法一定不能超過兩次。

## （七）新年的決定

人們常常有這樣的經歷，新年時對自己說：「新的一年到來了，我一定要洗心革面，改正以前的缺點，變成一個讓自己滿意的人！」但是很快一年過去了，我們發現自己還是老樣子，過去的缺點一點也沒變地延續到了現在。不是我們不願意改變，而是這個改變過程太痛苦了，讓人無法堅持下去。

這其實正是正向心理學所關心的：如果人們新年的決定是關於改正缺點或者要求自己節制等方面的內容，則這種新年決定對愉快地開始新一年的旅途基本上毫無益處。試想，當一個人早上一覺醒來，他面前的單子上就列著一長串不許做的事 —— 喝咖啡不要放很多的糖，做事情不要輕

浮，不要賭博，不要酗酒，不要抽菸……這種情況怎麼能讓人們帶著一種積極心態去走入新的一天呢？還是讓我們來看看賽里格曼一家新年的決定是怎麼做的吧！

達里爾：「我今年要自學鋼琴。」

曼迪：「我要學習弦理論[1]，並且教給孩子們。」

尼科爾：「我要努力練習，並且獲得芭蕾舞獎學金。」

拉臟：「我要寫一篇故事投給『石頭湯』公司。」

賽里格曼：「我要寫一本關於正向心理學的書，並為之奉獻我一生中最好的年華。」

當看完這些內容，其實人們已經知道了，新年決定應該把重點放在發揮或培養自己的積極力量上。每個人都有一些缺點，但這些缺點一旦被當作人一年生活的中心（迫切要求改正缺點時，缺點就成了人生活的中心），這對生活並沒有什麼好處，新年決定應該具有導向性作用而不是限制性作用。

## 四、心理健康方面

除了以上三個主要領域之外，積極力量在心理健康領域也大有作為，賽里格曼強調心理健康要讓心理學從只專注於修復生命中的問題，延伸到致力於建立生命中的積極特質。積極心理治療（positive psychotherapy）與傳統心理治療截然不同，它不是直接將問題症狀列為干預目標，而是透過增進和培養對象的積極力量，特別是培養個體的參與感和意義感來進行干預。傳統意義上，心理學家著眼於修復問題，致力於從-10（比較嚴重的心理問題）提高到-2（有點小的心理問題），或最多只是提高到0（即緩解

---

1 （String Theory，有時也稱弦論，是當代理論物理學上的一個概念，該理論認為自然界的基本單元不是電子、光子、中微子和夸克之類的粒子，這些看起來像粒子的東西其實是由弦組成的很小的閉合圈，閉合圈弦的不同振動或運動就產生了所謂的各種不同的基本粒子）

了個體的症狀），這一過程本質上只是個症狀的緩解過程。在傳統心理治療過程中，治療師處於主動地位，病人常常是被動的，是來聽教誨的。而正向心理學上的干預不同於傳統意義上的病因尋找，它的干預著眼於對象已經具有的積極力量，致力於將人已有的積極力量從+3提升到+10。一個人的積極力量和美德不是靠他人的教育、訓練就能得到增長，而是一定要透過自我的探索、創造才能建立。

而從實際情況來看，那種以問題為核心的傳統心理治療並不能真正解決問題，如以日本的情況為例。截至2011年的年底，日本的年自殺人數已經連續14年超過了3萬人，這是一個什麼概念？這意味著在日本的國土面積上，每天大概有85個人自殺，自殺率高居全球榜首。不僅如此，日本人自殺還比較喜歡跳軌這種方式，儘管依照日本的法律規定，鐵路公司有權向繼承自殺者遺產的家屬索求一筆高達數千萬日元的賠償，但許多日本人卻還是喜歡選擇這種死了也要帶給別人麻煩的自殺方式。而且越是在上下班的高峰期，越是在乘客比較集中的中心站點，跳軌發生的機率就越高。

因此，日本政府和心理學界採取了許多措施，並專門制定了《自殺對策基本法》，成立了「自殺對策工作隊」，在全國各地設立了許多心理諮詢機構，不少民間心理組織也積極介入，自發設立了一系列的電話熱線、心理輔導中心等，但是這些措施收效甚微。

正向心理學認為，積極力量是個體心理問題的緩衝器，對個體積極力量的識別、放大能夠有效地預防心理疾病的發生，因此，必須把建設個人積極力量放在預防和治療心理疾病的首要位置。賽里格曼還提供臨床治療師們兩種利用積極力量的治療策略：第一，幫助病人逐步建立「希望」這一積極力量。希望的重要性不言而喻，賽里格曼希望心理治療師能幫助病人從暫時的、特定的和外在的角度來解釋所面臨的不幸事件，而從永久

的、一般的和內在的角度來解釋好的事件，要讓病人學會辯駁自己的不合理信念，重新建立生活信心。第二，建立緩衝力量，賽里格曼提出心理治療師不能只是使用一些技術來治療心理問題，而是更多地幫助病人找到他自己已經具有的積極力量，並在此基礎上培養其他的一些積極力量，其中最重要的有以下這些：

◆ 英勇　　　◆ 社會智慧　◆ 判斷　　◆ 洞察力　　◆ 希望
◆ 正直　　　◆ 堅持不懈　◆ 興趣　　◆ 遠見

正向心理學關於心理健康提出了一些新觀點，主要涉及以下方面。

## （一）心理健康的新標準

正向心理學認為人沒有心理疾病並不等於健康，所謂心理健康應該是指人在日常生活或從事的活動中，能不斷主動追求幸福和體驗到幸福，並使自己的能力和潛力得到充分發揮。我曾經接觸過一位婦女，有一次她在一個公開場合興致勃勃地向周圍人介紹做泡飯（即在米飯中加入一些水燒開）的技術，她講得頭頭是道，強調一定要用開水而不能用冷水燒、要放在陶瓷器皿裡等。周圍的人聽得目瞪口呆。我忍不住問她：「你為什麼會有這麼好的做泡飯的技術？」她說：「我做泡飯時就想到了我兒子吃了我做的可口的泡飯，背著書包去上學的情景。我也想到了我老公吃了我做的泡飯，再也不想到其他地方去吃了。」這個婦女在她做泡飯時主動追求了幸福和快樂，這種幸福快樂也讓她做泡飯的技術得到了不斷提升。你能說這樣的婦女的心理不健康嗎？

## （二）心理健康的前提

心理健康的人更可能稍高地看待自己，正確的自我認知不是心理健康的基本前提條件。1950年代，許多心理學家包括奧爾波特（Allport）、艾瑞

克森、馬斯洛等都認為心理健康的前提是個體能夠對自我、現實生活和未來做出準確的知覺。但美國心理學家L. B. 阿洛伊（L. B. Alloy）於1978年做了一個著名的實驗（具體內容請參閱第六章第一節），結果發現，在自我認知方面，憂鬱的人比樂觀的人更聰明，他們對自我的認知比樂觀的人要準確得多。隨後的一系列研究都證明心理健康的個體更具有積極幻想，即比真實情況想得更好一點。

在我做的一個有關家務勞動的實驗中也得到了類似的結果，我們用心理健康量表篩選出30對心理完全健康的年輕夫妻（正常人群中的前30%），然後把夫妻倆分隔在不同的房間。我們發給每一個人一張相同的表格，上面列舉了80項家事。我們要求每一個人，當這項家事在過去的一個月內如果有50%或以上可能性是自己做的，就在這項家事後面打個「√」；如果低於50%的可能性是自己做的，就不要打「√」。結果顯示，那些丈夫們平均勾了60%多，而妻子們更是平均勾了其中的70%多，夫妻倆合在一起做了130%多的家事，這說明這些心理健康的夫妻都在更積極地看待自己的價值。

## （三）心理健康的重點

心理健康的重點應是預防而不是治療。心理疾病和生理疾病一樣，一旦患上，治療是一件非常困難的事。

### 1　為什麼要重在預防呢？

其一，心理問題的病因很難確定。同樣的一種心理問題，具體的刺激因素可能完全不同，因為不同的人有著不同的生活經驗和生活環境。

其二，心理問題的病症界定、確定很困難。什麼是心理問題的病症？美國心理學家大衛·L. 羅森漢恩（David L. Rosenhan）曾做過一個實驗，他招募了8個心理完全正常的人（3女5男），然後讓他們到精神病醫院去

看病，結果這8個人中卻有7個人被認為患有不同程度的精神病，這7個人後來的住院時間從7天到52天不等，平均在精神病醫院住了19天，而且醫生開給他們很多的藥（共發給他們7個人2,100多片不同種類的藥），這說明身為心理疾病診斷的權威 —— 醫生都不能很清楚地了解什麼是病症，而什麼又是正常行為。一旦進入醫院，這7個假病人就不再表現出任何心理疾病症狀，而是像之前在醫院之外一樣正常行動，但這7個人的許多正常行為本身卻被認為是精神病的另一種症狀，而記錄在其病歷中。

最後，心理治療的效果也不是很好。心理學家博克和拉索等人在2002年的研究顯示，心理疾病中的35%的病人在吃了安慰劑後，會獲得滿意的症狀緩解。鮑爾於1996年對常用的抗憂鬱藥氟西汀進行了研究，發現藥本身的安慰作用是其治療效果的兩倍，甚至安慰劑可以強到讓病人上癮，這也成了許多騙子的一種生財手段 —— 排油、減肥藥等。其極端例子是香灰治病、仙水治病、灑中藥渣等許多民間偏方。

為什麼會產生安慰劑效應現象？最重要的是人本身的自癒能力。人類自身有一套非常強大的免疫系統，它在多數情況下可以為人抵抗外在病毒或細菌等的侵擾，在精神和心理領域同樣存在這樣一套免疫系統，人們有時也把它叫做自我防禦區（具體內容請參閱第六章第三節）。其次是人的心理體驗本身的不確定性，每個人都經常會被自己的感覺所欺騙，即人並非在任何時候都對自己的感覺有意識。再次是人要為自己的行動找到一個合理的理由，如果一個人報告自己的行為無效，這個人就可能會被他人或社會認為是愚蠢的，從而威脅到其自身的存在。

## 2 如何預防？

預防是去除問題的最有效方法，但預防和治療是兩回事，其原理和機制完全不同，正如我們要預防感冒不能採用治療的方法 —— 預先服用抗生素一樣。正向心理學關於心理預防主要推崇兩種方法：

其一是類似接種疫苗的想法，即對孩子多實行一些所謂的拓展性訓練。這就像是為孩子注射疫苗一樣，把孩子今後可能遇到的困難，以一種變形的方式讓孩子預先接受一定的訓練。其實人的生理疫苗也就是病毒本身，只不過是失去了活性的病毒，它被注射到人體後不能複製了，但能引起人體免疫系統的警覺。

其二是培養積極特質和積極力量。這是正向心理學最為推崇的，也是提高樂商的一個最重要的組成部分。就如增強人的體質一樣，人的體質一旦增強後，就能主動抗擊更多的病毒侵擾，人的心理也有心質（即心理素養），人的心質提高後自然也就能抗擊更多的心理困擾。人的心質也就是樂商的組成部分，由人的積極力量而組成。

### 3　心理治療或健康教育的實質

正向心理學認為，心理治療或心理健康教育的核心應該是幫助對象在不良心理狀態下發揮出正常的心理功能，而不應該把重點放在消除其不良心理狀態本身（因為目前根本沒有非常有效的辦法來消除這些問題產生的根源）。從過去的實踐來看，人類完全可以有效應對自身的不良心理狀態（如憂鬱等），並使自己處在這種狀態時仍能很好地表現自己。

正向心理學關於心理治療的這種想法還可以在體育運動中得到展現。冬奧會上有一個項目叫冬季兩項（Biathlon），在這一項目中，如果運動員在射擊時脫靶一次（沒有擊中目標），就必須比規定的滑雪距離多滑150公尺，這對比賽成績是致命的打擊。雖然在通常情況下，這種射擊的難度不是太大，也就是射中50公尺外的一個高爾夫球，但問題是，冬季兩項不是要求運動員在常規狀態下進行射擊，而是要求運動員在完成滑雪之後，身心疲憊的狀態下發揮出正常水準。這在一定意義上和正向心理學的心理健康教育想法一致。

# 第三節
# 道德情緒體驗與積極力量

在現代社會，通往快樂的捷徑多得令人目不暇給，我們不需要太努力就能擁有快樂的體驗，如，去看一場電影或一場NBA比賽，去吃一頓可口的飯菜等。快樂似乎來得太容易，人們可以不費力氣，不需要與生活抗爭就能得到。但人們在獲得這些快樂時，既沒有主動去控制任何東西，也沒有使用自己的創造力和積極力量，這不是真正的幸福體驗，也不能有效提高一個人的樂商。

## 一、幸福體驗的三個要素

賽里格曼和他的工作夥伴愛德華·B. 羅斯曼（Edward B. Royzman）構建了幸福的三種生活方式：第一，有樂趣的生活方式，主要以追求感官愉悅為主，如喝清甜的水、吃可口的飯菜等；第二，身心投入的生活方式，充分利用自身的積極特質和積極力量，全身心投入某種活動中，並獲得相應的物質和金錢回報；第三，追求有意義的生活方式，把自身的積極特質和積極力量投入某些非個人的事務中，並不從活動中獲得相應的物質或金錢回報。對於一個人來說，真正完整的生活方式應該包括獲得樂趣、身心投入和追求意義這三種生活方式，這三種快樂體驗的結合才是所謂的生活幸福。

2002年，賽里格曼出版了《真實的幸福》這一正向心理學的代表著作。在這本書中，他明確提出了真實的幸福具有的三個要素——樂趣、投入和意義。樂趣，通常表現為由感官刺激而獲得的興高采烈的笑臉；投入是指對家庭、工作、愛情與嗜好的投入而獲得的滿足；意義意味著發揮個人美德與積極力量，並達成超越個人的、更大的意義目標。賽里格曼指

出，樂趣其實就是一種享樂，帶來的快樂最為短暫。但太多的人卻常常以樂趣為先，以追求享樂為生活目的，而把身心投入和意義拋在了一邊。

人們在不同時刻有著不同的樂趣，同時並不會因為某個時刻有了樂趣而讓另一個時刻也產生樂趣，因為樂趣與人的感官體驗緊密相連，人們選擇了做什麼，與這一事件相關的樂趣就會自動出現在人們的感覺上。樂趣很容易增加，像一塊巧克力、一束花都可以達到這樣的目的，每個人都知道什麼會讓自己覺得有樂趣，但這種樂趣的感覺很快就會消失得無影無蹤。投入和意義則不一樣，它們並不會自動出現，而是在活動或事情結束之後才會出現，需要人們主動去理解，有時甚至需要創造才能獲得。所以，真實的幸福需要發掘生活的積極意義，深化對周邊的人和事的參與，不斷地發現各種挑戰並且積極應對，例如常懷感恩之心，無私地助人為樂，真心答謝曾經幫助過自己的人等，這些由理解意義而來的積極體驗才是真實的幸福體驗。正向心理學認為，真實的幸福體驗的核心價值主要在於它的持久度和充實感，這種積極體驗不僅可以提高人自身的生活意義，有時甚至可以提升周圍人的生活意義。

不過真實的幸福並不一定會隨著當前快樂感的增加而增長，也即真實的幸福並不完全由人的快樂感覺決定，賽里格曼給出了一個公式：$H = S + C + V$，即，真實的幸福＝快樂的基線＋生活環境＋自己控制的因素。

## （一）快樂的基線

所謂快樂的基線就是指每個人都會因遺傳而獲得一個天生的快樂閾限，不同的人的快樂閾限是不一樣的。有的人相對樂觀些，只需要一點點的積極刺激（如自己養的花開了）就會快樂起來；而有的人相對悲觀些，需要較多、較強的積極刺激才能獲得快樂體驗。另外，有的人積極情緒較多，而有的人則消極情緒較多。

## (二) 生活環境

　　生活環境主要包括金錢財富、婚姻、社交生活、身體健康以及宗教信仰等，它對於一個人的真實幸福有著一定的影響作用，但僅有部分的影響作用。若一個人只是做這些事，則有可能花了很大的力氣還不能獲得真實的持久的幸福。因此為了獲得真實的幸福，人們有必要對這些生活環境因素有一個清楚的認知。

　　對於金錢，賽里格曼曾經指出，金錢對人的重要性其實不僅僅在於金錢本身的財富特性，它還在一定程度上影響人的幸福。相對於富人而言，極度貧困的那些人群的幸福感比較低，但是一旦達到了一定的收入，擁有了一定的購買力後，當人們感到自己已經達到基本舒適（barely comfortable）的時候，超過這個程度以外的財富增加就不會再增加人們的幸福感了。在過去的50年裡，在美國、日本和法國等這些富裕國家，人們的購買力已經翻了兩倍多，但總體來說，這些國家民眾對生活的滿意度幾乎沒有任何增加。

　　婚姻也是影響快樂的一個重要因素，美國國民輿論研究中心歷時30年，透過對35,000名美國民眾的大樣本調查發現：有40%的已婚者表示「非常幸福」，但與此同時，只有24%的離婚、分居和喪偶的人表示「非常幸福」。其他類似的調查也證實了這個統計結果。婚姻能夠增加人們的幸福程度，並且不受收入、年齡等其他條件的影響，不管男女都是這樣。在賽里格曼自己的一個研究中也發現，那些非常幸福的人幾乎全部都擁有良好而浪漫的婚姻關係。但這一結果並不是婚姻本身所帶來的，進一步的研究顯示，婚姻增加的人們的幸福感是婚姻所帶來的穩定的交往、性愛等在發揮作用。如果控制了交往和性愛等因素的影響，婚姻和幸福就幾乎沒有任何關係了。

　　社交對一個人幸福的影響遠比人們想像得要大，幾乎所有覺得自己非常幸福的人都有著豐富的、令人愉快的社交生活，這些人獨處的時間最少。而那些獨處時間比較長的人，其幸福感程度要低很多。賽里格曼與迪安納曾經

合作調查了222名大學生，並篩選出幸福感最高、憂鬱感最低的10%的學生進行研究，發現這些最快樂的學生獨處的時間最少，而與親友的社交時間最長。無論根據自我報告還是朋友評定，他們在人際關係上的得分都最高。

有證據顯示，有宗教信仰的人比不信教的人有更多的幸福感，同時，他們對生活的滿意度也更高，這些人往往體驗到更少的沮喪和消沉，也更容易從挫折和悲劇中復原。賽里格曼認為，或許是宗教的這種強烈的「未來的希望」和儀式等，使人們對自己生活的世界感到滿意。

性別也是影響人幸福的一個因素，總體來看，女人體驗到的沮喪比男人高兩倍，她們會表現出更多的消極情緒，但同時她們體驗到的積極情緒也高於男人。這就是說，相對於男人，女人在悲傷的時候更悲傷，高興的時候更高興。

身體疾病因素和我們通常想像的不太一樣，按理來說，健康的人應該最幸福，但事實上，身體健康對人們生活滿意度和幸福感的影響並沒有那麼大。但有研究發現，如果疾病很嚴重時（影響到人的正常生活功能），或者一個人被多種疾病所困擾時，它就會顯著降低人們的幸福感。

智力和受教育程度也沒有顯著影響人的幸福感。儘管有一些特殊群體顯示出較低的沮喪程度（比如美國的黑人和西班牙人），但種族對幸福感的影響並不明顯。此外，氣候對幸福感也沒有影響，賽里格曼的研究顯示，生活在美國加州的人們並不比生活在阿拉斯加州寒冷冬天的人們更幸福，因為人適應天氣的能力遠比我們想像得要強大。

也許你認為上述這些因素是產生真實的幸福的主要因素，但心理學有關這一問題的研究顯示，這些因素加在一起，對人的真實的幸福也只有8%～15%的影響，這個數值事實上並不算很高。

## （三）自己控制的因素

　　對真實的幸福發揮最主要作用的是自己可以控制的因素，即一個人透過自己的努力可以做出的改變，使自己成為一個樂觀型解釋風格的人。你如果改變了過去的消極看法、當下的不良體驗以及對未來的消極期望，你的快樂程度就會不斷上升並持續很久，就能把自己的情緒導向積極的一面，從而獲得真正的幸福體驗。不過這些改變都需要付出一定的努力才能實現，只有真正的改變才能獲得真正的幸福。但很多人會有種宿命的認知，即過去的已經發生了，現在改變了又有什麼用呢？因為人的過去和現在甚至將來都有著一定的因果關係。

　　你的過去真的能決定你未來的幸福嗎？

　　對於這個問題，心理學歷史上確實大部分的回答都是響亮的「是」，而且與之相關的研究也很多。比如，有研究顯示11歲之前母親就去世了的人，他們長大後得憂鬱症的風險比別人的更大，這說明人早期的生活經驗對其後來的生活有影響。但事實上這種患憂鬱症的風險只是大了一點點而已，而且主要集中在女性身上，後來在針對這一部分女性的進一步的研究發現，也只有約一半的女性出現了這種結果。現在有更精緻的心理學研究顯示，父母離婚只對童年晚期和青春期的孩子造成一些不大重要的消極影響，而且隨著年齡的增長，這種消極影響在後期的生活中會逐漸減少。

　　現在來看，成年人的憂鬱、焦慮、毒品成癮、混亂的婚姻、憤怒等問題沒有一種可以歸因於他童年時候所發生的事。賽里格曼的態度很明確：不斷回憶人們的童年完全是在浪費時間，這只增加了現在的痛苦、未來的被動與消極。人們個人的生活幸福並不取決於他童年過得好不好，或者他曾經的境遇怎麼樣，而是取決於他現在怎樣去改變自己，是不是正在努力使自己朝著積極的方向發展。正向心理學認為，個人自己可控制的因素對自己真實的幸福的影響作用至少要超過50%，如果一個人透過努力成為一

個樂觀型解釋風格的人，那這個人在很大程度上就能獲得更多的真實幸福。

## 二、道德情緒與個體的積極力量

目前正向心理學的研究顯示，培養個體良好的道德情緒體驗，也是人獲得真實幸福的一條有效途徑。道德情緒能幫助個體全身心地投入和對道德意義理解，因為道德情緒和一個人的積極力量顯著相關，甚至許多積極力量本身就是一種重要的道德情緒體驗。

什麼是道德情緒？道德情緒是個體根據一定的道德標準評價自己或他人的行為和思想時所產生的一種情緒體驗，即道德情緒是人對客觀事物與自身道德需求之間的關係的反映。它是一種複合情緒，主要包括厭惡、移情、內疚，羞恥、共情、尷尬等。道德情緒既能促進個體道德行為和積極力量的發展，同時也能阻斷不道德行為或特質的產生和發展。從內涵上來說，個體違背道德規範時產生的情緒（如羞恥、內疚）、或遵守道德規範時產生的情緒（如自豪）都可被稱為道德情緒。

在道德情緒研究領域，心理學家早期較多關注負面情緒，如害羞、內疚和困窘等。隨著正向心理學的興起，研究者們近幾年開始將目光轉移到一些積極情緒方面，如自豪、感戴等。從過去的一些研究來看，道德情緒是道德形成機制的重要組成部分，它在個體的道德準則和道德行為間發揮著核心的調節作用。它（如自豪、感戴等積極情緒）一方面能激勵個體盡量做社會認可的事，即常說的好人好事；另一方面，它（如內疚感、羞恥感等消極情緒）也可以迫使個體停止那些不道德的行為。

具體來說，道德情緒的這種調節作用主要表現為四個方面：第一，不道德行為導致個體產生羞恥、憤怒或厭惡等道德情緒；第二，道德情緒導致個體產生行為改變，並導致個體積極力量的產生與發展。例如厭惡情緒會使個體盡量避免做令他人受傷害的不道德行為，而內疚情緒則可能導致

自我懲罰，即對不道德行為的一種自我否認；第三，道德情緒強烈地影響著道德判斷，個體能夠根據預期的情緒反應來調整自己的實際行為，因而道德情緒具有一定的道德行為或積極力量的預見性，這種預見性主要來自個體自身過去類似事件的經驗累積。第四，從道德行為的起源來看，個體早期的道德行為一定包含有某種道德情感動機。

## （一）影響積極力量形成的幾種重要的道德情緒

從一定意義上說，個體的積極力量就是一個人道德行為穩定化的結果，而每一種道德情緒都有一套與之相對應的道德行為模式，道德情緒和其相對應的道德行為是等價的。因此，透過對具體道德情緒的研究，人們就可以預測個體相應的道德行為和積極力量。

### 1 厭惡

厭惡是一種典型的道德情緒，從演化論的角度來看，它源於哺乳動物天生的食物拒絕系統，是自然選擇的結果。遠古時代的人們為了躲避致病因子的入侵而拒絕食用外表變色、觸感黏稠的食物，由此產生了厭惡情緒。後來人類進一步將厭惡情緒與動物的排泄物、腐爛的屍體等易引發疾病傳播的物體相連繫，進而推廣到了對不符合社會規範的人和行為的厭惡。隨著人類文明程度的不斷提升，厭惡不再只是一種存在於口腔的不快體驗，開始與人類的自我意識和行為表現等相關聯，即從生理厭惡上升到了心理厭惡。

如果個體自身或他人的行為違反了個體內在的道德準則或外在的社會規範，那麼個體就會傾向於將其知覺為不道德，如說謊、作弊、欺騙等行為，進而產生道德厭惡，這種道德厭惡會使個體執行某種潛在的或外顯的行為策略，如內省或迴避社會交往等。P. 羅珍（P. Rozin）等人的研究甚至發現，當告知人們某件漂亮毛衣的所有者是一個道德違背者（如殺人犯）時，幾乎所有人都不願意穿上，甚至不願意觸碰這件毛衣，而這種行為穩

定化了之後，就會形成某種積極力量。

　　羅珍等人的厭惡模型理論將厭惡按照性質的不同分為四類：第一，核心厭惡，這是一種生存性厭惡情緒，對保護個體的存在具有重大意義；第二，動物性知覺厭惡，個體避免意識到自身的動物性自然屬性；第三，人際交往厭惡，主要為了保護靈魂安寧和維護社會秩序而迴避交往；第四，道德性厭惡，個體對違反道德規範事件的厭惡。一般認為，前兩種厭惡情緒主要是一種生存性情緒，對個體的生命存在重要影響；而後兩種是個體受社會文化和認知評價作用而產生的情緒，屬於發展性情緒，對個體的積極力量的發展有重大作用。

## 2　內疚和羞恥

　　內疚也是一種道德情緒，它與厭惡、羞恥等同屬於負性道德情緒。內疚是一個人的所作所為對他人產生了傷害性的影響，並認為自己對此負有個人責任時產生的一種帶有痛苦、自責體驗的情緒。也有人認為內疚是個體出現了危害別人的行為、或違反道德準則而產生的良心上的反省，是個體對行為負有責任的一種負面體驗。

　　過去多數的心理學研究主要側重於研究實際發生的傷害性行為、或違規行為之後的內疚，但有時候內疚也會表現在儘管人們實際上並沒有做傷害他人的事情、或所作所為並沒有違反公認的社會道德規範，但如果個體自己認為自己做了錯事、或與他人所受到的傷害有間接關係，個體也會因此而感到內疚並自責，這就是所謂的虛擬內疚。從性質上說，虛擬內疚和通常意義上的內疚幾乎沒有任何差異，而它對積極力量發展的作用更大，因為它不需要在現實方面付出代價。美國心理學家M. L. 霍夫曼（M. L. Hoffman）把虛擬內疚分為四種類型：關係性內疚（relationship guilt）、責任性內疚（responsibility guilt）、發展性內疚（developmental guilt）和倖存性內疚（survivor guilt）。同時他還認為虛擬內疚是移情性悲傷與認知歸因相結

合的產物，主要受個體已有的既往經驗 (previous experience)、移情能力 (empathy related capacity)、道德程度 (level of morality) 和關係程度 (degree of relationship) 等的影響。

　　羞恥是一種與內疚類似的道德情緒，它經常伴隨著內疚的出現而出現，但羞恥與內疚間也存在著很多不同，有研究者對羞恥和內疚的關係做了如下三個方面的論述：第一，公開化和私人化對羞恥和內疚的影響有顯著差異，有他人在場時更可能產生羞恥感，而內疚感的產生則一般和有沒有觀眾或他人在場的關係不大；第二，違背社會道德將會引發個體產生羞恥感和內疚感，但如果是個人能力不夠的原因則主要引起羞恥感；第三，傷害了自我，更主要引起羞恥感，而傷害了他人則主要引起內疚感。一般認為內疚所產生的痛苦主要指向個體自己的行為，是一種以行為為導向的消極情緒體驗，一個內疚的人很可能會用某種方式來彌補被傷害到的對象，因此經常會出現補償行為或自我懲罰行為。但羞恥卻是直接指向自我，個體的負面行為或失敗被看作「壞自我」的某種反應，即指向自我（我是一個可惡的人）還是指向行為（我做了可惡的事）是羞恥和內疚這兩種情緒的核心區別。

### 3　自豪和感戴

　　自豪是人類的基本情緒之一，人們一般認為自豪是個體以個人成就為導向而體驗到的一種積極情緒，具有增強人們的自我價值感功能，其本身在一定程度上就是積極力量發展的副產品。自豪的臉部表情確實明顯區別於其他類的積極情緒（如幸福、激動等）的臉部表情，這說明自豪可能具有某種獨特的交際功能，它似乎在向他人傳達自己的成功以提高自身的社會形象或價值。但在道德情境領域，作為道德情緒的自豪主要是指個體在自己的行為已經達到或超過公認的道德標準後，而產生的一種積極情緒體驗，這種積極情緒體驗可以激勵個體在未來更加信守承諾，促進符合社會道德標準的利他行為的出現。從本質上說，自豪具有強化利他行為的功

能。個體為了構建一個積極的自我形象並贏得他人的尊重，他一般會努力成為一個好人，因而個體就會以利他的行為方式來幫助那些需要幫助的人；當個體在這些利他行為中產生了自豪情緒體驗之後，個體在今後的生活中又將會願意花費更多的時間來從事更多的利他活動，這一過程其實就是個體積極力量的發展和形成過程。

感戴或感恩是另一種積極道德情緒，同時其本身就是人的一種積極力量。從道德角度來看，感戴主要有三個方面的道德功能：第一，道德的晴雨表功能，感戴是個體對他人所提供的幫助滿意與否的一種情緒反應；第二，道德的動力功能，感戴能增加受惠者的對施惠者或其他人的親社會行為；第三，道德的強化功能，表達感戴有助於促進施惠者在以後的生活中做出更多的道德行為。從某種意義上說，感戴既是受惠者對施惠者行為的一種反應，同時也是受惠者個體自我道德行為的動力。當他人的幫助（施惠者）使個體受益時，個體（受惠者）就會出現感戴的情緒體驗。這種情緒體驗一方面提高了受惠者的心理抗壓能力和生活品質，而且另一方面也可能促進受惠者本人出現利他道德行為。所以從某種程度上說，感戴具有一定的傳遞利他行為的特點，當受惠者接受了他人的施惠並表達了感謝之後，其未來的親社會行為（如幫助施惠者或其他人等）有可能出現顯著增加，所以感戴也會促使他人發展積極力量。

## （二）道德情緒影響下，人的兩類典型行為

### 1　潔淨行為

隨著人類文明的不斷進步，人類開始超越對原始不潔物品（如人類和動物的排泄物、腐爛的屍體等）的厭惡，轉向於厭惡個體所產生的不道德的身體行為。不道德行為同樣能引起厭惡情緒體驗，厭惡情緒反過來也能阻止可能發生的不道德行為，這一循環機制提高了個體的社會適應性。功

能性磁共振（fMRI）的實驗結果也證實了這一觀點，發現不道德行為確實能使個體產生厭惡情緒體驗，並活化大腦神經網絡的某些特定區域，如丘腦、基底節、視覺皮層、杏仁核、前島、內側前額葉皮層等。在道德的這一演化過程中，人類逐漸形成了某種特定的文化模型，如那些充滿欲望（色慾、暴食、貪婪）的個體常被判斷為品格低劣，並和骯髒連繫在一起而受到厭惡，而善於控制欲望的行為或個體則被看作品德高尚而和純潔連繫在一起，這樣人類就讓道德和潔淨行為產生了關聯。

最近更多的研究證據指出，不道德的情緒體驗會使個體傾向於身體潔淨，從而產生更多的潔淨行為。如一項發表在《科學》雜誌上的研究發現，如果讓個體回憶自身之前的不道德行為，個體在單詞任務中就會更多地使用有潔淨意義的單詞，在物品偏好選擇中也會更渴望獲得與清潔有關的物品（如肥皂、洗手乳等）。隨後的研究中也發現，身體的清潔過程不僅能洗掉汙垢，而且還能洗掉個體已經形成的認知失調。研究者在隨後的研究中發現，潔淨行為會因不道德行為性質的不同而有所不同，個體說了謊話後偏愛漱口，表現出對牙刷的偏好，而做了壞事後則更喜歡洗手，更願意使用洗手乳。反之，如果個體經歷了潔淨行為，個體的道德判斷準則也就會因此發生一定的變化，如對他人的不道德行為會因此變得更寬容等。

另外有心理學家在研究中發現，潔淨行為並不一定就是發生在真實的不道德的行為之後，如果創建一個虛擬的不道德行為情景，當個體目擊了這個虛擬情景之後，個體也會傾向於進行身體清潔。總之，個體在經歷自身或他人真實或虛擬的不道德行為後，都渴望知覺或實際接觸與潔淨有關的概念和物體，這些研究結果從多個角度證實了身體與潔淨行為存在著一定的連繫。

## 2 補償行為

一般來說，個體在私人或公共場合都會非常注重自我的道德形象，並因此而獲得自我的內部價值平衡。而不道德行為會使個體對自我價值的知覺產生負面影響以及負面情緒體驗，進而威脅個體的道德同一性和內部自我價值平衡，處於這種狀態的個體會傾向於透過其他途徑來重新找回失去的平衡，即出現道德補償行為。

自我實現理論（SCT）認為，當個體未獲得滿意的反饋或未出現與自己身分相符的表現時，由於缺乏自我實現，個體會傾向於透過另外一種有效的方式來重新達成自己的目標。這個理論框架或許可以用來解釋道德補償行為，當個體出現了不道德行為之後，他會意識到這種行為威脅了個體的自我形象，這一意識促使個體開始有意或無意地增加自己的道德行為來重塑道德自我形象，這增加了的道德行為就是補償行為。反之，當個體覺得自己的道德形象很高尚時，個體就會減少道德行為（如減少捐錢的數量或減少做志願者行為的次數），有時甚至可能增加不道德行為（欺騙）。所以補償的根本目的是修復不滿意的自我道德形象，從一定意義上說，上文所分析的潔淨行為也可以被看作一種特殊的道德補償行為。

如在一項研究中，研究者要求受試者寫一個關於自己的故事，這個故事的內容必須包括主試者事先提供的一些積極或消極人格特質，結果發現那些寫了消極特質內容故事的個體捐獻得更多，即出現了道德補償行為。同樣，其他研究也發現，當個體回憶了自身的不道德行為並使用消毒液洗手後，其捐獻行為也減少了。這些研究結果似乎說明了這樣一個道理，當個體的不道德行為沒有得到補償時，他會表現更多的利他行為，而一旦透過某種途徑得到補償之後，個體的利他行為就會相應減少。

在一些特殊的情況下，補償行為還可能以自我懲罰的形式出現，特別是當個體沒有機會為自己的過錯行為進行彌補時（即有些過錯行為造成的

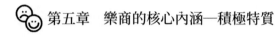

傷害是不可逆的），個體就會用自我懲罰的方式來修復自我道德形象。從本質上說，自我懲罰實際上行使了自我肯定的功能。也就是說當個體的行為違反了道德標準時，為了平衡個體的自我道德價值，個體採取了自我懲罰的方式。另外，有研究顯示，群體內個體的不道德行為會促進整個群體成員的利他行為，從而彌補所造成的損失和傷害，而對群體外成員的不道德行為卻視若無睹。所以可以這麼說，道德已經成為協調和促進集體生活的一種行為標準。

# 第六章
# 積極情緒與心理資源

珍惜自然資源人盡皆知，
珍惜心理資源卻少有認知。

與過去一味強調面對困難「要有吃苦精神」相反，現代人似乎更喜歡快樂過生活，有些人甚至認為人生本身就應該是一個快樂的遊戲。因此，現代心理學的一個重要任務就在於，幫助人們尋找到一些方法或技術，來使現代人更快樂地度過自己生活中的平淡或所面臨的困難，當然也包括讓自己生活中已經有的快樂變得更長久或者把小快樂變成大快樂。從本質上說，這一過程實際上就是提高人的樂商。

# 第一節
# 關於積極情緒

　　從生活實踐的經驗角度來看，一個人如果感覺良好，則意味著這個人發生麻煩事或危機的機率會更小，所以從這一角度來看，獲得積極情緒體驗，其實是樂商的一種重要外在表現形式。

## 一、什麼是積極情緒

　　和很多其他心理學概念一樣，積極情緒也是一個頗有爭議的概念，這種爭議主要來自對「積極」（positive）一詞的理解不同。一部分人認為積極就是一種快樂的特性，如以研究幸福聞名於世的美國心理學家迪安納和R. J. 拉爾森（R. J. Larsen）認為，積極情緒就是一種具有正向價值的情緒，是一種讓人快樂的情緒。

　　而另一部分心理學家則認為積極情緒不一定就具有正向價值，因為正向價值帶有一定的主觀標準，缺乏穩定性的內核定義，許多東西在當時有正向價值，但過了一個階段之後其正向價值也許會消失，而另外一些原來一直不具有正向價值的，則反而有可能在新的歷史時期獲得正向價值。因此，心理學家主張從操作性的角度來定義積極情緒：積極情緒指的是那些

能激發人產生接近性行為或行為傾向的一種情緒。所謂接近性行為或行為傾向，就是指產生情緒的主體對情緒的對象能夠出現接近或接近的趨向。按照這種標準，一些價值中性化的情緒就被認為是積極情緒，如，興趣是一個中性化價值的情緒，但它能產生接近性行為或行為趨向，因此，它就應被認為是積極情緒。而另外一些一直被認為具有正向價值的情緒，則被認為不是積極情緒，如，滿足、放鬆等情緒，不能引起主體的接近性行為，因此就不能被看作是積極情緒。現在看來，積極情緒概念的這兩種觀點都有一定道理，前者從功能價值上來定義，具有明顯的價值意義，易於和我們的生活常識相結合；而後者則具有操作性意義，更便於在心理學研究中得到檢驗和應用。

其實從人的實際生活來看，人如果做出一些相對開放性的動作或行為，如伸展四肢、抬頭挺胸、雙手背後等動作，一般會產生某種積極情緒體驗，即人們的心情相對會活躍一些，這也就是為什麼人們清晨起來總是會盡量把身體擴胸外展；而如果做出一些收斂性的動作或行為時，如蜷縮四肢、靠攏雙腿、低頭含胸等，一般會產生某種消極情緒體驗，所以人們睡覺時總是蜷縮起來，而不是盡量把自己的身體伸展開來（伸展身體會因為興奮而不利於盡快入睡）。

心理學研究一般比較強調概念的操作意義，這也是現在大多數心理學研究的共同趨勢，但在有關積極情緒的研究上，心理學卻一反常態，比較強調價值意義，即在一般情況下所提到的積極情緒主要是指價值意義上的，本書中的積極情緒也主要指正向價值意義上的情緒。心理學的這種觀點主要基於傳統，如思想家羅素就曾指出，積極情緒就是當事情進展順利時、或你想微笑時，產生的那種好的感受。當代積極情緒研究的一個重要代表人物弗雷德里克森也認為，積極情緒就是個人對有意義事情的獨特即時反應，是一種愉悅感受。

　　如何來測量個體的積極情緒呢？由於情緒是一種主觀體驗，因此其測量主要依靠自我報告法。這是一種比較傳統的方法，同時也是一種直接、簡單而易行的測量方法。儘管這種方法最早是來自心理學的內省，但誰能比一個人自己更了解自己的感受呢（比如我自己覺得難受得要哭而你卻說我很快樂，這可能嗎）？自我報告測量一般採用R. 李克特（R. Likert）等級評定，常用的有5、7、9級評定等，如積極和消極情緒量表。自我報告測量法有較好的適用性，它幾乎可以應用到任何研究中，如實驗研究、質性研究、抽樣調查研究等，而且這種方法所獲得的數據也很容易得到處理和分析。

　　實際上，人的主觀感覺主要依賴個體自身的報告，但這個結果一定是真實的嗎？答案是不一定，這是因為自我報告法有固有的一些不足。首先，一個人的自我感覺常常不準確，人經常會混淆自己的感覺或被自己的感覺所蒙蔽，人尤其容易受最近發生在自己身上或身邊事件所激發的情緒影響，把一個特定事件的情緒當作自己總體情緒狀態（因為情緒具有瀰漫性的特點）。其次，一個人的自我報告容易出現「實驗者效應」，個體在報告中會出現迎合社會或他人需求的心理，這也是一種所謂的「情緒從眾」效應。這些不足導致自我報告結果的信度、效度都可能出現問題。

　　除了自我報告法之外，積極情緒的測量還有一些其他方法，如內隱測量法。內隱測量法主要透過間接的方式來測量個體是否具有積極情緒，有點類似於內隱記憶的測量。這種測量方法較複雜，它並不看重受試者的直接情緒表達或對問題的直接回答，而是更關注受試者情緒表達或問題回答背後的東西。如給受試者閱讀一段對一個人物進行中性描述的文字，然後讓受試者評價此人物的情緒狀態，如果受試者對這一人物的情緒狀態描述較積極，則意味著受試者正體驗著積極情緒。還有一種方法是讓受試者學習一段包含積極情緒和消極情緒的內容，讓受試者學習一段時間後進行回

憶測試，如果受試者對其中積極情緒描寫部分的回憶更詳細、更準確，那他們就很可能處於積極情緒體驗中，反之，如果受試者對關於消極情緒體驗的回憶更具體，那就很可能處於消極情緒體驗之中。

除此之外，心理學界也有人曾利用人臉部肌肉運動的特徵，來判斷個體是否處於積極情緒狀態，有研究者甚至還概括出了一個規律，稱為「臉部活動編碼系統」。不過現在這種測量方式幾乎已經不用了，因為人們發現臉部肌肉活動的規律完全可以用一些生理特徵指標來代替。一般來說，情緒狀態會引起個體的生理產生某些波動，因此，測量生理指標方面的明顯變化就能明確受試者的情緒狀態。目前所測量的人的生理指標主要有心率、血壓、血糖、呼吸、皮膚電阻、肌肉緊張度以及腦電變化、腦神經化學物質變化等。心率變化是情緒測量研究中的一個最重要的生理指標，有研究發現，被要求對情緒刺激進行誇大反應的受試者，常會在行為上顯示出更多的喚醒，並出現心率加速。皮膚電反應的情況也是當前情緒研究中的另一項重要生理指標，在一般情況下，皮膚電流運動具有一定的電阻參數，當情緒出現變化時，個體皮膚內血管收縮的變化和汗腺分泌就能引起皮膚電阻出現相應的變化，因而研究者就能透過了解這種變化來把握受試者的情緒狀況。

當然，把個體的生理指標檢測和前面提到的三種測量方法相結合（如利用多道生理紀錄儀、ERP等設備來同時檢測受試者的心跳、血壓、皮膚電和腦電波等一些生理指標），這樣的測量應該是比較完美的，但在心理學的實際研究中，這樣做的情況目前還比較少。

## 二、積極情緒的價值意義

第二次世界大戰之後，大多數經濟發達國家的經濟增長並沒有相應提高民眾的心理健康。儘管心理學研究顯示，只有當人們的基本需求得到滿

足時，包括主觀幸福感在內的心理健康才能得到顯著改善，但問題是心理健康並不是人類基本需求得到滿足後的一個自然產物，它的提高也需要必要的技術和一定的社會條件的支撐。

正向心理學的研究顯示，增進民眾積極情緒體驗是一種簡單且行之有效的方法，它不但能有效預防民眾出現心理問題，提高民眾的社會適應性能力，而且能高效化解民眾的各種生活矛盾，改善民眾的行為方式，最終達到可持續地改善民眾生活幸福感的目的。

不僅如此，積極情緒也能有效提升民眾的主觀幸福感。主觀幸福感是專指評價者根據自定的標準，對其生活品質所做的一種整體性評估，它是衡量個體生活品質的一個重要的綜合性心理指標，同時也是個體心理健康的最主要組成部分，主觀幸福感主要包括生活滿意度（認知方面）、積極情感和消極情感（情感方面）三個部分。

生活中我們經常能看到這樣一種人，社會已經為其解決了一切問題，但他卻依然有許多抱怨，抱怨生活的不滿意、工作的不舒心等，這是為什麼呢？有研究者透過跨文化的研究發現，相比於消極情緒體驗的減少，積極情緒的增加與民眾的主觀幸福感之間表現出顯著的相關性。由此可以得到結論，僅僅依靠傳統的消除消極情緒不良影響的方法來提升民眾的主觀幸福感是遠遠不夠的，這種方法所帶來的作用也是有限的。社會不僅要解決民眾的各種問題，更要致力於提高民眾的積極情緒體驗，從而豐富各種社會和心理資源。這就是說，幸福的人們之所以更快樂，並不是簡單地因為他們感到更好，而是因為他們發展了更豐富的生活資源。

此外，積極情緒還能有效改善民眾的行為方式。積極情緒能促使個體充分發揮自己的主動性，使個體對自己的認知更全面、更準確，並因此產生多種思想和行為，尤其是產生一些創造性或創新性的思想和行為，而這些思想和行為也更容易遷移到生活的其他方面。

## 三、積極情緒擴建理論

心理學早期認為積極情緒會使人的認知出現偏差，所謂「快樂的人更可能會是個傻瓜」。最早提出這一觀點的是美國著名的實用主義理論先驅查爾斯‧桑德斯‧皮爾士 (Charles Sanders Peirce)，他在 1878 年提出，人的意識的一切功用都在於解決疑惑，在我們日常沒有疑惑或者在進行積極體驗的時候，人的意識是不工作的。也就是說，只有當人面臨某個問題以及由此產生消極情緒體驗時，人才會啟動自己的意識去分析問題，消極情緒才促進了人的思維。

儘管皮爾士是從哲學的角度來提出這一觀點的，但 100 多年後，兩個心理學研究者阿洛伊和艾布拉姆森卻用現代心理學實驗證明了這一觀點的正確性。阿洛伊和艾布拉姆森根據貝克憂鬱量表 (Beck Depression Inventory) 的得分高低篩選出兩組大學生，一組是較憂鬱的，另一組是非憂鬱的，然後讓大學生在一個時間段內對電燈的點亮與否不具有完全的控制權，即他們按一下電燈開關，燈有時會亮，而有時卻不會亮。在這個實驗中，研究者為這些大學生分別設置了 25％、50％ 和 75％ 的控制機率，然後讓這些受試者評估自己對剛才這樣的情境的控制力有多大。實驗結果顯示，那些憂鬱情緒得分高的學生對自己的控制力有著清晰的認知 (即在能控制的情境下認為自己有控制力，在不能控制的情境下認為自己沒有控制力)，而憂鬱情緒得分較低的學生即使在自己完全不能控制的情境下，依然會認為自己有 35％ 的掌控力，即具有積極情緒體驗的受試者存在盲目的樂觀，這說明消極情緒狀態可能更有利於人們對自我與環境的關係產生正確的認知。這就是「結果接近效應」或「消極實在主義」。

之後的一系列研究似乎也都證明了這一觀點的正確，如海德‧布魯斯 (Headey Bruce) 等人在自己的研究中發現，80％ 的美國人會認為自己的社交技能處於全部美國人的平均線之上，而實際上這永遠也不可能。溫斯坦

在研究中也發現，近80％的大學生在自我評估時，會認為自己比同伴更能幹、更聰明。研究者們在解釋這一現象時都認為人在自我評估時存在自我價值保護，而自我價值保護可能源於情緒，因為這個世界消極情緒占優的人畢竟是少數，也正是因為多數人不具有消極情緒（太樂觀了），在評價中才會出現這一偏差。

當這一系列研究出現之後，另一些心理學家則對此持不同的看法，他們認為具有積極情緒體驗的人只是對將來的可能性持一種樂觀態度，如在阿洛伊和艾布拉姆森的實驗中，這些大學生受試者也許意識到即使自己現在不能掌控情境，但過一下子（將來）也許就能掌控了，因此他們才會認為自己有35％的控制力。而具有消極情緒體驗的人則對將來的可能性持懷疑態度，這使得他們對將來比較謹小慎微，只能就事論事。美國猶他大學的I. G. 阿斯平沃爾（I. G. Aspinwall）做了許多相關的研究來證實這一假設，他發現具有積極情緒體驗的人其實比具有消極情緒體驗的人在實際的生活策略上要做得更好。

例如他的一個研究記憶的實驗，他在實驗之前先發一包糖果給一組愛喝咖啡的受試者（用以激發這些受試者的積極情緒體驗，這一方式目前在情緒研究中已經被證明是一種有效手段），而另一組愛喝咖啡的受試者則不做任何處理，然後分別讓兩組受試者閱讀關於咖啡因和乳腺癌關係的醫學文章。一週後對這些受試者進行回憶測試，結果發現具有積極情緒的受試者（拿到糖果的受試者）對文章中患癌症等關鍵資訊記得更清楚。除此之外，還有許多心理學家也做了類似的研究，都得到了和皮爾士觀點相反的結果。如有研究發現積極情緒會使人更具有創造性，也有研究發現積極情緒會使人更有親和力，而那些更多積極情緒的人賺錢也比那些較少積極情緒的人多，如果一個人沒有良好的認知，又怎麼可能在這個世界賺到更多的錢呢？於是有關積極情緒擴建的理論就被學術界提了出來。

　　積極情緒擴建理論是由弗雷德里克森於1998年提出的，弗雷德里克森也因提出這一心理學理論，而於2000年獲得第一屆坦普爾頓正向心理學獎的一等獎，獎金為10萬美元。積極情緒擴建理論認為，積極情緒能擴建個體即時的思想或行為資源，並在此基礎上幫助個體建立起持久的個人發展資源（包括身體資源、智力資源和社會性資源等），這些資源趨向於從長遠的角度，用間接的方式帶給個體各種利益。

　　具體來說，積極情緒能促使個體充分發揮自己的主動性，使自己的認知更全面、準確，並因此而產生多種思想和行為，尤其是能產生出一些創造性或創新性的思想和行為，而且這些思想和行為也更容易遷移到自己生活的其他方面。如滿意也是一種重要的、特徵明顯的積極情緒，它在促使個體盡情享受當時生活的同時，還能促使個體把自己的這種生活體驗遷移到對自我與對周圍世界的看法上；愛是一種產生於安全和良好關係基礎之上的，由多種情緒（高興、興趣和滿意等）成分組成的積極情緒，它會不斷地重現我們的愛意以及我們對所愛對象所做的一些行為，並能把這些思想和行為遷移到其他方面。

　　弗雷德里克森曾用一個圖來形象地展示「積極情緒擴建理論」的作用過程，她特別提到，這一過程是一個螺旋式上升的過程，也就是說，個體每一次的積極情緒體驗都會使個體原來的思想或行為模式上升到一個新的高度。如圖2.1所展示的就是個體從產生積極情緒，到改變自己原來的思想和行為模式的全過程。

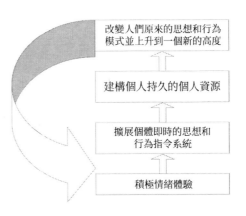

圖 2.1 積極情緒擴建理論

　　弗雷德里克森提出積極情緒擴建理論之後，許多心理學家開始用實驗來驗證這一理論的正確性。如有研究者發現個體在積極情緒狀態下，視覺注意的廣度更大、認知活動範圍更廣、流暢度更高、靈活性更強，在人臉識別上也較少出現「自我種族偏愛」現象，也就是說，具有積極情緒體驗的個體對其他種族的人臉具有更高的再認程度（即認知能力提高了）。W. M. 米利等人的研究則表明，當受試者處於較高的感恩、寬恕等積極心理狀態條件時，他們的認知執行功能程度也較高，如目標定位、自覺行為等都會得到提高。E. L. 希爾等人的研究也證明，積極情緒體驗能使個體更全面地了解自己所面臨的任務，從而保證個體在特定的情境任務中能做出最有效的反應。積極情緒擴建理論在近一兩年又獲得了更多實證研究的支持，有研究甚至還發現動物似乎也有這一特點。

　　不過驗證積極情緒擴建理論的真正經典實驗還是來自弗雷德里克森和同事C. 布蘭尼根等於2000年做的一個心理學實驗。他們選錄了一些含有喜悅（joy）、滿意（contentment）、害怕（fear）和憤怒（anger）等情緒鏡頭的影片，同時為了進行比較，研究者還準備了一組不含任何情緒鏡頭的影片（如介紹一張椅子是怎麼做成的），每組鏡頭持續的時間為15分鐘。當5組受試者分別看完這些影片後，受試者被要求回憶剛才的影片情景，以此來確保受試者能沉浸在與影片相同的情緒體驗中。然後讓受試者在早已由主試者預先列出的20條「我想要……」的橫線上填上自己當時的真實想法，受試者這時候想到什麼就可以填什麼。在對受試者的結果進行統計後發現：在喜悅情緒狀態下，受試者列出了14.4條；在滿意情緒狀態下，受試者列出了13.5條；在害怕情緒狀態下，受試者列出了9.8條；在憤怒情緒狀態下，受試者列出了8.5條；在沒有任何積極或消極的情緒狀態下，受試者則列出了11.9條。

　　這一實驗結果正符合了弗雷德里克森的假設：積極情緒能擴建個體的行

為或思想，而消極情緒則能縮小個體的行為或思想。而且這一實驗結果還表明，積極情緒和消極情緒本身的不同強度（也即喚醒程度的高低）對個體行為或思想的擴建、縮小功能也有著一定的影響。對積極情緒來說，強度越大，其擴建功能就越大，對消極情緒來說，強度越大，其縮小功能也就越大。

另有一些研究者則從積極情緒幫助個體建立起持久的個人發展資源（包括身體資源、智力資源和社會性資源等）這一角度出發，他們發現積極情緒體驗能使個體從消極情緒體驗中迅速恢復過來，也就是說，個體在積極情緒體驗中建構起了較好的個人發展資源，這些資源能消解消極情緒體驗所造成的不良影響。這一研究具有很大的應用價值，例如一個身患重症的病人如果能經常獲得積極情緒體驗，那這些情緒體驗無疑會對其身體康復產生很好的促進作用，因此，鼓勵家屬經常去探望病人、經常送些鮮花給病人或做些可口的飯菜等就有了心理學依據。

同樣，有研究者研究了社會志願者的積極情緒體驗和其行為的關係，結果發現，志願者的行為和其積極情緒體驗有較高的相關性，積極情緒提供從事志願活動的心理資源，志願者如果缺乏積極情緒，那他的志願行為將會終止或消失。

## 四、如何增進人的積極情緒

增進積極情緒其實是一個很重要的提升幸福感的途徑。人的幸福感主要有三個組成部分：較多的積極情緒體驗、較少的消極情緒體驗和較高的生活滿意度，所以人們可以透過減少消極情緒體驗來增加自己的幸福感，同時也可以透過增加自己的積極情緒體驗和生活滿意度來提升自己的幸福感。

增進積極情緒的過程其實就是一個情緒調節過程，社會經濟不斷發展，有關人自身的各種問題也經常隨之出現，而在這些問題中，情緒問題

是人面臨的常見問題，學業壓力、就業壓力、婚姻信任危機、人際關係不良等都有可能導致各種情緒問題。有些情緒問題程度相對比較輕，時間就可以讓它自然消失，但另外一些程度比較嚴重的情緒問題則會困擾人們的日常生活，因此，有意識的情緒調節就顯得尤為重要。

日常生活經驗告訴我們，不良的情緒調節會影響個體的身心健康，並有可能危及其正常的社會功能；而合理的情緒調節則不僅有助於保持身心健康，還能提高個體的社會應對技能。如一項研究發現，成功的情緒調節能夠幫助個體產生積極的生理喚醒，從而提高其應對生活問題的能力。而調查臨床憂鬱症和非憂鬱症受試者運用不同情緒調節策略的情況，結果發現憂鬱患者具有較少的情緒調節策略。

什麼是情緒調節？對於情緒調節的界定，雖然很多學者都曾致力於對其做出一個明確且統一的定義，但這一努力至少到目前來看似乎仍然是徒勞的，現狀是不同的研究者有不同的看法和見解，可謂眾說紛紜。如有研究者認為情緒調節是個體對自己所產生的情緒的認知及體驗施加影響的過程，同時也包括影響選擇如何表達自己情緒的過程。也有人則認為情緒調節涉及改變相關的、已被激發的情緒，包括改變情緒本身（如情緒強度、忍耐度），並改變個體其他的心理過程（如記憶、社會功能等）。

另外有一些學者則認為先前對情緒調節的定義探討過於籠統，以至於操作性不強，從而增加了情緒研究的困難性。因此，這一部分學者試著從操作性角度去重新探討情緒調節的定義，即從調節行為是由外部因素還是由內部因素影響所致，這個全新的角度來定義情緒調節，這種界定主要側重於描述情緒調節的幾個重要特點。這些特點主要包括：

- 情緒調節應該是源於外部行為者對個體所產生的影響，調節過程由個體自身完成。
- 情緒調節所導致的行為調節，相對於行為本身應該是無意識的。

● 情緒調節所導致的行為調節，相對於其他行為具有更多的自發性而非控制性。

總體來看，這種側重於描述情緒調節特點的界定方式儘管不全面，也不十分準確，但它具有明顯的操作性，便於開展學術研究，因此這種界定方式目前在學術界比較流行。

## （一）情緒調節策略

情緒調節還是要落實到某種行為方式上，因此它具有操作技術上的差異，目前心理學比較認同的情緒調節策略主要是美國心理學家詹姆斯·J. 格羅斯（James J. Gross）等人歸納的兩種調節策略：認知重評（cognitive reappraisal）和表達抑制（expression suppression）。這兩種調節策略都是應對消極情緒的，其作用在於減少個體已經有的消極情緒體驗強度，而使自己變得相對更開心一點，所以這兩種情緒調節策略也叫做消極情緒調節策略。

認知重評策略屬於先行關注式情緒調節策略，它是指透過改變認知這一因素來使個體對所發生的情緒事件做出新的、不同於尋常的理解，從而改變個體自身相關的情緒體驗，並緩解負面情緒。也就是說，它是在個體認知參與的情況下，對情緒性事件進行合理化解釋的過程，如對某事件的發生原本感到非常憤怒，但是透過重新定義該事件，並在此基礎上改變了對這一事件的理解（改變認知），最終自己的憤怒得以消失（調節了自身情緒）。

有一天，聖雄甘地出門坐火車，當火車剛開動時，他一不小心把自己穿著的一隻鞋子掉在了鐵軌上，而恰恰這個時候，火車轟隆隆地開動了，他絕對不可能下車去撿回那隻鞋了。當火車上的其他乘客都在為甘地掉了一隻鞋而焦急和惋惜時，甘地卻忽然彎下身子，把自己腳上的另一隻鞋子

脫下來，並扔到了剛才那隻掉下去的鞋旁邊。車上所有的乘客都不理解，覺得他的舉動非常奇怪，於是有一個人就問甘地：「先生，你為什麼要把另外這一隻鞋也扔下去呢？」甘地看著火車窗外的那雙鞋笑了笑說：「我要是不扔掉我腳上這隻鞋的話，那這雙鞋就沒有用了，那樣我會遺憾的。現在這樣的話，那個撿到鞋子的人就可以擁有一雙完整的鞋子穿了，我的心情也會因此而好一些。」對於掉了鞋這件大家都認為不好的事，甘地卻換了一種新的解釋，把它解釋為「做了一件善事」，因而其情緒也就相應地發生了變化，由消極變為了積極。

表達抑制策略則屬於關注反應的情緒調節策略，它透過調動自我控制的能力來抑制將要發生的或者正在發生的情緒行為，即透過壓抑自己的不良情緒來調節或防止情緒性行為的發生。如面對某事件所引起的憤怒情緒，個體透過壓抑來控制自己的這種憤怒情緒的爆發，由此而避免了由情緒事件而引起的不良後果。比如上文中甘地掉了一隻鞋，多數人在這種情況下都是強忍心中的難受。

一般來說，選擇什麼樣的情緒調節策略存在明顯的個體差異，格羅斯在相關的研究中發現，選擇認知重評策略的個體更可能擁有或傾向於表達更積極的生活態度，平時擁有的積極情緒較多，他們在人際關係處理中傾向於和他人合作來共同面對挑戰，這些個體常常有良好的人際關係。

而選擇表達抑制策略的個體相對更喜歡抑制自己的情緒體驗，不管是積極體驗還是消極體驗，這些個體都不願意與人分享，這些個體的人際關係相對會差一些。薩拉‧吉蘭德斯（Sarah Gillanders）等人於2008年對腎透析患者的研究就表明，認知重評策略有助於減輕患者對手術的焦慮，選擇這一策略的患者更容易接受自己患病的事實，其主觀幸福感較高；選擇表達抑制策略的患者則正好相反，他們患病時期的憂鬱顯著增加，而主觀幸福感和社交欲望則出現了顯著降低。

後來的一些研究結果也進一步證實，認知重評策略能有效幫助個體產生積極的情緒體驗，提高其生活品質和心理健康，並最終有利於個體自我人格的持續完善；而表達抑制策略並不是一種最理想的情緒問題處理策略，它主要透過壓抑使個體的消極情緒無法直接宣洩出來，壓抑過程會消耗個體更多的認知資源。從理論上說，壓抑的情緒越多，個體的心理調節能力就會越弱，其心理健康也會相應降低。

## (二) 積極情緒調節策略

積極情緒調節策略就是所謂的品味策略，品味策略主要包括兩個方面。

### 1 行為層面策略

行為層面策略包括：第一，和他人分享。好東西與他人分享時，會使分享者獲得更好、更長的積極體驗，當個體面臨積極事件時，如果透過一定的合理方式與他人分享，這同樣也會增加自己的快樂體驗。但這裡要注意幾個技術問題，像是分享的對象和分享的方式，一定要針對不同的對象採用合理的分享方式，否則有可能適得其反。第二，沉浸專注。指人們在做一件快樂的事情時要全心全意地投入，這樣才有可能使自己獲得更多、更久的快樂。現在有一種很不好的現象，如人們去餐廳吃飯，儘管餐點可口，但很多人卻總是時不時地翻看自己的手機，總怕自己會錯過什麼重大的事情，這是一種很沒有品位的行為。第三，行為表達。一旦有了好的情緒體驗或好的事件，一定要做出相應的行為表達，愛你的朋友就要說出來並做出相應的行為，這樣才會使自己的快樂體驗更美好。

### 2 認知層面策略

認知層面策略包括：第一，對比（跟自己或他人）。當個體面臨好的事件時，為了昇華自己的快樂，可以採用多種方式進行比較，這個道理其實很

簡單，如糖在和酸的東西進行比較時會更甜。第二，感知敏銳。當個體面對積極事件或快樂體驗時，要充分調動自己的各種感知器官，這會使自己獲得盡量多的快樂體驗，如泡茶就是一種典型的感知敏銳，泡茶過程涉及很多沖泡的基本用具，有茶爐、茶壺、蓋碗、茶杯、茶洗盤等，這些使得人的各種感覺器官都參與了泡茶。第三，建構記憶。即人們在構建一個記憶時，一定要以好的事件（或事件的部分）作為回憶整個事件或過程的提示線索。第四，激勵或獎勵自我。不能把自己生活中好事件的發生當作一種自然事件（認為是天經地義必然會發生的或命運安排的等），要強調自己的努力和長處在其中所起的作用，並在此基礎上激勵和獎勵自己。第五，當下意識。強調現在的感覺而不是念念不忘過去那些痛苦或曾經的磨難，練習正念會使自己變得更輕鬆，這是一種幫助自己集中於當下且值得一試的好方法。第六，細數幸運。即經常（最好是每天）回憶一下自己生活中的小確幸，多數人都是普通人（平民百姓），不可能總是去做驚天動地的事，人們如果能有意地去注意自己生活中的那些好的細緻小事，這會使人們的生活更快樂。第七，避免扼殺愉悅的想法。除非是真的發生了很大的消極事件，否則不要總是自己嚇自己，生活中有些人過於謹慎，即使在面臨好的事件時，也總會時時刻刻用虛擬的危險或消極來提醒自己（所謂的不要樂極生悲），這種做法在特定的工作環境中也許很有價值，在生活中卻大可不必如此。

## （三）影響情緒調節的因素分析

在社會活動中，每個人都會遇到並處理複雜的情緒問題，合理的情緒調節是適應社會生活的一種必要的心理技能，了解影響情緒調節的因素，形成合理的情緒調節策略，有利於提高我們適應社會的能力。而影響情緒調節策略形成的因素既有先天因素，同時也有後天因素。家庭環境是我們最早接觸，也是兒童時期社會化的重要場所，父母的教養方式是家庭環境的核心，因此教養方式對情緒調節策略的形成影響重大。2004 年，南希·

艾森伯格（Nancy Eisenberg）等人研究了權威專制的家庭教養方式對7～10歲孩子的控制、調節憤怒、失敗感情緒等社會功能的影響。家庭教養方式主要透過父母自我陳述報告來獲得，孩子的情況則由父母、老師、同伴等他評方式獲得，研究結果表明，權威專制型的家庭教養方式，導致孩子的情緒控制調節能力比一般教養家庭的要低得多，且不能夠運用認知重評或是表達抑制來調節自己的情緒，其相應的社會功能也不能很好地實現。

同儕也是影響個體情緒調節過程的一個重要因素，學校同齡人的行為，對情緒調節策略的形成有一定的影響。如崔西·L. 斯賓拉德（Tracy L. Spinrad）等人對孩子進行了兩個學期的連續觀察，結果顯示，同伴之間隨著所處的時間越來越長和關係的進一步加深，其情緒調節策略出現了很大的相似性。

另外，文化差異也可能對個體情緒調節策略的形成有很大作用。格羅斯等人為了驗證情緒壓抑可能與社會負面結果有關，選取了史丹佛大學的不同文化背景的女志願者進行實驗研究，結果表明了不同文化背景下的人，會受文化價值的影響而採用不同的情緒調節策略。總體來看，具有明顯集體主義文化傾向的個體，更喜歡選擇表達抑制策略；而具有明顯個體主義文化傾向的個體，則更喜歡認知重評策略。另外，格羅斯等人在1997年對127名年齡不同的受試者進行了情緒調節方面的研究，從年齡分布情況來看，年齡大的受試者情緒控制調節能力顯著好於那些年輕者。除以上這些之外，現在的研究顯示，人格特質、記憶力、遺傳等先天因素對情緒調節能力和策略使用差異均有一定的影響。

人們也許無法控制先天因素的影響，但對於後天的環境因素，人們可以透過不斷研究，影響情緒調節策略的各種因素的形成機制及其規律，透過避免或改變某些影響不合理情緒調節策略形成的環境因素，來幫助個體形成良好的情緒調節策略，這一主題也成為心理學應用的一個重要研究方向。

## 五、積極情緒增進要注意的幾個主要問題

### （一）著重發展預防技術

　　預防對民眾的心理健康有著非凡的作用，預防可以減少或消除引起心理疾病或不良行為的危險因素，也可以增強個體及其生活環境的保護因素，而這些將有效防止人心理和行為問題的產生。

　　社會應盡可能把各方面力量結合起來，並提供綜合的一體化心理健康服務系統，這樣有助於盡早對潛在的問題實施干涉，從而提高對象的心理健康。人們必須意識到，僅僅對心理存在問題的患者實施常規的預防是遠遠不夠的，預防是為了減少個體發生心理障礙的可能性，如果只是在較小範圍內對某種具體的心理問題進行預防，那預防的效果就會很小。預防必須針對全體，只有把預防看作提升個體積極心理健康的一種基本方法，預防才能在更大範圍內產生干預效果。

　　實際上，在上文我們已經知道，積極和消極之間的力量是不均衡的，同樣強度的消極的力量要遠遠大於積極的力量，如果消極的東西已經產生，人們必將要花三倍的力量才能解決問題。所以，在問題產生之前進行預防是一種既經濟又有效的做法。

### （二）著重提高窮人或弱勢人群的積極情緒體驗

　　和水桶效應相類似，一個社會整體的心理健康取決於這個社會窮人或弱勢人群的心理健康，只有窮人或弱勢人群的積極情緒提升，這個社會才能被稱為幸福社會。

　　弱勢群體主要是由於社會原因而陷於弱勢地位，具體來說，就是在特定的歷史和文化背景下，社會經濟地位相對低下的人群。因此，社會應當側重從社會支持角度來應對弱勢群體的心理問題。一般而言，由於弱勢群

體經濟生活狀況惡劣、生存能力低下，他們處於社會和經濟的底層，容易產生自卑、冷落、孤獨，甚至是封閉的心理。因此，社會不僅要適時地制定和貫徹落實有利於弱勢群體境遇的政策，而且要動員全部社會力量從輿論上關心弱勢群體，對弱勢群體進行積極、正面的宣傳，形成有利於增進弱勢人群積極情緒體驗的良好社會氛圍。

社會尤其不能片面宣傳、強化強勢群體的消極價值觀，並把這種價值觀再反過來強加給弱勢群體，如對高檔消費品的過度宣傳，對物質享受的過度描述等。社會應制定覆蓋面廣泛的身心保障制度，深化窮人或弱勢人群對積極情緒體驗的認知和追求，引導他們學會自立、自尊、自強，最終增強其改變自己弱勢地位的心理和能力。

## (三) 著重關注民眾在創傷性事件及災後的積極情緒體驗

一場大的災難，除了造成物質損失之外，它對人的心理也造成巨大的負面影響。一般而言，多數當事人在經歷了災難性事件之後，會產生一定程度的心理健康障礙，而且這種障礙還有可能會持續很長時間。例如，1988年蘇聯亞美尼亞和2005年印控喀什米爾地震後的倖存者都出現了一些心理問題，如創傷性應激障礙和憂鬱症等，對這些災後倖存者心理干預的經驗表明，災後以增進積極情緒體驗為核心的心理救助工作，能有效預防和改善心理障礙發生的可能性。

上文提到，積極心態和積極情緒可以撤銷和恢復消極情緒對身心造成的不良影響，從而提高個體應對和緩解心理壓力的能力。在創傷性事件及災後的心理援助中，手語操、語言暗示、音樂冥想療法、激勵性標語等都已被證明可以有效提高對象的積極情緒體驗。有研究顯示，在團體輔導中用有力的鼓勵性語言不斷輸出正面的強化，調動受創者的積極心態，培養或誘導其戰勝哀傷的積極情緒，大部分對象會出現可喜的「創傷後成長」

現象。因此，當民眾面臨應激性或創傷性事件時，社會要主動關心、愛護他們，讓他們能持續體驗到各種積極情緒，從而逐漸消除因事件帶來的消極情緒。

# 第二節
# 心理資源和積極情緒

充分利用每一天以及身邊的每一種工具來做出一些有意義的事情，這看起來是再簡單不過的事，但許多人卻常常做不到，這並不意味著這些人的能力差，而有可能是這些人的心理資源出現了短缺。同樣，驚天動地的事情肯定不是每個人都能做的，只有少數的英雄才能做到，不過即使是一個大英雄也肯定不可能在他生命中的每時每刻都能做得出驚天動地的事。所以，關於行為和心理資源之間的關係，有著太多的問題值得人們去探索。

## 一、什麼是心理資源

心理資源概念來自心理學早期的心理能量概念，心理能量（有時也稱心理能）最早由精神分析理論創始人佛洛伊德提出。佛洛伊德受物理學能量守恆定律的影響，認為人體也應該是一個複雜的能量守恆系統，它從各種食物中獲取能量，同時又為種種目的而消耗能量，這一過程實際上是不同能量形式間的某種轉換。能量的具體形式有多種，其中影響人格系統的能量叫心理能量。對個體來說，其人格系統的總能量是一定的，某個子系統獲得的能量多了，其他子系統所剩的能量就減少了。

到了 1960 ～ 1970 年代，康納曼先生提出了頗有影響的注意資源分配模型（attentional resources allocation model），這個理論模型認為，只要有

限的注意資源足夠分配，個體就可以同時進行多項活動，否則多項活動之間會相互干擾，並影響活動的順利完成，或降低活動的完成品質。該理論的核心在於認為人的注意資源是有限的，不論是心理任務還是物理任務都需要付出類似的努力。在康納曼理論的基礎上，心理學家卡菲（Kanfer）和阿克曼（Akerman）等人開始把「資源」這一概念引入心理學的其他多個領域，稱之為心理資源，並把它定義為個體所擁有的一個未分化的能量池，它意味著人類資訊加工能力的有限性。所以，心理資源其實就是用來支撐一個人產生或進行各種有意識的心理活動以及外在行為的能量。

## （一）心理資源對人生活的影響

著名社會心理學家R. F. 鮑邁斯特（R. F. Baumeister）等人於2000年在世界最為著名的心理學雜誌之一 ——《心理學公報》（*Psychological Bulletin*）上提出了心理資源的自我控制力量模型（self-control strength model）假設，這一理論有時也被稱為自我控制模型。鮑邁斯特認為個體的自我控制力量消耗，類似於人體肌肉力氣的消耗，肌肉活動需要消耗一定的力氣，而力氣耗盡之後，肌肉就會失去活動的能力；自我控制同樣依賴一種有限的、可消耗的心理資源（類似於力氣的東西），在使用過程中會損耗、會疲勞，但經過休息之後可以得到恢復。

具體說來，該模型主要包含三層含義：第一，個體的自我控制需要消耗個體一定的心理資源，例如決策、控制思想等都需要消耗心理資源，心理資源是支撐個體自我執行功能實現的能量來源，而在一定時間內，個體的心理資源是有限的，有限的心理資源使得個體不可能同時加工較多的自我控制任務。第二，心理資源和個體的自我控制行為是相關的，成功的自我控制行為依賴於可用的心理資源。心理資源愈充足，自我控制任務表現便愈好，即自我控制的成功與否，取決於個體自我控制力量的程度，自我

控制力量越強的個體，越容易達到想要的目標。第三，所有形式的自我控制行為，使用的都是相同的心理資源，即使前後具體任務分屬於不同領域，個體先前的自我控制行為也一定會造成個體隨後的自我控制行為程度的下降，即個體的心理資源是統一使用的，當個體的自我控制行為指向某一目標時，其他方面的自我控制行為所使用的心理資源就會減少。

鮑邁斯特等人的自我力量控制模型旨在探究個體的心理資源是如何影響個體行為的，當個體有意識、有目的地改變當前的自我狀態（即自我控制，如抑制衝動或者抗拒誘惑等）時，個體會因此而消耗一部分心理資源，當心理資源消耗達到一定量時，個體便會出現所謂的自我衰竭（ego depletion）狀態，即個體對自我處於弱控制狀態。個體一旦處於自我衰竭狀態，個體的各種社會適應性行為的表現能力就會受到相應損害，並表現為效率低下，這就是心理資源的消耗對個體的生活所帶來的影響，也即自我衰竭後會出現各種後效（after effects）。那個體心理資源不足而處於自我衰竭狀態後到底會出現什麼問題呢？

## 1 情緒方面

鮑邁斯特和他的同事等在1998年的一個研究中發現，和正常的受試者相比，即使在外在要求不允許笑的條件下，處於自我衰竭狀態的受試者也更難抑制觀看喜劇片時的微笑或大笑行為，這是因為自我衰竭導致個體的情緒調節能力受到了一定的損害。

還有研究顯示，處於戀愛關係中的個體，心理資源消耗較多的一方會表現出更低的適應傾向（比如不能很好地體諒對方），同時表現出更高的破壞性行為反應；而心理資源消耗較少的一方則與此相反，會做出更多的建設性行為，傾向於更加真誠地進行言語溝通。過去有關的研究也發現，與沒有戀愛的人相比，戀愛中的個體總是會有意識地隱藏自己與其他具有吸引力的異性繼續交往的意願，這些人會傾向於減少關注那些魅力異性，

或者較少地發出身體信號以表達自己對其他魅力異性的興趣，這個所謂的「貶損效應」（derogation effect）已經得到了諸多研究的證實。但心理學家在2011年的研究發現，如果使戀愛中的個體處於自我衰竭狀態，他們對魅力異性表現出的關注度及興趣就和沒有戀愛的人沒有差異，這說明充足的心理資源不僅有利於戀愛個體建設性地處理戀愛關係，同時還能避免其戀愛關係受到來自其他魅力個體的影響或威脅，心理資源能有利於穩固的愛。

## 2　認知方面

有研究發現，自我衰竭會使個體隨後的客體認知任務（如注意的廣度、記憶的準確性等）完成度出現明顯下降，並表現出明顯的低智力成就。從這個角度來說，許多時候孩子學習不良可能是其心理資源不充足所導致的，並不是智力原因。不僅如此，自我衰竭還會對個體的自我認知產生影響，使個體對自身能力持消極的態度，出現較低的自我控制感和較消極的未來期待，從而使個體更容易被他人說服，對困難任務的堅持性更低，面對失敗變得更加無助等。這些情形的出現可能是由於這些個體的心理資源出現大量損耗後，導致產生和提取與自身相關的積極訊息的能力受到了破壞或抑制，從而出現了較低的自我效能感。

## 3　行為方面

心理資源的不足會使人產生或導致諸多的問題行為。如K. D. 沃斯（K. D. Vohs）在研究中發現，即使一個人正在節食減肥，但如果讓其處於心理資源不足的狀態，他就更有可能出現過量進食的行為；而肯·謝爾登（Ken Sheldon）則發現個體一旦處於心理資源不足時，更容易出現偏見反應；另外鮑邁斯特等一些研究者則發現，心理資源不足還能出現衝動性購物、不恰當的性行為、幼稚的低智力行為等。

更為重要的是，當人們處於自我衰竭狀態時，不誠實（或欺騙）行為會比原來大大增加，自私自利的不誠實行為也更容易發生和蔓延。從演化心理學的觀點來看，如果存在從不誠實行為中獲益的機會，這就有可能引發個體為了自己的利益而採取欺騙行為。但人（特別是成年人）是一種理性動物，假如個體的自我控制力足夠強，那麼個體便能夠克服自己的自私自利行為並表現出某些社會讚許行為。這暗示：許多時候人們表面的社會讚許或文明行為也許潛伏著某種自私自利的內部衝動，當個體處於自我衰竭狀態時，其對自我的控制力出現了明顯下降，因而這種內在的自私自利衝動就容易顯現出來。

心理資源不僅影響著行為，同時還影響著個體的行為態度，美國心理學家沃斯等人在2008年的一項研究為此提供了直接的證據，研究者安排受試者去完成一個視覺任務之後便離開了實驗房間，與此同時，研究者有意使實驗儀器出現故障，結果發現那些經過自我衰竭處理的受試者在報告該儀器的問題之後，其被動等待的時間顯著長於那些無心理資源損耗組受試者的，這一結果說明自我衰竭狀態降低了個體的行為主動性態度。

讓人驚奇的是，個體並非一定要親身直接進行自我控制才能出現自我衰竭狀態，當出現替代性自我控制時，個體也有可能會出現自我衰竭。例如有人讓58名受試者閱讀一個與自己同性別的服務生的故事，該服務生負責在餐廳銷售一種精緻的高檔美食，服務生工作時感到非常餓卻被禁止吃任何東西。控制組受試者被要求只單純地閱讀一遍故事，而實驗組受試者則在閱讀故事時，被要求想像服務生當時的切身感受（替代性自我控制）。隨後所有受試者都瀏覽了12款中高價位的商品，並且讓每個受試者寫下他們想要購買這些商品的欲望程度。結果發現，實驗組受試者比控制組受試者表現出更強烈的衝動性消費，這說明替代性自我控制出現了心理資源損耗，他們與親身經歷自我控制的個體存在同等的心理資源損耗後

效。透過進一步的神經機制研究也發現，個體在想像或感知他人行為時所產生的神經及生理反應，與個體親身經歷這些行為時的是一樣的。

## （二）自我衰竭的機制分析

心理學界曾經一度認為，個體自我衰竭所導致的行為與疲勞效應存在著某些共同點，自我衰竭在一定程度上或許就是疲勞所致，因為在生活中，當一個人產生疲勞之後，其在活動或工作中的效率及生產性都會顯著下降，而且頭腦也不靈活等。沃斯等人為此做了一個很有趣的實驗，實驗採取 2（疲勞組和休息組）×2（心理資源損耗組和無損耗組）組間設計，疲勞組受試者接受連續性的勞動，而休息組則在期間進行休息。實驗結果發現，在心理資源損耗狀態下（自我衰竭），無論是疲勞組受試者還是休息（不疲勞）組受試者都表現出了顯著的攻擊性傾向；而在無心理資源損耗條件下，疲勞組受試者和休息（不疲勞）組受試者相類似，都沒有表現出更高的攻擊性傾向，這說明疲勞並不會影響個體的攻擊性行為，只有自我衰竭才能導致個體增加攻擊性行為傾向，這就證明了，自我衰竭並不等同於疲勞。那如果自我衰竭不是疲勞，它的機制又到底是什麼呢？

### 1　自我衰竭的心理機制

心理學關於自我衰竭的心理機制的解釋主要有兩種：

首先是能量耗竭觀。能量耗竭觀認為，個體的心理資源在他應對開始階段的自我控制任務時會出現大量的消耗，個體心理資源的儲備也因此而出現下降，當心理資源下降到一定的程度時，就會出現所謂的自我衰竭狀態，一旦出現了自我衰竭狀態，個體自然就沒有足夠的心理資源來支撐其有效完成隨後的新的自我控制任務。

這種能量耗竭觀比較符合人們的日常生活常識，這就如同一個家庭透過各種途徑儲蓄了一定量的金錢，當你在第一階段的消費中消耗了大量的

金錢之後，就不會有足夠的金錢來支撐起緊隨而至的第二階段消費。

其次是能量保存觀。能量保存觀從另外一個角度出發來論述心理資源自我衰竭狀態的內在機制。該觀點認為最初的自我控制任務遠未達到耗盡個體心理資源的程度，但這種資源損耗會刺激個體自動產生保存剩餘心理資源的意識，正如長跑運動員在半途疲憊時會選擇有意保存體力一樣，個體需要儲存必要的心理資源以備不時之需（如做出緊急決定或者遏制強烈衝動的狀況），或者為將來可能發生的更重要的活動儲備資源。

相對於能量耗竭觀，心理學近年來的多數研究似乎更傾向於支持能量保存觀。如美國心理學家穆拉文（Muraven）等人在早期就設計了一個很巧妙的實驗，該實驗表面上要求所有受試者進行兩項不同的自我控制任務，但是在進行第二項任務之前，實驗組受試者被告知還將有第三項更重要的自我控制任務在等著他們。結果發現實驗組受試者在進行第二項自我控制任務時比控制組受試者更快地放棄了，這意味著個體可能在為後面更重要的任務保存一定的心理資源。為了進一步驗證這種猜想，研究者在另一項實驗中提出假設：按照能量耗竭觀推斷，由於心理資源已經被最初的自我控制任務完全地損耗，那麼個體動機的不同（如獎金的高或低）將不會導致他們隨後的自我控制表現出現差異，但在實驗中卻發現，儘管受試者為完成先前的自我控制任務而消耗了一定的心理資源，但如果告訴這些受試者有效完成隨後的自我控制任務後，能夠得到更高的報酬時，他們仍然能夠在第二次自我控制任務中有良好表現，其他一些人的研究也得出了類似的結果。

儘管心理資源的自我控制模型已經被許多實驗驗證，但從本質上說，心理資源仍然只是一種隱喻或者推測，其實質仍然未知且只能以模糊或抽象的方式來提及。為了進一步證實心理資源的自我控制模型，一些心理學家近年來逐步將生物學及認知神經科學的知識與有關心理資源的研究進行整合，力圖從生理學角度探索自我衰竭的內在神經機制。

## 2　自我衰竭的神經機制

認知神經科學的有關研究已經表明，人的認知控制主要依賴於兩套相互獨立的神經系統：

首先是衝突監測系統，也有人稱之為錯誤偵查系統，該系統主要負責監測期望與實際發生的反應之間的差異。如二者一致，則繼續發出信號，如監測到不一致，則會出現警告（如使人產生不舒服或異樣的感覺等）。

其次是調節系統，主要負責接收衝突監測系統的反饋訊息，從而保證順利完成任務。這兩個系統分別受到前扣帶回皮層，以及前額葉皮層的支配。基於上述理論背景，英茲麗希特（Inzlicht）等人於2007年試圖對自我控制失敗的腦機制進行探索，該實驗讓部分受試者產生了自我衰竭，從而導致他們出現了自我控制失敗行為，結果發現這部分受試者的衝突監測系統受到了不同程度的抑制，即無法有效協調期望與實際行為反應之間的關係，因此，自我衰竭發生的腦機制很可能就是前額葉皮層中的衝突監測系統。

此外，西格斯托姆（Segerstrom）和同事曾利用副交感神經對心臟影響的心率變異性（HRV）作為評估心理資源的一項指標，因為過去的研究已經證明，高HRV意味著更多副交感神經衝動的輸入，這會導致個體的心跳出現明顯減弱。研究結果顯示，和簡單任務相比較，當受試者參與一個需要高心理資源損耗的任務時，其HRV顯著升高，說明心理資源一定受副交感神經的影響。

在心理資源的自我控制力量模型理論背景下，大部分心理學家主要是從自我控制失敗的角度出發，對自我衰竭的神經機制展開研究，但是該領域的研究仍處於探索階段，尚未形成標準化理論模型。

## （三）自我衰竭與葡萄糖

　　心理學現在已有的大量實驗證據表明，自我控制心理過程一定會消耗有限的心理資源，但是所謂的有限心理資源到底是指什麼呢？一部分研究者發現葡萄糖與個體的自我衰竭似乎存在著密切關係，因此，有人大膽推測葡萄糖可能是有限心理資源的一個重要的生理組成部分。

　　正常條件下，所有的大腦活動都需要並且幾乎只依靠葡萄糖來獲取能量，人腦活動消耗著大腦及神經末梢中可用葡萄糖的總量，因此，葡萄糖對個體認知功能和身體能力的發揮具有非常重要的意義。過去的多個研究發現，人體葡萄糖含量似乎對自我控制行為有著極其重要的作用，低葡萄糖以及低葡萄糖耐受力，都和個體的自我衰竭相關聯，如果將自我衰竭受試者的可用葡萄糖恢復到更高程度，就有可能提高他們的自我控制；但研究同時也發現，為葡萄糖程度已經充足的受試者補充更多的葡萄糖，也無法提高其自我控制表現，即葡萄糖和自我控制之間並不存在絕對的線性關係。

　　注意控制是自我控制的基本形式之一，M. T. 加利奧特（M. T. Gailliot）等人曾做了一個注意控制與葡萄糖含量關係方面的研究，研究者讓受試者觀看了6分鐘的錄影，實驗組受試者被要求忽視螢幕上出現的一些無關刺激，以保持自己的注意；控制組受試者則正常觀看，不對他們作任何額外要求。結果發現，實驗組受試者的葡萄糖在觀看完錄影後出現顯著下降，而控制組受試者的葡萄糖則無變化，這一實驗結果表明，注意控制導致了葡萄糖的消耗。

　　在臨床方面，研究者發現低葡萄糖耐受力受試者，在雙重聽覺任務（即需要受試者在忽視一隻耳朵中的資訊的同時追蹤另一隻耳朵中的資訊）實驗中表現更差。糖尿病患者比正常人群表現出更多的分心和更差的注意控制力（糖尿病患者正常代謝糖的能力較差，導致其身體內部的葡萄糖含量下降），還有人更是在實驗中發現，喝了葡萄糖的兒童在保持注意

上比安慰劑組兒童更加成功。臨床研究同樣表明，並不是在任何情況下葡萄糖都能夠提升個體的注意控制，一定劑量的葡萄糖也許能夠恢復個體的注意狀態，但當過量增加葡萄糖或身體已經具有了足夠量的葡萄糖時，恢復注意的效應便不復存在了。

在情緒調節方面，與高葡萄糖相比，研究者發現低葡萄糖下，人們更傾向於報告焦慮、易怒、緊張以及糟糕的心情，而提高個體的可用葡萄糖含量則有利於其產生積極情緒體驗。在臨床方面，醫學觀察發現，糖尿病患者比正常人更容易發怒、更情緒化；而低血糖則和高焦慮及低幸福感相連繫，憂鬱症患者則比其他正常人具有更低的葡萄糖耐受力。在有關攻擊性行為的實驗研究中，研究者也發現，低葡萄糖耐受力的人更傾向於做出攻擊性反應。

值得注意的是，自我控制失敗發生在夜晚和後半夜的可能性更大，隨著從白天進入黑夜，人們暴飲暴食、吸菸、酗酒、性犯罪的可能性均呈顯著上升趨勢，而臨床醫學也發現，人體的葡萄糖在後半夜的代謝利用率遠比白天低，並且這種利用低效性還會隨著夜越來越深而逐步加劇，這說明一天中葡萄糖的節律與自我控制行為的變化似乎存在著同步性。

無庸置疑，葡萄糖在個體的自我控制心理進程中扮演著十分重要的角色，但葡萄糖肯定不是影響個體自我控制的唯一因素。有研究發現，睡眠和休息同樣可以使心理資源得到恢復，而透過睡眠和休息恢復的心理資源並不得益於葡萄糖的作用，因為這兩種方法都不能顯著提高葡萄糖含量。因此，研究者推測自我衰竭的發生可能部分地歸因於葡萄糖的變化。

## 二、大量消耗心理資源的幾種形式

當個體進行有目的、有意識的自我控制時，其自身的心理資源會遭到損耗，而在此之後進行的有目的、有意識的自我控制行為的品質便會下降，那生活中哪些行為會顯著性消耗人們的心理資源呢？

## （一）情緒調節

　　情緒調節指人們出於某種目的故意克服當前的情緒狀態，而用另一種不同的情緒狀態取而代之。相關的心理學研究顯示，控制自然的情緒反應（屬於一種自控心理過程）需要付出努力，然而表達一種自然的情緒反應則不太需要付出意志努力，因此，無論是抑制還是誇大情緒反應，都要消耗大量的心理資源，從而有可能會造成自我衰竭。鮑邁斯特等在1998年系統地提出了情緒調節消耗心理資源的典型研究模式，該實驗主要分為兩個階段：

　　第一階段，對所有受試者被進行情緒誘導，實驗組受試者被要求抑制自己的情緒反應，在被誘導過程中要盡量控制自己而表現平靜；而控制組受試者可以跟隨誘導而自由地釋放情緒，不需要壓抑外在刺激所帶來的情緒感受。

　　第二階段，在隱藏了實驗的真實目的之後，讓所有受試者完成一項新的自我控制任務，比較實驗組和控制組受試者完成新自我控制任務的程度差異。

　　鮑邁斯特等人讓一組實驗組受試者觀看一段時間的影片錄影，錄影的內容分為喜劇或者悲劇，要求受試者在觀看時盡量不要表現或流露出任何情緒，要平靜地觀看，其中實驗組的一半受試者看喜劇錄影，另外一半受試者則看悲劇錄影；控制組受試者觀看同樣的影片內容，但不對其做任何要求，他們可以自然地表達自己的情緒。在隨後的猜字謎任務（將一些無意義的英文字母整理成有意義的英語單詞）中發現，實驗組的成績顯著性低於控制組。不論是那些抑制了積極情緒的受試者，還是那些抑制了消極情緒的受試者，其成績都出現了顯著下降，這一結果在後來的一系列實驗中均得到了證實。

另外有人按照上述同樣的實驗程式，但不是要求受試者控制情緒，而是要求受試者過度誇大自己的情緒表現。實驗結果同樣顯示，實驗組受試者在後續任務的堅持性上顯著低於控制組，而正常表達積極或消極情緒的控制組受試者則前後間沒有任何差異（這也在一定程度上證明，如果正常表達情緒，那人們看電影並不會造成心理資源的損耗）。

總之，不論是抑制或是誇大情緒，只要是情緒調節，那就一定會消耗人的心理資源。所以在日常生活中，人們最好能正常而自然地表達自己的情緒，只有這樣才會使自己的生活充滿朝氣以及富有建設性。

## (二) 思想（或思維）抑制

相對於自由表達思想或者讓想法自然地流露，抑制思想需要更多的意志努力，事實上，人的思想有一種特性，它常常會盡力返回到人們試圖擺脫的事物，韋格納（Wegner）稱之為逆效應（ironic effects），也就是說，你越想擺脫的想法越有可能出現在你的頭腦中。因此思想抑制比單純地表達思想要困難得多，利用思想抑制這一特點也就可以有效研究人心理資源的消耗。

基於上述觀點，韋格納和他的同事創造了經典的白熊任務實驗，後來的研究者又在此基礎上進一步完善了韋格納的這一研究。研究者把受試者隨機分為三組：一組受試者被要求順其自然，把自己現在的所有想法都寫下來，包括剛剛見過的玩具「白熊」（white bear）；第二組受試者被要求在一張紙上寫下自己當時的所有思考內容，但不允許去想剛剛見過的玩具白熊，如果想到了，受試者每想到一次就要在紙的反面做個記號（如畫個「△」），想到多少次就要做多少個記號；第三組受試者則沒有任何特定要求，也沒提到白熊，同樣把自己所想的寫下來。接著所有受試者被要求完成一項不可完成的任務，並記錄他們在這項任務中堅持的時間，結果表明

抑制白熊這一組受試者的堅持時間顯著低於另外兩組，而順其自然想到白熊組和另外一組之間並無顯著差異。

後來甚至有研究者在最近的一些研究中開始把白熊替換成了「死亡」（即抑制想「白熊」替換為抑制想「死亡」），結果發現，讓個體抑制死亡的想法同樣也會造成個體的自我衰竭。

這一研究結果在生活中有很大的價值，因為人們在生活中常常被禁止做很多事，包括一些壞事或不太壞的事。如受試者在被他人明確要求禁止飲酒或吸菸時，他反而更有可能經常想到飲酒或吸菸，從而導致自己更難於控制自己的飲酒或吸菸行為。事實也證明，如果在被明令禁止飲酒或吸菸時，人們飲酒或吸菸的量反而會顯著增加。

## （三）抵制誘惑

《聖經·舊約》中有一個很多人都知道的關於人類罪惡的故事，當初世上所有的動物都很溫馴善良，只有蛇心地比較狡猾。蛇想要破壞人的幸福，有一天牠對夏娃說：「上帝真的說過不允許你們吃園中所有樹上的果子嗎？」夏娃回答說：「上帝告訴我們說，這個園中的果子我們可以隨便吃，但是那善惡樹上的果子，我們不但不能吃，甚至也不能摸。」於是，蛇便引誘夏娃偷吃禁果，還讓亞當也跟著偷吃了禁果，這導致了人類罪惡的產生。

換句話說，人是誘惑與思想抑制的產物，誘惑與衝動總是能輕易觸發人類的本能，因而抵制誘惑在一定程度上就會大量消耗人的心理資源。如鮑邁斯特等人在1998年的一項實驗，邀請67名大學生參加一項名義上的味覺偏好測驗，實際上是抵制誘惑的研究，研究者透過控制使所有參加實驗的受試者在實驗之前的3個小時無進食行為。然後，研究者要求所有實驗組受試者，待在教室裡看一個很無趣的影片，每位受試者面前的桌上都

擺放著兩種食物：一堆巧克力以及一小碗蘿蔔，整個教室裡充滿了奶油巧克力香味。實驗組受試者又被隨機分為三組：第一組受試者可以自由品嚐面前的巧克力和蘿蔔；第二組受試者只被允許吃2～3塊蘿蔔（絕不能吃巧克力），第三組受試者只被允許吃2～3塊巧克力（絕不能吃蘿蔔）。控制組受試者則沒有什麼特別的要求，他們所在的實驗室裡也沒有巧克力或其他東西作為誘惑品。

與此同時，主試者可以從單向玻璃中暗中觀察受試者的表現，並記錄下每個受試者吃各種食物的數量，確認受試者是否按照之前的規則進食（為了盡可能降低受試者的懷疑，單向玻璃被一片窗簾遮蔽，只留下一小塊可視部分）。結果發現，實驗組中的第二組受試者由於只可以吃蘿蔔而需要抵制巧克力的誘惑，因此損耗了大量的心理資源，他們在隨後進行的挫折任務中（被要求描摹一個很複雜的幾何圖形）的堅持性顯著地低於其他三組受試者。

這個物質豐富的社會存在著非常多的誘惑，事實上那些接受誘惑越多的個體，其創造性就有可能越低，相反那些生活在簡單環境中的個體反而會有更高的創造性。

## (四) 生活中的干擾分心

干擾分心也就是通常意義上的注意控制，美國心理學研究者吉爾伯特（Daniel Todd Gilbert）、克魯爾（Krull）等人從1988年起就開始利用注意控制方式來進行各種心理學研究，施邁歇爾（Schmeichel）進一步把這種注意控制方式發展成一種研究心理資源的模式，並用它來研究自我衰竭對不同類型智力活動的影響。這一研究方式主要包括兩個部分：先給受試者呈現一個視知覺任務，接著呈現一個干擾刺激，實驗組受試者（注意控制條件下的受試者）被要求必須忽視干擾刺激而專注於刺激任務（如果發現

自己在看干擾刺激，則必須及時改變或調整自己的注視點以重新凝視任務），控制組的受試者則沒有上述要求。然後所有受試者被要求完成13道從GRE（美國研究生入學考試的標準化測驗）試卷中抽取出來的分析題，只有當受試者完成所有題目、或10分鐘的限制時間到了方能停止答題。

結果發現，與控制組受試者相比，實驗組（注意控制組）受試者出現了顯著的自我衰竭，這些個體在GRE測試任務中的成績表現呈顯著性下降（主要包括正確答題的數量、嘗試答題的數量、正確答題的比例等三個指標）。

干擾分心的另一種重要研究形式是心理學上比較有名的斯特魯普效應（stroop effect），斯特魯普效應是認知心理學中常用的一種實驗模式，是指字義對字體顏色的干擾效應。這一效應表明，讀出字音和說出字體的顏色是兩個不同的認知過程，它們間存在著相互干擾。這一效應最早由美國心理學家約翰・萊德利・斯特魯普（John Riddly Stroop）於1935年發現，他利用刺激材料在顏色和意義之間的矛盾（如黃顏色的「紅」字，要求受試者大聲讀出黃，而不是念紅，要讀出字體顏色，如果念了字的發音或意義就錯了）來測試受試者的反應時和反應正確率。結果發現，說出字本身的顏色時會明顯受到字義的干擾。21世紀以來，斯特魯普研究模式已被一系列研究用來驗證心理資源自我衰竭。如杜斯特（Doost）等人於2008年利用色彩斯特魯普任務模式作為心理資源自我衰竭的實驗性操作，以探討自我衰竭與自傳體記憶任務表現（AMT）之間的關係，結果表明實驗組（自我衰竭組）受試者在自傳體記憶任務中的表現顯著差於控制組，這說明自傳體記憶任務中具體記憶訊息的提取依賴於可用的自我資源。

干擾分心在實際生活中處處都有，如學生在學習過程中一定會受到許多無關刺激的影響（如噪音、他人的活動或者先前的功課學習等），這就要求教育者在教育過程中能時刻關注學生的心理資源。同樣，如果一個人

在現實生活中擔當的任務較多，他受到干擾分心的影響也就會越大，其心理資源因消耗過大而出現自我衰竭的可能性也就較大。

## (五) 習慣化 —— 去習慣化

形成一種習慣之後再去除它，也是自我控制的一種重要形式。這是因為個體在按照某一種規則去完成一項任務的同時，也相應形成了思維或行為定勢，進而演變為一種自動化加工，一旦規則改變，個體則需要花費更多的精力去克服先前形成的思維或行為定勢，因而會消耗大量的心理資源。

如在一項誘導積極情緒以考察心理資源恢復的研究中，研究者就使用了「習慣化 —— 去習慣化」的方式研究自我衰竭。93名大學生受試者（52名男性，41名女性）參與了這一實驗，研究者首先要求所有受試者學會將第一篇文章中每個單詞裡的字母「e」劃掉，受試者很快地略讀課文並學會了劃去字母「e」的習慣。研究者緊接著又給所有受試者第二篇文章，實驗組受試者被告知當字母「e」和一個元音毗鄰，或者和另一個元音字母相隔一個其他字母時則不能划去，其他情況下字母「e」則依舊需要被劃去（這時受試者需要改掉前面已經習得的習慣）；控制組受試者則依舊是劃去單詞中所有的字母「e」。最後，所有受試者進行心理學上的「拼寫英文單詞」遊戲，以遊戲持續時間作為衡量指標。結果發現，實驗組那些經歷了「習慣化 —— 去習慣化」的受試者心理資源出現了不足，其後續控制性任務的持續時間顯著降低了。

2011年，更有心理學研究發現：如果一個人形成了一個追求目標，然後有意中斷了自己的這個追求目標，個體仍然會有許多心理活動進程致力於該目標，這些心理進程會潛在地占據著注意和工作記憶資源，並使個體出現某種程度的自我衰竭狀態，即之前未執行的目標會阻礙後繼控制性任務的順利完成。另外，違反常規的自我表徵方式有可能會導致自我衰竭，

而符合熟悉性、標準化或個人傾向性的自我表徵則很少會產生自我衰竭。

這些研究的應用價值很大，當個體有了自己的目標並為之進行長時期的努力之後，如果讓其改換一個目標，則必須考慮他心理資源的消耗問題。具體如一個人換了工作之後，其短時期內的自我控制可能會因心理資源不足而出現下降，同時也可能出現短時期內的工作效率低下。同樣，當一個高中生考上大學之後，或者一個員工被提拔為主管之後，其身分發生了改變，原來的工作目標也就發生了改變，這些都有可能使其出現自我衰竭狀態從而導致工作績效顯著下降。因此，對於那些剛剛由考上學校的大學生，或者剛剛從員工被提拔為主管的人來說，及時透過一些心理技術的幫助來使自己的心理資源得到恢復或補充，就具有特別重要的意義。

還有如自我表徵方面，生活中多數人都有一種經驗，當一個人在吹噓時，其心理感覺一般比較好，所以生活中多數心理健康的人對於自己的評價都更偏向於積極，即有點過高地看待自己。儘管個體在過度樂觀看待自己時感覺良好，但吹噓之後，其心理資源則會出現大量消耗，而導致緊接著的自我控制任務完成度出現下降，因為其自我表徵和自己的真實情況不相符合。所以，感覺好並不意味著真的就好！個體吹噓之後，最好不要立即從事認知或其他對自我控制要求比較高的活動，或者透過一些心理技術來補充一下自己的心理資源，這樣可以有效提高自己的工作效率。

## （六）數字運算與身體活動匹配

有關數字運算與身體活動匹配（numerical-physical activity task）方面的研究，常用的方式是要求受試者在完成一個複雜的數字計算任務的同時，用非優勢腳站立，而與優勢腳站立的受試者相比，其心理資源得到了更多的消耗。和優勢腳單獨站立相比，非優勢腳站立會更困難，活動性更強，需要更多的自我控制，這一模式最早是由心理學家韋布（Caroline Webb）

和希蘭（Sheeran）等提出的。有人曾對這一研究提出質疑，認為這種方式更可能帶給受試者生理疲憊，而非心理資源的損耗，因為生理疲憊也可能導致工作效率下降。為了打消這個疑慮，韋布和希蘭在後來的實驗中又增加了一組條件，即要求另一組受試者用非優勢腳站立，但沒有任何的數字計算任務，研究者假設這些受試者會感到疲勞，但不會有心理資源的損耗。實驗結果最終顯示，該組受試者後期的自控表現優於實驗組（自我衰竭組），並且和控制組（心理資源無損耗組）受試者相似，這一結果說明將數字運算與身體活動匹配會大量消耗人的心理資源。

2008年，有研究者利用數字運算與耐受力匹配模式探討了間隔時間與心理資源恢復之間的關係，發現10分鐘的間隔休息時間，可以使個體已損耗的心理資源得到一定的恢復，即10分鐘的休息可以部分抵制自我衰竭所帶來的後效，這證明學生在每堂課之後的10分鐘課間休息是非常必要的。坐辦公室工作的員工隔一段時間休息10分鐘，也是提高工作效率的有效方法。

## 三、心理資源與攻擊行為

攻擊（aggression，有時也稱作侵犯行為）是指攻擊者有傷害他人身心健康的意圖，並付諸了行動，即有意傷害他人的任何行為方式。這種行為在本質上是一種違反了社會主流規範，且以引起他人身體或心理痛苦為目的的故意傷害行為。

### （一）攻擊行為的種類

攻擊是一種複雜而又有多個面向的現象，根據不同的分類標準，可將攻擊行為分為不同的類型，心理學研究中常提及的分類主要包括以下幾種。

N. D. 費什巴赫（N. D. Feshbach）在1969年就以攻擊行為的表現形式

為標準，將攻擊行為劃分為直接攻擊（direct aggression）和間接攻擊（indirect aggression）。直接攻擊是指攻擊者透過口頭、臉部表情、姿態手勢等方式來表現的攻擊行為，包括身體攻擊、言語攻擊、嘲笑、做出威脅動作等外顯性的攻擊方式，這被稱為熱暴力；而間接攻擊則與此相反，其主要表現形式為視而不見、迴避、拒絕等排斥行為，也被稱為冷暴力。

W. W. 哈圖普（W. W. Hartup）於1974年按照動機的不同，將攻擊行為劃分為敵意性攻擊（hostile aggression）和工具性攻擊（instrumental aggression）。敵意性攻擊主要針對的目標是人，攻擊者旨在打擊或傷害他人，通常表現為一種情感上的傷害或身體上的傷害，具有這種敵意性攻擊行為的人往往具有高攻擊人格特質，即個體在先天遺傳方面有可能具有一種好攻擊特徵。而工具性攻擊則主要以物為指向目標，攻擊者不是為了傷害人，而是為了獲取某種物品而產生攻擊行為，在這裡攻擊只是充當了一種手段，其目的並不是使受害者受到身心傷害，比如小朋友將同伴從自己想要的玩具邊推開等。

K. M. I. 拉吉斯比茨（K. M. I. Lagerspetz）等人在1988年根據攻擊行為的表現形式以及攻擊行為發生的方式，將攻擊行為區分為身體攻擊（physical aggression）、口頭攻擊（verbal aggression）和間接攻擊（indirect agression）。身體攻擊是指攻擊者以肢體動作直接對受攻擊者實施的攻擊行為，如踢、打和搶奪等行為。口頭攻擊是指攻擊者以口頭言語的方式直接對受攻擊者實施的行為，如嘲笑、罵、羞辱、起外號等方式。間接攻擊也稱關係攻擊（relational aggression）或心理攻擊（mental aggression），這種攻擊一般不是攻擊者直接實施的攻擊行為，而是透過第三方間接對受攻擊者施加影響，如造謠離間和社會排斥等。

K. A. 道奇（K. A. Dodge）等人則根據行為的起因將攻擊行為劃分為主動性攻擊（proactive aggression）與反應性攻擊（reactive aggression）。主

動性攻擊是指攻擊者在並未受到任何挑釁或挫折的情況下，主動發起欺負他人、取笑他人的行為，這種人常伴有人格特質基礎；而反應性攻擊則是攻擊者在受挫或受到他人挑釁的情境下，出於防衛或防禦而做出的攻擊行為，這些個體通常處於失控（衝動）和憤怒等狀態。

戴維森等人發表在《科學》雜誌上的一篇文章中，按照攻擊行為是否帶有目的性，將其劃分為衝動性攻擊（impulsive aggression）和蓄意性攻擊（premeditated aggression）。前者強調攻擊者發出的行為更多是由當時的外在情景所觸發而並無特定目的與計畫性，而後者則側重於攻擊者是一種有目的、有計畫的行為。

## （二）為什麼會產生攻擊行為？

關於人為什麼要有攻擊性行為，目前有一些理論對此做出了解釋，主要涉及本能論、攻擊 —— 挫折說、社會學習理論、社會訊息加工理論等。

本能論（instinctive theory）認為攻擊是人天生具有的一種本能，這一學派的代表主要有佛洛伊德的本能說和康拉德‧柴卡里阿斯‧洛倫茲的習性說。佛洛伊德認為人具有性本能、生本能和死本能，而死本能的直接的外在表現形式就是攻擊行為（包括外向攻擊和內向攻擊）。因此，攻擊是人一種不可避免的行為。佛洛伊德認為人首先是一個生物體，人的一切活動的根本動力必然具有生物特性的本能衝動，而本能衝動中核心的衝動為性本能衝動。不過在社會的法律、道德、規則以及輿論等方面的壓制下，人被迫將性本能壓抑進潛意識中，使之無法進入到人的意識層面。不過這種本能即使被壓抑住了，它仍然會換一種社會允許的形式發洩出來，如進入文學、繪畫等創作中。佛洛伊德後期又提出了與性本能相並列的另外兩種本能，即生本能和死本能，生本能就是一種求生慾望，死本能則是指個體

有著將自身生物機體帶入死亡狀態下的本能，這種本能在戰爭、仇恨、凶殺、攻擊和自我攻擊（自殘）中得以表現。

洛倫茨則是透過對一種攻擊性較強的熱帶魚進行系統觀察之後，將從動物研究中所獲得的規律推廣到人類。他認為攻擊行為是動物基於生存需求而產生的一種基本習性，具有自發性特點，不需要透過學習而形成。他還認為，即使沒有外界刺激的影響，人和動物一樣能夠憑藉其天生的釋放機制自發地產生攻擊行為。按照攻擊的水壓模型，人在日常生活中積聚起來的能量一定需要得到釋放，否則人是沒法生存下去的。一旦釋放，蓄滿的情緒能量會一下子傾瀉而出，這就有可能形成攻擊行為。當釋放了情緒能量之後，人需要有一個重新集結能量的過程，這與排泄一次糞便的過程相類似，所以，不管是動物或者是人，攻擊行為對其生存都是有利的。

儘管兩個人分別從精神分析的角度和動物習性學的角度出發，但兩人的觀點其實差不多，均認為攻擊是個體先天遺傳的一種本能反應，但不可否認的是，本能論在強調先天作用的同時，卻忽略了後天環境對個體攻擊行為的影響，並且缺乏相應的實證研究支持。

美國心理學家約翰·多拉德（John Dollard）在1940年代提出了攻擊 —— 挫折理論，他認為個體攻擊行為的發生，一定是受到挑釁之後，體驗到某種挫敗感而發生的行為，攻擊必然以挫折的存在為前提。攻擊 —— 挫折理論中的攻擊更傾向於一種被動的反應行為，是受挫情緒發揮作用的結果，同時也暗示了攻擊作為個體的本能反應而存在。後來的一些心理學家在此理論基礎上，進一步發展該理論，認為挫折並不一定直接導致攻擊行為，而會使個體形成一種攻擊的預備狀態，情境中的其他線索（如刀、棍、槍等）則是誘因，挫折和外在誘因共同決定了攻擊行為的產生。

社會心理學家班度拉則提出了社會學習理論，認為個體的攻擊行為並不是先天遺傳的，而是透過後天觀察學習而獲得的。班度拉在一系列實驗

中發現，那些看到過攻擊行為的兒童，很快就會在自己的生活中學會去攻擊他人，因而，他認為人多數的攻擊行為是透過觀察學習而形成的。當然，人並不會看到一種行為之後就立即產生學習行為，在這一過程中，個體的自我效能感造成重要的作用。

道奇等人則從認知與歸因兩個方面提出了攻擊的可能原因，提出了社會訊息加工模型和歸因模型，這種理論對兒童攻擊行為的發生和內部加工過程給予了一種新的解釋，這種理論將攻擊行為的產生過程按時間序列劃分為六個階段：編碼線索、解釋線索、選擇目的、搜尋可能的反應、評價和執行行為。

除此之外，C. A. 安德森（C. A. Anderson）等在已有攻擊理論的基礎上，結合現代社會認知模型提出了攻擊的一般行為模型理論（GAM）。這一理論認為攻擊是人與環境交互作用的結果，人的行為在很大程度上是受當前事件的影響，而親社會行為和反社會行為並不一定截然分開，人們既可以具有高攻擊行為，同時又具有高親社會行為，如仇恨敵人卻又熱情幫助朋友，助人為樂卻又無端攻擊他人。其實從本質上說，這種觀點與班度拉的社會學習和社會認知理論有一定程度上的吻合，只不過是借用了現代資訊加工論的方法來解釋觀察學習。

攻擊的一般行為模型理論特別強調，現代社會發展出來的電子遊戲的內容可能會影響到玩家的認知、情感和喚醒度，進而影響個體的反應行為。具體來說，在電子遊戲中如果包含暴力行為，則會增加個體的攻擊傾向，並降低個體的親社會傾向，這被稱為反社會效應。已有的研究證明，暴力電子遊戲可以顯著增加個體的敵意偏見（hostile expectation bias）、敵意狀態和焦慮程度（state hostility and anxiety levels）、暴力麻木（desensitization to violence）、懲罰行為（punitive behavior）、身體暴力（physical violence）、犯罪行為（criminal actions）等。

反之，內容中包含親社會內容的電子遊戲，則可能會增加個體的親社會傾向，並在一定程度上降低個體的攻擊傾向，這被稱為親社會效應。實驗結果表明，有意讓受試者玩親社會行為的電子遊戲，可能會增加個體的親社會行為傾向，並且這種親社會傾向可能還會導致個體有意選擇親社會遊戲。甚至還有一些學者發現，讓受試者聽包含親社會歌詞的歌曲（songs with prosocial lyrics）也會增加個體的親社會行為。德國心理學家T. 格雷特梅耶（T. Greitemeyer）把受試者隨機分配到聽中性歌詞組和親社會歌詞組，在後續的字詞聯想測驗中發現，凡是聽了親社會歌詞組的受試者，產生了更多的親社會想法。由於該實驗是在實驗室不受干擾的情境中進行的，並不代表在自然情境中也能得出同樣的結論，因此有一些研究者在2010年將實驗搬到了一家餐廳中進行驗證，研究者將真實的顧客作為受試者，讓他們聽或者不聽親社會歌詞的歌曲，然後考察這些顧客的付小費行為（tipping behavior）。結果發現凡是聽了親社會歌詞歌曲的顧客，其付小費的行為顯著增加了，這一結果驗證並支持了格雷特梅耶的研究結論。

## （三）心理資源對個體攻擊性行為的影響

　　心理資源不足能顯著增加個體的攻擊行為，這已經在之前的多個心理學實驗中得到了確證，而透過觀察親社會行為則可以有效減少個體的攻擊行為。親社會行為從根本上說就是一個道德問題，其實就是本書第四章中所說的做善事。正向心理學的研究發現，做善事會使人感覺很快樂，而這種快樂又會促使人去做更多的善事。心理學家海特（Haidt）為此曾提出了「道德提升感」（Moral Elevation）概念，意指當個體看到他人行善或知恩圖報的行為舉動時，個體的心靈會得到提升，同時帶給個體生理上的某種情緒變化和軀體反應，從而產生一種積極體驗，這種積極體驗又會驅使個體去自覺地幫助他人或讓自己變得更好。海特等人曾專門研究了印度尼西亞

加里曼丹島的土著居民 —— 迪雅克族的母親，當這些母親在觀看完親社會行為的影片後，其乳汁分泌的量出現了顯著增加，並同時增加了撫摸嬰兒的舉動，這證明觀看親社會行為確實具有道德提升感效應。

但觀看親社會行為的效果和親身參與親社會行為的效果有區別嗎？觀看和親身參與有一定的差異，觀看只是視覺作用的結果，而參與則是各種感、知、覺器官都體驗的結果，從理論上說，後者的效果應該要更佳。

為此，我與自己的研究生蔡曉輝做了相關的研究，結果發現：當個體心理資源充足時，和控制組受試者相比，不管是觀看親社會行為還是親身參與親社會行為，都能有效抑制個體的攻擊行為。這一結果與之前心理學上的許多實驗結果類似，說明經常向他人展示親社會行為、或讓他人親身嘗試親社會行為都是降低攻擊行為的有效方法。不過這時候的觀看親社會行為與親身參與親社會行為之間並沒有任何差異，即觀看和參與的效果是一樣的。

而如果個體的心理資源不足，出現自我衰竭狀態時，僅僅讓受試者觀看親社會行為並不會減少個體的攻擊行為，但如果讓心理資源自我衰竭的受試者親身參與親社會行為，那這些受試者的攻擊行為則會顯著減少，這說明自衰竭狀態時參與的效果要顯著好於觀看的效果。在日常生活中，更多的是一些心理資源發生損耗的個體（因為人在日常生活中經常要透過自我控制來達成一些生活目標），因此，觀看親社會行為就失去了教育意義，這時候讓個體親身參與親社會行為無疑就變得更加重要。

我們在研究中還有一個新發現，即無論是觀看親社會行為還是親身參與親社會行為都不存在性別差異，也就是說，觀看和參與在男女之間不存在任何效果上的差異。這個結論有點奇怪，因為在通常意義上，人們總覺得女性更情緒化一些，也更容易受到外在因素的影響。而且許多有關攻擊行為的分析也都發現，不論是在口頭自我報告還是在實驗室的實驗研究中，攻擊行為的性別差異一直都存在，即無論是否受到挑釁，男性的攻擊

性要顯著高於女性。而且男女攻擊的具體表現方式也不大一樣，男性一般喜歡採用最為原始和直接的口頭攻擊和身體攻擊，而女性則更傾向於使用間接攻擊，如散布流言、傳言或排斥等方式。我們的研究意味著：男女在攻擊表達上存在差異，但在透過觀看或親身參與親社會行為的攻擊抑制上卻不存在差異。

## 四、心理資源的恢復

心理資源不足會帶給人一系列的問題，而心理資源有點類似於人肌肉裡面的力氣，在被暫時地損耗之後，它還可以透過一定的方式得到恢復，從目前已有的研究來看，以下這些形式已經被證明是非常有效的恢復心理資源的方式。

### （一）睡眠

睡眠已經被證明不僅是恢復體力，同時也是恢復心理狀態的一種重要方式。如有研究發現，人在睡眠休息之後進行自我控制任務，要比其在休息之前的自我衰竭狀態時更有效。多數人的日常生活經驗認為，睡眠之後工作績效的提高得益於身心疲勞的緩解，但事實是，睡眠主要在於恢復了人的心理狀態，是心理狀態的恢復才提高了工作績效。所以，這也可以解釋日常生活中並不是每次睡眠都能有效提高工作績效，因為當人的心理狀態已經充足時，睡眠也就失去了恢復心理狀態的功能。

另外一些具體研究更是發現，具有充足睡眠的戒菸者的戒菸成功率更高，而如果經常故意打亂戒菸者的睡眠，將大大降低戒菸者的戒菸成功率。所以當人們要做一些非常重要的自我控制任務時，應該要在睡眠充足的情況下進行。

睡眠為什麼會有助於個體心理資源的恢復？目前的證據主要發現睡眠

能使人大腦中的海馬迴部分得到充分放鬆休息，從而使其工作時更有效果，而海馬迴對人的認知功能的執行有著非常重大的作用。不過總體來看，睡眠恢復心理資源的具體神經機制還有待進一步的研究，儘管已經有研究發現，葡萄糖和個體的心理資源有一定的關聯，但睡眠恢復心理資源肯定不僅僅是透過提高個體的葡萄糖來得以實現。

## （二）放鬆

放鬆是另外一種促進心理資源恢復的方法，它在臨床上常被用作幫助個體應對意外打擊、處理慢性疼痛和應對危險情景等。有研究發現，如果在連續任務中週期性地加入一個放鬆過程，這會明顯有助於提高個體後繼自我控制任務的行為表現。同樣在兩項自我調節任務之間插入一個休息間隔或者誘導一個放鬆狀態，也可以部分地抵消自我衰竭所帶來的後效（不良結果），與此同時更有利於個體自我控制能力的顯著提高。放鬆的具體方式很多，如機體放鬆（個體先繃緊自己身體各部分的肌肉，然後有意地放鬆）、大腦放鬆（任思緒隨意漫遊而出現心智游移活動），或者其他一些讓自己緊張的身體和思維鬆弛下來的辦法。心理學目前研究比較多的主要是冥想（漫遊式冥想），冥想作為一種有效的放鬆方式，已經被證明可以有效抵消心理資源損耗所帶來的負面影響。

## （三）人為誘導積極情緒

人為誘導積極情緒目前已被證明是日常恢復心理資源的一種最重要的方法，這種方法不僅具有學術價值，而且其臨床或實踐價值也很高，尤其是在教育領域和心理健康領域。例如有研究者在一項研究中發現，如果讓自我衰竭的受試者觀看一段喜劇電影，這些受試者的自我衰竭狀況會得到明顯改善，其後續的自我控制任務效果會更好。這提示人們，當孩子要去

參加一項重要的考試時，努力誘導其產生積極情緒會是一種不錯的選擇。

不過，積極情緒誘導要注意幾個問題：

## 1 能否連續誘導？

既然誘導積極情緒可以增加學生的心理資源，那能不能採取連續誘導的方式呢？心理學研究已經證明，連續誘導積極情緒並不會出現心理資源的連續增加，因為積極情緒只是恢復個體已經缺乏的心理資源，如果個體的心理資源已經透過第一次誘導而得到了恢復，那緊接著的第二次誘導就不會再增加個體的心理資源了。

## 2 誘導的量應該多大？

積極情緒的誘導存在一個量的問題，如讓一個人撿到1塊錢的意外之喜和撿到100元的意外之喜是完全不一樣的。從心理學的研究來看，誘導量只能是一個相對數值，必須根據之前消耗心理資源的刺激量來考慮。現在的研究發現，積極情緒與消極情緒的比例至少要達到3：1。當個體受到某種消極刺激而產生了消極情緒之後，要想盡快使其心理資源恢復到先前的程度，如果採用積極情緒誘導技術，那相應的積極刺激至少要比之前的消極刺激多很多，最好能達到三倍以上的比例。簡單地說，如果用數量來衡量的話，你批評學生1分鐘，那你後面應該至少用3分鐘的表揚才能抵消掉之前1分鐘批評所造成的後效。當然，3：1並不是絕對的，這只是心理學在研究過程中獲得的一個大概數據點。

## 3 誘導的時機是什麼？

什麼時候誘導比較合適？許多人都有一種及時介入觀念，認為恢復心理資源應該事不宜遲。但心理學的研究卻發現，積極情緒的誘導可能要稍延遲一些，即不能在個體剛剛接受消極刺激之後立即對其進行積極情緒誘導。人們在受到消極刺激而消耗了大量的心理資源之後，馬上透過積極情

緒誘導來恢復心理資源的做法是不明智的，因為人們的情緒變化可能存在著一個最近發展區（ZPD）的原理。此外，從一些對老鼠等動物的實驗結果來看，如果在動物產生憂鬱情緒之後立即對其脫敏，動物的呆滯行為反而會更多，並有可能出現敏化效應；而如果延遲一段時間（如90分鐘等）後再對其脫敏，則不存在這種現象。

### 4　哪種誘導方式比較好？

誘導積極情緒的方式有很多，哪種方式才能造成較好的效果呢？從心理學過去的實踐經驗來看，使用個體過去生活中最熟悉的方式也許會造成較好的效果。還是來看看一件偶然發生的事吧。

在一場大的災難之後，有一位婦女失去了自己的丈夫和孩子，她自己的公公和婆婆也在這場災難中受了重傷，因而這位婦女失去了繼續生活的勇氣，曾在一天之內兩次自殺未遂。如何才能幫助這位婦女擺脫這場災難所帶來的陰影？當時人們對其提供了各種幫助，如經濟救助、答應為其公公和婆婆免費治療、專業心理人士對其訪談疏導等，但這些似乎都收效不大，這位婦女還是整天心情非常差。面對這種情況，人們實在想不出什麼好的辦法，於是只能委派四位大學生全天陪護她。四位大學生每天和這位婦女待在一起無事可做，有一天他們無意中找到了一副麻將牌，於是他們就陪著這位婦女玩起了麻將，也許是出於對這位婦女的可憐，他們在玩麻將時總是心照不宣地故意讓這位婦女贏（但並不是每次都讓她贏）。結果，玩了一週的麻將之後，這位婦女的心情大為好轉，人也變得樂觀了起來，甚至主動要求參加外面的一些活動。最終，四位大學生陪這位婦女玩了整整兩個月的麻將，這位婦女居然從這次大災難的陰影中走了出來，並且重新嫁了人，開始了新的生活。毫不誇張地說，是麻將幫助這位婦女從消極陰影中走了出來，並令她鼓起了繼續生活的勇氣。為什麼那麼多的外在幫助都不如麻將對這位婦女的影響大呢？這主要是因為這位婦女所在的村莊

裡麻將相當盛行，而她也非常喜歡打麻將，這四位大學生無意中用了她最喜歡的方式誘導她的積極情緒，從而使她擺脫了生活陰影。

過去相當多的研究主要考察了外顯積極情緒與自我衰竭的恢復作用，近年來有研究還發現，誘導內隱積極情緒可能對自我衰竭產生一定的恢復影響，也即內隱積極情緒也具有一定的心理資源恢復功能。所謂內隱情緒，就是指個體自己沒有意識到的情緒，但從個體隨後的行為中，卻能檢測到這種情緒的真實存在。例如當一個人快速地看一些快樂的圖片時，即使不清楚圖片上具體是什麼圖案，但其情緒有可能會因此變得快樂一些。

除了以上這三種恢復心理資源的方法，近幾年的一些研究也發現，培養個體對活動本身的內在興趣對個體的自我控制行為也有著十分重要的促進作用，並且在一定程度上可以幫助個體恢復心理資源。因此，生活中努力培養個體的內在興趣也扮演著一定的特殊意義。

## 第三節
## 心理資源與情緒變化最近發展區

儘管心理學在情緒領域取得了許多研究成果，但有關情緒研究領域依然存在著一些困惑，這些困惑主要展現在以下兩個方面：

第一，心理輔導領域存在的困惑。目前面對情緒障礙的心理輔導，不同的輔導者常常採用不同的輔導方法，許多方法之間甚至相互對立，但這些方法的使用者卻都聲稱自己是正確的。例如面對一個經歷了負面事件（如親人的去世、失業、失戀等）的輔導對象，有的輔導員要求其大聲哭泣，把自己心中的悲痛釋放出來；而另外一些輔導員卻要求輔導對象要堅強、快樂起來。針對這一現象，有人甚至這樣評價心理學：心理學有時讓人哭笑不得。

第二，關於積極情緒和消極情緒到底哪個更有利於人的發展的困惑。這是心理學研究所面臨的一種糾結或尷尬，但在一定意義上，這些糾結或尷尬實際上也在暗示情緒研究領域可能還存在著某種規律沒有被發現。如果說21世紀之前的情緒研究還局限於實驗個案的話，那現在的情緒研究已經到了可以把以前累積的實驗個案進行合併的時機了。為此，我們在對此前眾多情緒研究實驗進行審查的基礎上，提出了情緒的最近發展區概念，即情緒變化存在一個最近發展區，只有當外在影響處於最近發展區之中時，它才能取得最好的影響效果。下面我們就這一主張做具體的分析。

## 一、情緒的結構

　　從結構角度上看，個體的情緒由深層到外層可以劃分為四個區域，這四個區域分別是原始狀態區（ZPF）、自我防禦區（ZSD）、外力援助區（ZOH）和情緒的自我崩潰區（ZSB），具體如圖6.1所示。

## （一）原始狀態區

　　每個個體生下來都有一套先天的神經構造類型，這種神經構造類型形成了個體最早的一系列情緒特質，我們把這種主要由遺傳而獲得的特質類情緒的總和，統稱為情緒的原始狀態區，有點類似於氣質。由於情緒的原始狀態區主要由先天的生物因素構成，因此，它在人的一生中變化很小，或根本不發生任何改變。從功能上說，個體原始的特質類情緒屬於生存性情緒，也就是說情緒的原始狀態區是人類在演化過程中為了獲得生存，依據自然選擇原則而保留下來的。如果按特質類情緒的性質和強度來對人進行分類，也就是根據原始情緒性質可以將人分為三類：第一類是平靜狀態類個體，即這樣的個體處於既不消極也不積極的情緒平和狀態，這類個體的情緒狀態正好處於圖6.1對角線OD上，其情緒特點從數量上來說是積

極與消極傾向的強度大致相當；第二類是偏消極狀態類個體，這類個體的情緒狀態處於圖6.1對角線OD的左上方區域內，其情緒特點是積極傾向強度小於消極傾向強度；第三類是偏積極狀態類個體，這類個體的情緒狀態處於圖6.1對角線OD的右下方區域內，其情緒特點是積極傾向強度大於消極傾向強度。

一般情況下，出生不久的個體在日常生活中的情緒應該是相對穩定的原始狀態，如果生活中出現了一些外在刺激影響而導致其情緒不穩定，個體會透過各種方式使自己的情緒重新接近於先前的原始狀態。這就如一個人的氣質特點，不管你處於什麼樣的環境中，但先天的氣質特點總會時時瀰漫在個體的生活中。

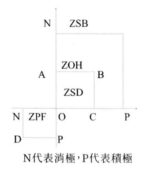

N代表消極，P代表積極

圖 6.1 情緒的結構

## (二) 自我防禦區

在原始的特質類情緒基礎之上，個體會逐漸派生出一個新的情緒區域，我們稱之為自我防禦區。情緒自我防禦區主要是後天形成的，是個體出生後利用先天的特質類情緒應對外在挑戰而獲得的情緒經驗累積。當一個嬰兒出生時，他的情緒是原始的，其應對外在刺激完全受先天遺傳基因的影響。但嬰兒在每次應對外在刺激（尤其是一些情緒問題）後都會獲得一定的經驗，這些應對經驗就構成了個體早期的自我防禦區。隨著個體不斷接受各種外在

刺激，其自身開始累積更多的各種情緒應對經驗，因而個體的自我防禦區範圍就變得越來越大。所以，從某種意義上說，自我防禦區實際上既包括了個體的先天遺傳（特質類情緒特點），也包括了個體後天的情緒應對經驗。需要特別指出的是，個體的自我防禦區一旦形成之後，它會自動代替個體情緒原始狀態區的功能，也就是說，個體以後日常生活所表現出的情緒狀態更主要是其自我防禦區的特點。例如一個嬰兒可能會因為沒有吃到糖，表現出強烈的情緒波動而大聲哭鬧，但當他到了一定年齡之後，他面臨同樣的情形，這種情況便會消失，即原始的特質類情緒被後來的自我防禦區情緒替代了。自我防禦區是一個無意識情緒工作區，即當自我防禦區在發生作用時，個體意識不到其作用過程，因而其不消耗或消耗極少的心理資源。

如果一個外在刺激造成的情緒問題的強度正好落在自我防禦區域內，即使個體出現了一些情緒上的波動（如受到某些外在消極刺激而出現情緒低落），但由於回歸力的作用，個體也可以利用自我防禦機制（self defense mechanisms）來恢復原來穩定的情緒狀態，這一過程被稱為心理自癒。如生活中我們經常會碰到一些讓我們開心或不開心的小事，但不久之後，即使我們不接受任何輔導，我們的情緒也會自動恢復到早先的穩定狀態。自我防禦區範圍內的情緒波動基本還處於常態之中，這種波動是暫時的、可控的和非持續性的，因為這些都是人之前的情緒經驗的累積。

## （三）外力援助區

自我防禦區之外還存在另一個情緒區域，我們稱之為外力援助區，它是一個有意識情緒作用區。外力援助區不是個體應對經驗的直接累積，而是在自我防禦區基礎上派生（derive）的，是個體所能忍受的最大情緒刺激且不至於崩潰的範圍。如果一個外在刺激所造成的情緒影響強度超出了個體的情緒自我防禦區而落在了外力援助區，個體已有的情緒自我防禦區就

會因受力過大而發生解構，這會直接影響其原來相對穩定的情緒狀態，如圖6.2所示的 $A_2B_2C_1O$ 區域（外在消極刺激所導致的消極情緒影響）和 $A_1B_1C_2O$ 區域（外在積極刺激所導致的積極情緒影響）。其中 $A_2$、$A_1$ 表示純消極情緒刺激和純積極情緒刺激，$B_2$、$B_1$ 則表示的是一種綜合情緒刺激，但 $B_2$ 的消極成分顯然大於積極成分，而 $B_1$ 的積極成分大於消極成分。由於個體的情緒狀態總會傾向於重新回歸穩定，這時候個體情緒就有兩種可能：一種是回歸其原來的自我防禦區，另一種是重建一個新的情緒自我防禦區。但不管是恢復還是重建，個體都不能依靠自身的防禦機制來達到目的（因為個體原來的情緒自我防禦區已經處於解構狀態，失去了自我建構的能力），所以個體只能借助外在力量來重新恢復自己原來的穩定狀態或重建一個新的穩定狀態。外力援助區範圍內的情緒波動具有非常態性和一定的持續性。

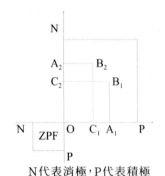

N代表消極，P代表積極

圖 6.2 N 代表消極，P 代表積極

外力援助區範圍的消極一端，以個體所能承受的最大打擊，而不至於出現自我崩潰為限；同樣積極的一端也是個體所能承受的最大快樂，而不至於出現自我崩潰為限。也就是說，只要外在刺激所造成的情緒體驗強度落在外力援助區之內，不管是積極的還是消極的，儘管它們都會導致個體出現一定程度上的情緒問題，但都不至於使個體精神崩潰。

## （四）自我崩潰區

自我崩潰區是指外力援助區之外的一個區域，也是個體情緒結構中最外面的一個區域。個體如果受到這個區域的情緒刺激影響，將會耗盡自己所擁有的所有心理資源，從而使自己處於混亂狀態，出現各種嚴重心理疾病（如歇斯底里等），即我們通常所說的情緒崩潰。情緒崩潰個體的一切情緒結構都被解構了，因而也失去了情緒穩定的基礎，這種個體的最大特徵是失去了正確認知能力（包括對自我和周圍世界的正確認知）。有一點需要說明的是，不管是積極情緒還是消極情緒，只要其強度處於這個區域，都會對人造成傷害。如范進中舉現象，就是過大的積極情緒導致個體自我崩潰；而祥林嫂現象則是過大的消極情緒導致個體自我崩潰。

## 二、情緒變化或影響的最近發展區

我們認為情緒影響或變化存在一個最近發展區，也就是說，個體在受到外在刺激而出現情緒問題時，心理學所能施加的外在影響具有一個特定範圍。那怎樣界定這個最近發展區的範圍呢？最近發展區主要由兩個區域構成，一個是自我防禦區，另一個是外力援助區。因此，情緒變化的最近發展區作用機制也就可以分為兩種情況（下文均以外在消極刺激所造成的消極情緒問題為例）。

第一種情況，當一個外在消極刺激所造成的情緒問題的強度處於自我防禦區內，它只能讓個體出現暫時性的、短期的情緒波動，即個體原有的情緒自我防禦區並沒有被打破。這時個體一般不需要他人的幫助，時間就可以使個體恢復到早先的穩定狀態，在這一過程中發揮作用的主要是個體的自我防禦機制。根據佛洛伊德的理論，個體的自我防禦過程是自身意識不到的，因而個體的心理自癒過程也就基本上不消耗或消耗很少的心理資源（不過現在也有一些研究證明，人的無意識情緒過程也會消耗很少量的心理資源）。

當然，出現自我防禦區範圍內情緒問題的個體也可以借助外力來恢復到原先的穩定狀態，但這種外力幫助最終還是要透過個體的自我防禦機制來發揮作用，因此，外力幫助的強度力量應該要適當，必須落在自我防禦區範圍內。如果這時候的外力幫助太過強大（如外力所造成的情緒體驗強度超越了個體的自我防禦區範圍），外力就有可能解構或打破個體原來的自我防禦區，外力本身這時候就會演變為心理問題源，這反而會使個體出現更嚴重的或其他的心理問題，即外力造成了相反的作用。我們把這種外力超越自我防禦區而起相反作用的現象稱為過度性救助（ultra-help）。所以，當個體面臨一些小的挫折或失敗時，他人不必大驚小怪，也許中性色彩的情緒安慰就已經足夠了，否則就容易犯過度救助的錯誤。這正如生活中，當個體只需要獲得一碗飯就可以度過難關時，如果你給了他一袋米，他反而會出現問題（比如，使他覺得可以依賴他人的救助不勞而獲等）。

　　第二種情況，當一個外在消極刺激所造成的消極情緒（即出現了情緒問題）的強度處於外力援助區內，由於這種情緒影響的強度足夠大，它解構了個體已有的自我防禦區，因此個體的自我防禦機制就失去了作用。失去自我防禦機制的個體的情緒狀態是不穩定的，個體這時候如果想恢復其穩定的情緒狀態，就必須修復自己已經被解構的自我防禦區，或乾脆重建一個自我防禦區，這就需要外在力量的有效幫助（也即外在心理輔導）。但這裡同樣有一個問題很重要，即外在的幫助力量要合適。

　　不同於自我防禦區，外力援助區內的情緒波動由於個體已不能純粹依靠自身的防禦機制，必須完全借助外在力量來恢復穩定狀態，或者重建一個新的穩定狀態，而這都得在個體有意識狀態之下才能完成，因而它們都要消耗個體已有的心理資源（ego psychological energy，有時也稱自我心理能量）。個體的自我心理資源在一定時間內是相對固定的，當一種外在影響消耗過多的心理資源時，個體隨後的自我控制活動就會受影響，因而個

體對消耗自己大量心理資源的活動天生就具有排斥力。也就是說，如果外在幫助性刺激的強度越大（即外在刺激影響所產生的情緒強度和其當時的情緒強度間的落差越大），那麼個體消耗的自我心理資源就會越多，個體相應的反抗力也就會越強，這實際上是過度救助的另一種情形。

　　例如當個體受到外在消極刺激而出現了很大程度的情緒問題（處於接近外力援助區消極一端的邊緣，如圖6.2所示）時，如果人們用極大的積極情緒（接近外力援助區積極一端的邊緣）來影響他，這二者之間的落差就會很大，那個體就會因此而消耗極大的心理資源，這時候個體可能就會因為要消耗極大的心理資源而自覺或不自覺地採取拒絕接受的態度，即這樣的外力幫助可能會無效。反之，如果人們用相對較小的積極情緒，甚至是帶有一點消極性質的情緒刺激來影響他，個體只需消耗較少的心理資源因而更可能接受這種外力幫助。所以，在某種意義上說，有時候分享痛苦也是一種很好的幫助或安慰。

　　從理論上說，當個體面臨情緒問題時，只要外力幫助所造成的情緒強度處於最近發展區內，個體就有可能接受這種外在影響。但由於個體接受處於外力援助區內的外在情緒影響要消耗自身的心理資源，因此，並不是越積極的影響就越有效。當然，情緒變化最近發展區理論也並不認為心理援助應該是步伐越小效果就越好，因為這裡還存在一個效率問題，也就是說，心理幫助應該是情緒落差（外在刺激所造成的情緒影響和其原有情緒狀態間的差異大小）和自我心理資源消耗間的一個平衡。

## 三、自我防禦區與外力援助區間的關係

　　個體剛出生時，即早期的情緒變化最近發展區區域，主要由自我防禦區構成（包括情緒的原始狀態區）而沒有外力援助區，這是因為外力援助區要依賴自我心理資源的有意識操控。只有當個體具有了自我意識之後，

情緒變化最近發展區中才開始增加了一個新成分 —— 外力援助區，因為自我意識代表著個體能主動控制和使用自己的心理資源。個體的外力援助區一旦出現，它就會和個體已有的自我防禦區發生相互作用。

首先，個體的外力援助區會向自我防禦區轉化。當受到一個來自於外力援助區的情緒影響而出現情緒問題後，個體透過一定的外力幫助而使自己重新建立了新的情緒平衡，在這一過程中，個體所獲得的應對經驗就有可能轉化為自我防禦區。也就是說，當個體以後再次面臨相同或相似的情緒問題時，個體就不再需要外力的幫助，而只依靠自己的防禦機制就能恢復情緒穩定狀態。所以總體來說，年齡大的人總是比年齡小的人有更好的心理抗壓力，生活經歷豐富的人比生活經歷單調的人有更好的心理抗壓力。不過有一點要明確：並不是個體每一次戰勝外界情緒影響的經驗都會轉化為自我防禦區，這一轉化過程受個體的先天情緒特質、自尊、先前的生活經歷、外在的環境和社會文化條件等多方面因素的影響。

其次，個體的自我防禦區同樣也有可能向外力援助區轉化，當個體受到一個外在情緒刺激而出現情緒問題後，儘管透過自我防禦機制或者外力的幫助而穩定了情緒，但個體也因此變得對此類刺激更敏感，即在面對同類或相似刺激時的自癒能力進一步降低，這一過程就是自我防禦區向外力援助區轉化的結果。

心理學在過去的研究中發現了所謂的鋼化效應（steeling effects）和敏化效應（sensitizing effects）。鋼化效應是指先前的害怕體驗、壓力和逆境，使個體對今後類似消極經歷的耐受性提高，所謂「見怪不怪」。鋼化效應實際上就是外力援助區向自我防禦區的轉化，這一轉化過程意味著個體的心理自癒程度得到了提高，因為個體的心理自癒程度實際上主要是由自我防禦區的大小決定的。而自我防禦區向外力援助區的轉化則是敏化效應，敏化效應是指個體先前應對的消極體驗、壓力和逆境等經驗，使個體在今

後面臨類似的消極經歷時變得更為脆弱。生活中所謂的「一朝被蛇咬，十年怕井繩」就是最典型的例子。心理學研究顯示，某些生活早期遭受過不良性傷害的女性，會對男性與婚姻產生敵對情緒，這便是一種典型的敏化效應。

## 四、最近發展區概念在生活實踐中的應用

### （一）關於心理輔導領域

　　目前的心理治療和心理諮詢相對比較混亂，各個學派間不僅方法有差異，甚至觀點也不盡相同，即使是同一個學派，不同的人也有不同的主張。面對出現情緒問題的個體，有人主張用高強度的積極情緒去引導，有人主張用低強度的積極情緒去引導，還有人主張用中性情緒（寧靜）去引導，但誰也說服不了誰。2008年5月12日，四川汶川地區發生了嚴重的地震，在隨後的心理救助現場，面對一個在地震中失去了父母的孩子——小麗（化名），一個心理輔導小組鼓勵她要堅強，不要哭，要勇敢地面對生活，該心理輔導小組還邀請小麗參加隨後舉行的救災晚會，但被小麗拒絕了；然後又來了另一個心理輔導小組卻鼓勵小麗大聲地哭出來，而且心理輔導小組成員也坐在她旁邊一起陪著她流淚，分享她的痛苦。這時一直陪護在小麗身旁的一位志願工作者說了一句話：心理學是怎麼回事？一下子不讓人哭，一下子又讓人哭。當時在場的所有心理學工作者聽了這句話都目瞪口呆，不知道怎樣回答。

　　小麗現象在很長一段時間內深深困擾著心理學界，現在可以用這個情緒變化最近發展區理論來解釋這個問題了。小麗因受到了太大強度的消極刺激而出現了情緒問題，這種消極情緒的強度已經突破了小麗的情緒自我防禦區，進入了外力援助區，因而小麗無法靠自我防禦區的力量來使自己

獲得情緒平靜，需要依靠外在力量的幫助。那麼怎麼幫助比較好？首先對小麗施加的外在情緒影響強度要處於其情緒變化最近發展區之內，不管是讓她「哭」還是讓她「不哭」，這些影響都有可能被小麗接受而發揮作用。其次，即使所施加的外在影響是處於小麗情緒變化最近發展區之內，但如果施加的外在影響（如過於積極）和小麗已有的情緒狀態落差過大，不管這種影響多麼積極，小麗也有可能會因為消耗太多的心理資源而拒絕接受，因而心理輔導一定要考慮到被輔導者現有的情緒強度，在確保不消耗輔導者太多心理資源的基礎上選擇輔導內容。

## （二）積極情緒和消極情緒到底哪個更有利於人的發展？

讓我們回到上文提到的，所謂的憂鬱的人更聰明和積極情緒擴建理論之間的矛盾。儘管當代許多研究者從各個方面對憂鬱的人更聰明這一結論進行了質疑，而對積極情緒擴建理論表示贊同，但這並不能說明「結果接近效應」或「消極實在主義」就是錯誤的，因為同樣有很多嚴格的心理學實驗證明了它的可靠性。事實上，這兩個結論都是由精確的實驗得來的，它們都應該被認為是正確的。那為什麼兩個相對立的結論都正確呢？這是因為阿洛伊等人研究中所涉及的是生存性情緒，而弗雷德里克森研究中所涉及的則是發展性情緒。

所謂生存性情緒是指那些沒有受到任何外在刺激，而由先天神經機制影響所導致的特質類情緒，其主要目的在於保存生命，這種情緒經常是個體自身意識不到的，個體的原始狀態情緒就是典型的生存性情緒。上文阿洛伊的實驗得出結論——憂鬱的人更聰明。也就是說，阿洛伊等人是根據受試者先天的特質類情緒特徵（屬於情緒的原始狀態區）的不同來把受試者分為憂鬱組和非憂鬱組，憂鬱組受試者即處於圖6.1對角線OD的左上方，非憂鬱組受試者即處於圖6.1對角線OD的右下方。

原始狀態區的情緒是個體受遺傳機制影響而形成的原始情緒，它屬於人類演化過程中保存下來的生存性情緒。演化心理學的研究告訴我們，個體在漫長的演化過程中，消極情緒對人的生存具有更大的價值，它的提醒和警示作用可以幫助人們在早期惡劣環境中獲得更多的生存機會。人類早期的生活環境比較嚴酷，我們的祖先必須時刻準備著與比自己凶猛得多的猛獸進行打鬥，消極情緒會讓人產生避開或攻擊（而不是接近）的行為或行為傾向。我們不難想像，早期人類在充滿危險的挑戰環境中，攻擊、驅逐、逃跑等行為更具有生存價值，因而消極情緒自然就構成了人類的生存性資源。這就是說，在個體的原始情緒狀態下，消極情緒能為人對周圍世界的認知提供更多的生存性資源。這樣，阿洛伊等人實驗中的憂鬱的人就比非憂鬱的人擁有了更多的生存性資源，因而實驗中憂鬱受試者就比非憂鬱受試者判斷更準確。

　　所謂發展性情緒是指個體受到外在刺激（尤其是社會性刺激）而引發的情緒，是一種典型的狀態類情緒，其主要目的在於促使個體獲得社會性發展，這種情緒是個體意識的產物。如社會地位的上升、體育比賽中獲得的勝利等都會使個體出現積極的情緒狀態，而經歷挫折、面臨不幸時則又會出現消極情緒狀態，而且這些情緒狀態還能維持一段時間（目前的心理學研究發現，這種狀態類情緒最長可以維持3個月左右，之後個體就會重新恢復到先前的狀態）。

　　弗雷德里克森在實驗中沒有用量表來對受試者進行分類，而是對正常的個體施加一種外在影響（積極刺激或消極刺激），因此受試者被激起的是狀態類情緒，是一種發展性情緒。雖然都是積極情緒，但發展性積極情緒可以使個體更容易被社會接受，從而獲得良好的社會性發展，而生存性積極情緒則有可能使個體面臨更多的生存風險。當然，同樣是消極情緒，生存性消極情緒可以增加個體在危險情境下的生存機會，而發展性消極情

緒則可能使個體喪失其在良好社會條件下的發展資源。有心理學研究顯示，社會地位得到提高的個體（會產生發展性積極情緒）更可能以一種親社會行為的方式行事，出現較多的積極行為，而社會地位的突然下跌易導致個體出現消極保守行為。

因此在生命不受威脅的今天，誘發而生成的積極情緒能使人產生各種與社會性發展相關的行為（比如，創新或創造等都會帶給個體更好的發展機會），並為個體的進一步發展構建資源。因此，弗雷德里克森實驗中的積極情緒組受試者就比消極情緒組受試者擁有了更多的發展性資源，因而積極情緒組受試者在實驗中就出現了認知等方面的擴建現象。

當然，儘管目前已經有很多實驗結果支持情緒變化或影響的最近發展區概念，但在一定意義上，這一概念仍然是一種建構設想，它還需要進一步獲得更多相關實驗結果的支持，特別是以下幾個方面需要得到進一步的明確。

第一，心理資源的變化對個體行為的影響程度還需進一步地證實。儘管有研究顯示個體受到外在積極情緒影響會增加其心理資源，而受到外在消極情緒影響則損耗其心理資源。但如果面對的是一個處於平靜狀態的人，是不是極大的積極情緒體驗和極大的消極情緒體驗都一樣能消耗個體大量的自我心理資源？此外，還必須弄清楚個體消耗的心理資源需要透過多長時間才能得到補充？同時這種補充過程的心理機制又是怎樣的？這方面可能更需要生理學或免疫學方面的證據支持。

第二，自我在情緒變化最近發展區理論中所發揮的作用還需要進一步的明確，尤其需要明確兩個問題：一是如果嬰兒沒有產生自我意識，他就不會出現情緒問題，那沒有自我意識的嬰兒到底有沒有情緒問題？二是當個體處於情緒崩潰狀態下，心理學到底能做些什麼？

第三，個體先天的原始情緒狀態到底包括哪些基本情緒？因為現在的

演化心理學研究顯示，消極情緒可能是人類原始情緒的主力軍。另外，積極性質的生存性情緒又到底具有什麼作用？這種情緒研究不僅需要心理學研究的支持，同時還需要社會學、人類學和生理學等多方面研究的支持。

# 第七章
# 運動與心理健康

運動，
是揮汗如雨的體驗，
還是拯救心靈的靈丹？

註：本部分內容由社會心理學研究者應小萍老師撰寫。

運動與心理健康之間的關聯一直是學術界和普通民眾所關注的話題，經常進行體育運動鍛鍊看似能顯著促進人們的快樂，但從已有的實證研究來看，運動與心理健康之間的關係並不明顯，尤其是兩者之間並不是簡單的正向因果關係。從已有的研究來看，不同人群的特點（不同性別、不同年齡階段、不同家庭背景），以及已有研究所選取的樣本代表性和樣本量的差異等多種因素，都有可能影響運動和心理健康之間的關係。不僅如此，選擇哪種運動、運動的頻率及強度、每次運動的時間長度等也都有可能影響運動與心理健康之間的關係。

2018年，《柳葉刀》附屬的專業期刊《柳葉刀精神病學》(The Lancet Psychiatry)發表了一篇運動促進心理健康並有助於快樂的研究，受到學術界和普通民眾的普遍關注。這項研究的獨特之處在於其全面性，具體如：樣本數量足夠大，實驗研究的人數超過120萬，且是來自美國的18歲成年人；時間跨度長，研究涉及的時間從2011年、2013年到2015年；選取的運動方式廣，研究選取了日常生活中常見的75種運動和鍛鍊方式，並將之分為團隊運動、騎車、有氧運動、跑步、休閒娛樂、游泳等、散步和其他8大類運動；測量的因變量內容多，如心理健康集中在壓力、焦慮、憂鬱等多個方面。

在控制了年齡、性別、種族、經濟、婚姻和教育程度等人口變量之後，該研究得到的結果肯定了運動能夠促進人們的心理健康。具體結果可以簡單概括為兩個方面：一是運動人群比不運動人群有更好的心理健康；二是對於普通大眾而言，團隊運動、騎車、有氧運動是最有利於心理健康的三種運動方式。

本章將從四個方面講述運動促進心理健康：一是運動頻率和身心健康的關係；二是運動種類與身心健康的關係；三是試圖用自我調節控制解釋

運動促進心理健康背後的機制；四是簡單解釋在個體因素之外，影響運動和心理健康關聯的社會環境因素。

　　本章也探討了身體健康和心理健康兩者之間的相互關係，具體操作是用過去的心理健康數據檢驗當前身體健康數據的直接效應和間接效應，並用過去的身體健康數據檢驗當前心理健康數據的直接效應和間接效應。

# 第一節
# 運動頻率與心理健康的關係

　　研究者對某大學的大學生進行過一項體育休閒活動的調查，在調查中詢問了大學生「在閒暇時進行的活動類型」，共有以下12項：

- 看電視
- 上網
- 玩遊戲（電腦遊戲、遊戲機或手機遊戲）聽音樂
- 朋友聚會、K歌、跳舞或興趣團體活動
- 逛街、散步、購物
- 去電影院看電影或去劇院看話劇等
- 看書、報紙、雜誌
- 睡覺
- 郊遊、旅遊
- 運動或體育鍛鍊
- 聊天

　　並要求大學生回答上述每項活動的頻率，分別從1～6分這6個選項中選擇一個，「從未（1分）」「每月不足1次（2分）」「每週不足1次（3分）」「每週1～2次（4分）」「每週3～4次（5分）」「每週5次以上（6分）」。考

慮到大學生平時主要以上課或學習為主，很多閒暇活動可能會在週末而不是週一至週五進行，又特別增加了「週末的活動狀況」的問答，設置了從「半小時以下」「半小時～1小時」「1～2小時」「2小時以上」4個選項。如圖7.1所示，大學生在閒暇時進行的休閒活動頻率最高的是上網活動，84%的大學生達到每週3～4次以上（含3～4次），其中74.73%的大學生上網頻率達到每週5次以上。其次分別為睡覺（77.6%的大學生達到每週3次以上）、聽音樂（68.3%的大學生達到每週3次以上）、聊天（57.7%的大學生達到每週3次以上）。如圖7.2所示，大學生們體育運動的頻率平均為每週1～2次，只有17.58%的大學生體育運動頻率達到每週3～4次（含3～4次）以上。

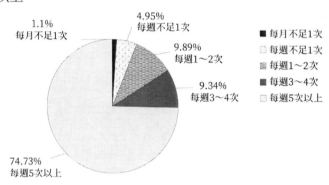

圖 7.1 上網活動的頻率

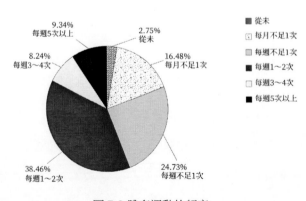

圖 7.2 體育運動的頻率

## 一、久坐不運動對身心健康的負面影響

久坐不運動不是指不參加任何活動，而是指不主動參加「體育」活動，主要指個體沒有有意識地進行身體運動和鍛鍊。這些人會長時間坐著不動，進行如看書、看電子螢幕（看手機、看電視、玩遊戲）等活動。

### (一) 久坐不運動會增加個體憂鬱或心理問題的風險

已有研究證實，使用電子螢幕的時間越長，患憂鬱和心理問題的風險就越大。而憂鬱一旦發生以後，個體的身體活動量會大大減少，會不願出門、不願起床，甚至刷牙等個人衛生活動都沒有動力去做。有研究已經證實，體育鍛鍊有助於減輕焦慮和憂鬱症狀，但研究也證實久坐和運動對憂鬱症的作用可能是互相獨立的。

我們可以常常在媒體報導中看到，一些大學生因為玩遊戲而考試不及格、被退學，甚至有極少數大學生通宵玩遊戲而出現過勞，被送進醫院急診。坐在電子螢幕前玩遊戲是久坐不運動的典型現象。青少年沉迷於手機遊戲，在影響學業的同時，也造成親子衝突或親子關係緊張。父母身為青少年的監護人，如果看到孩子玩手機遊戲的時間過長，一般都會反對，而這勢必造成孩子的反抗，這種親子衝突對孩子的身心會帶來一定的負面影響，進而增加了孩子產生各種心理問題的風險。

### (二) 久坐不運動還容易導致個體產生某些生理問題

孩子處在長身體的關鍵時刻，其肌肉和骨骼的生長還沒有定型，如長時間保持一種姿勢勢必會對其腰和脊椎產生不利影響，同時也會對手肌腱產生消極影響。

儘管現在孩子玩電子遊戲的現象越來越嚴重，但父母在養育孩子的過程中，不能簡單粗暴地禁止孩子玩電子遊戲，要思考孩子行為及自己所採

取行為背後的意義。父母要著力培養孩子對學習時間和運動時間的自我管理。事實上，遊戲已經成為青少年必不可少的社會交往渠道，如何分配玩遊戲的時間，也是社會交往的一種重要方式，所以讓孩子學會自主分配遊戲時間是其個人成長過程所必須掌握的技能。有時候家長也可以用螢幕閱讀來取代孩子的螢幕遊戲，雖然都是在用螢幕，但閱讀和遊戲對孩子的生理和認知的影響肯定會有所不同。

　　運動有助於青少年的大腦、認知和心理的全面發展，擔心孩子沉迷於遊戲的父母可以考慮讓孩子用運動來替代遊戲，讓孩子主動喜歡上某項適合自己的體育活動，並鼓勵其堅持不懈，直到孩子在這項體育活動上獲得一定的成就，這樣會有效提高孩子的自尊，進而促進其心理的健康發展。

## 二、運動頻率越高生活越滿意？

　　在上述的在校大學生體育休閒活動調查中，還要求175名大學生回答了「過去的4個星期內進行一定強度的體育活動或身體鍛鍊的頻率（至少有持續20分鐘的呼吸急促、出汗或心跳加速的活動）」，也包括6個選項，在1～6之間選擇，「從未（1分）」「每月不足1次（2分）」「每週不足1次（3分）」「每週1～2次（4分）」「每週3～4次（5分）」「每週5次以上（6分）」。結果如圖7.3所示，「從未」進行體育活動或身體鍛鍊的占2.9%；「每月不足1次」的占20%；「每週不足1次」的占23.5%；「每週1～2次」的占34.7%；「每週3～4次」的占13.5%；「每週5次以上」的占5.3%。

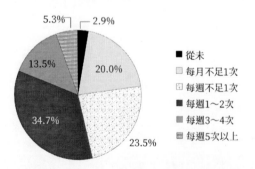

圖7.3 過去的4個星期內進行一定強度的體育活動或身體鍛鍊頻率

該調查同時使用了「生活滿意感量表」測量了大學生的生活滿意度，生活滿意感量表是在主觀上對生活滿意感的評價。量表包括5個項目，「總體說來，我的生活和我的理想很接近」「總體說來，我的生活狀況非常好」「我對我的生活感到滿意」「我已經得到了我在生活中想得到的重要東西」「即使生活可以從頭再來，我也沒什麼想要改變的」。使用1～6分從「很不贊同」到「很贊同」評分，要求受訪者回答與其實際情況是否符合。

　　結果表明，個體的體育活動頻率和其生活滿意感之間的關聯不大，即大學生參與體育運動的次數在統計學上不會顯著影響其生活滿意感，這個結果意味著運動和快樂並不是簡單的直線關係。

　　同樣，研究者也對附近居民的體育休閒活動和生活滿意感的關係進行了研究，我們選取了5個社區，透過配額抽樣（quota sample）的方法，選取18～70歲的受試者進行調查，共獲得有效樣本491人。其中，男性209人，女性273人，還有9人未作答。受試者平均年齡44.1歲（SD＝13.66）。研究者要求受試者回答「半年來參加次數最多的體育休閒活動的名稱」以及選擇「半年1～2次」「每月1～2次」「每週1次」「每週2～3次」「每週4～5次」「每天1次」來獲得受試者參加體育休閒活動的頻率。

　　如果以每週參加體育休閒活動2～3次及以上為經常參加者，居民經常參加體育休閒活動的人數就達到了64.9％；每週1次以下為「不經常參加者」，則達到了35.2％。這一結果表明普通民眾參與體育休閒活動的熱情比年輕大學生的更高。如表7.1所示，透過對比居民中經常和不經常參與體育休閒活動人群的生活滿意感，我們發現兩者差異顯著，經常參與體育休閒活動者報告了更高的生活滿意感程度，也驗證了之前的研究，即體育休閒活動的參與有助於提升生活滿意感。

表 7.1 經常與不經常參與體育休閒活動人群的生活滿意感的 t 檢驗結果

| | 經常參加人群 | | | 步經常參加人群 | | | t 檢驗 | |
|---|---|---|---|---|---|---|---|---|
| | 均值 | n | 標準差 | 均值 | n | 標準差 | t | p |
| 生活滿意感 | 3.85 | 274 | 1.331 | 3.45 | 181 | 1.259 | 2.39 | 0.017* |

註：
1‧t 檢驗是檢驗兩組數據差異的一種方法。
2‧t 值是兩組數據存在差異的依據。
3‧p 值是兩組數據之間是否存在差異，一般小於 0.05 才意味著有差異。
4‧* 代表差異顯著。
5‧n 代表樣本的數量。

# 第二節
# 運動方式會影響個體的心理健康嗎？

## 一、運動方式和生活滿意感

在上一節提到的居民休閒運動情況調查中，研究者根據「半年來參加次數最多的體育休閒活動的名稱」這一題目的回答，將體育運動分成如圖 7.4 所示的 11 類，並分析了相對應的生活滿意感量表得分。總體來看，絕大多數運動所帶來的生活滿意感之間並不存在顯著差異，這在一定程度上意味著人們只要參加運動就可以獲得類似的感受，而且所有的得分都在生活滿意感理論均值（3 分）之上，即只要參加運動，生活的滿意度就會相對提高。不過由於調查的樣本相對有限，某些類別運動的參與人數相對較少，這在統計學意義上可能並不具有說服力，但這個大致趨勢還是明顯的，這一趨勢與本章節開頭提到的《柳葉刀》上發表的研究有相似之處，即不管參與何種運動，都能夠在一定程度上促進人們的心理健康。

不過，為了對各種具體運動方式進行更清晰地了解，研究者還是對調查所獲得的數據做了一個具體的分析比較，如圖7.4所示，民眾參與太極運動的生活滿意感最高，為4.83分，遠超總體平均數（與之存在顯著差異），也遠超其他幾類運動（與之存在顯著差異），具體原因在下一節中會詳細分析。個體一旦參與了太極運動，能夠長久堅持，在這一過程中個體的自我調節功能就會啟動，自我參與導致快樂程度相對更高。參與旅遊和棋類活動的受試者的生活滿意感相對最低，為3.4分，旅遊和棋類活動的休閒成分也許更大一些，其體育鍛鍊成分相對較低一點，這或許是其生活滿意感相對較低的原因。跳舞、騎自行車、散步走路、健身鍛鍊體操瑜伽、跑步的生活滿意感分數比較接近，而且都超過了總體平均數，即相對而言有較高的生活滿意感。跑步的作用也會在下一節進行更為詳細的解說，而散步走路與跑步的生活滿意感分數接近。

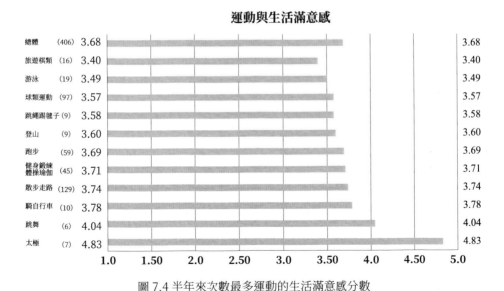

圖 7.4 半年來次數最多運動的生活滿意感分數

## 二、瑜伽對患病女性心理健康的積極促進作用

　　瑜伽不僅對健康人群的健康快樂具有促進作用，而且對於患病女性的身體康復和心理健康恢復同樣具有積極促進作用。有研究綜述了瑜伽在多囊性卵巢症候群（PCOS）病人治療中的積極作用。女性在被診斷出多囊性卵巢症候群後，在手術治療或者化療過程中，在經歷身體健康狀況變差的同時，在心理層面會報告較多的憂鬱、焦慮和睡眠障礙等，這時候在手術治療的同時附加一個適合女性病人的瑜伽活動，就能夠提高患者的心理健康。綜合已經發表的研究文獻來看，多數研究肯定了瑜伽對患者的心理健康的促進作用，但也有部分研究認為，瑜伽這項運動對促進身體和心理健康的相關證據並不充分，瑜伽可能並不是獨立作用於疾病的治療，飲食管理和醫學治療在這一過程中可能發揮著關鍵的作用，事實上運動提升心理健康快樂的機制目前並不清楚。但總體來看，多數研究所獲得的研究結果顯示，瑜伽作為干預療法的確促進了多囊性卵巢症候群病人的心理健康，干預後的病人報告了更高的生活品質，其憂鬱、壓力和焦慮均有一定降低。瑜伽活動本身有多種類型，具體包括冥想、靜思、深呼吸和形體訓練等類型，因此需要進一步分離瑜伽活動的類型、強度頻率等在心理健康中的具體功能，進一步討論瑜伽活動對心理健康的促進作用。

　　乳腺癌是女性較為高發的疾病，患者中有1/3會報告存在心理困擾，主要是憂鬱和焦慮，而患者中的90%在治療中會存在疲勞倦怠、睡眠障礙，這也是病人在整個發病、手術和後續治療過程中面臨的重要問題。瑜伽活動在對患者的干預研究中顯示出積極的作用，對比無干預控制，也對比其他社會心理和教育類的干預項目（如心理諮詢等），其具有更好的降低病人焦慮和憂鬱等症狀的作用。

　　不過研究也同時表明，人們要清楚瑜伽活動只是有條件地對患者發揮作用，它只是在常規癌症治療中的一種支持性療法，有助於提高患者的生

活品質和心理健康，但不能忽略手術和其他後續醫學療法的關鍵作用。乳腺癌病人類型多種多樣，針對不同類型患者，要考慮到瑜伽活動存在的風險和優勢因素，要考慮到瑜伽活動本身對於患者身體上的危險性等。同時對於瑜伽活動的不同成分，如身體運動、呼吸控制、冥想等成分，它們的不同作用也需要進一步研究，目前已有研究揭示，帶冥想的瑜伽活動對於憂鬱具有更好的療效，而瑜伽活動對降低疼痛的作用則需要進一步評估。

## 三、勞動內化為運動鍛鍊也能促進心理健康

運動對心理健康的積極作用不限於劇烈程度或者是否屬於有氧運動等，日常生活勞動也在一定意義上是一種運動。有一項關於運動或活動類別和心理健康的關係的分析研究顯示，家務相關的活動對於心理健康關係的促進作用不大，而與工作相關的活動則極大地促進了個體的心理健康。這意味著家務勞動會導致生活滿意感下降（這也是許多人把自己的家事透過付報酬給他人而讓他人去做的一個原因，做別人的家事而獲得報酬，那做家事就轉變成了一份工作），但如果一個人的工作碰巧是做家事又會發生什麼情況呢？

哈佛大學的E. J. 蘭格（E. J. Langer）教授有一項有趣的研究，受試者是來自美國的一些飯店服務員，日常工作是打掃客房。研究設計的控制組為常規的客房打掃服務人員，實驗組要求服務人員在進行打掃工作時，想想具體是哪塊肌肉在活動，也就是將日常工作內化成（看作）專業化的體育鍛鍊活動。僅僅4週的時間，就發現實驗組相比控制組報告了更好的身體健康狀況和更高的生活滿意度。

客房打掃工作是一項對體力要求很高的活動，而在勞動力短缺的市場上，如果飯店生意很好，房間入住率很高，一個服務員就可能需要在8小時內一直工作而沒有時間休息。研究者本人曾和一位飯店服務員聊過，她

敘述在飯店工作的第一週，雙手雙腿的肌肉痠痛，幾乎沒有知覺，不過忍過一週後，就開始適應了。因為人工短缺，有時她需要一個人打掃一個房間，她的個子不是很高，需要一個人完成換床單和換被套的工作，總體來說，飯店服務員是一項強度很高的勞動。蘭格的研究價值在於，透過一種特別的方式將繁重的客房打掃勞動轉化為能夠產生愉悅情緒的體育活動形式，這或許是另一種安慰劑效應。

## 第三節
## 運動的快樂密碼：自我調節控制

運動對心理健康有促進作用，但其內在機制一直是學術界探討的問題，就目前已經獲得的結果來看，主要包括三個方面的機制：一是認知神經機制、二是社會心理層面的機制、三是行為上的自我調控機制。

在神經生物學機制上，多個研究發現運動能夠降低大腦右側前額葉皮層的活動，而這能減少個體的消極情緒體驗，從而提高個體的心理健康。另外有研究發現，一般9個月的體育鍛鍊活動就能顯著提高青少年的心肺功能，而在認知領域，9個月的體育鍛鍊活動能使青少年對任務的注意力得到增強，抑制干擾的功能也有所增強，認知靈活性也得到了一定的提高。

在社會心理機制上，運動或體育活動增加了個體對於身體的自我知覺，從而建立起更為完善的自我概念，而這能提升個體的心理健康。在自我知覺提高和自我概念得到積極強化後，個體的自尊也會獲得相應提高，進而增加個體的幸福感和積極情緒體驗，雖然運動可以實現健康快樂的路徑還不是非常明確，但大體可以看到一條變化的路線。在社會因素方面，個體被社會接納的程度、獲得重要他人的認可和自己的價值觀被社會接納等，都是個體快樂的重要來源，人的自尊與社會接納一般呈現正相關。有

研究提示，在有氧運動干預課程對過肥青少年的憂鬱症狀治療中，在運動對憂鬱症改善的路徑中，身體知覺和自我價值觀起著仲介作用。

社會接納和體育活動的關係也存在另外一種情況。個體對自己的外表沒有很強的自信，也並不擅長體育和運動，即使希望被社會接納，也很難透過參加某項體育活動而提高其社會接納能力進而提升幸福感，所以這些人可能會另闢新徑，尋找其他提升幸福感的方法或途徑。

在運動促進心理健康的行為機制解釋方面，一般認為運動提高了個體的自我調節能力，進而提升了個體的心理健康。在一項為時3個月的在校武術技能訓練任務中，研究者發現武術訓練促進了學生的認知、情感和身體的自我調節能力，而這些受試者隨後表現出了更高的幸福感。在另外的一些運動干預訓練中，雖然沒有顯著提高學生的學業成績，但對學業行為（如在學習任務上花費的時間、在學習上的專注力、作業完成情況）等造成了積極改善的作用。還有研究發現，個體堅持不懈地參與體育運動，可以對個體的認知和心理健康造成積極作用，具體如青少年的不良嗜好得到改善、喝酒抽菸行為減少、不再盲目節食，而且在螢幕前玩遊戲的時間也相對減少等。總體來說，運動讓個體在學習和生活中變得更有自我控制感，進而獲得了更高的生活滿意度。

## 一、自我調節控制和堅持是運動促進心理健康的一個最重要因素

運動訓練，包括練習太極拳，都有可能改善人們的身心體驗，從而讓人們感覺更加良好。但研究顯示要達到這種效果，堅持必不可少，而堅持的過程就是一個提高自我調節控制的過程。

某心理研究所曾經研究了太極訓練如何改變人們的大腦，他們的基本研究方向很簡單，就是找一群從未練習過太極拳的人擔任受試者，對他們

的大腦進行掃描而取得基準數據。然後讓這些受試者在公園跟隨太極專家持續進行太極訓練，並在這一期間及之後對他們的大腦進行多次掃描，以探查太極訓練究竟怎樣改變了人的大腦結構和功能。

這個實驗研究持續的時間比較長（大約一年），主導這項研究的魏博士花費了很大的力氣去挑選那些有可能一直堅持練下來的受試者，因為核磁共振成像掃描的費用比較昂貴，如果練習的受試者中途退出，就意味著這個受試者的數據浪費掉了，不僅研究者在其身上花費的精力浪費了，還意味著數千甚至上萬元的研究經費損失掉了。為此，魏博士專門選擇了那些未來一年會穩定地生活在當地，並且不會有什麼特別大的變動（比如畢業或者換工作）的受試者，並且還讓這些人承諾自己一定會堅持到底。在實際的太極訓練開展不久之後，魏博士擔心的中途退出問題果然出現了，有的受試者會以各種理由不來參加每週幾次的太極訓練，在這種情況下，魏博士就得打電話勸說，甚至叫著計程車去把受試者從家里拉到公園。擔心受試者中途退出，成了這項研究主要的困難，這種情況大概持續了5個多月。

但在5個多月之後，情況逐步好轉，受試者已經能夠慢慢地堅持下來，也不用再讓研究者去找他們出來了。實際上，直到這項研究工作結束，仍然有許多受試者（參與者）自覺自願地來參加太極訓練，樂此不疲，即經過一段時間的堅持之後，運動使這些受試者的運動態度發生了很大的改變。一個有趣的問題是，究竟在這些受試者的頭腦中發生了什麼樣的變化才會造成這樣的改變？

由於受試者在太極訓練初始階段被掃描了大腦基準情況，因此，研究者就有可能透過受試者大腦中的變化，來推測產生這種變化的原因。透過研究發現，在太極訓練的最初階段，受試者大腦前部扣帶回周邊的白質纖維會持續增加。扣帶回這個神經結構在人們控制自身的認知活動中發揮著重要的作用，人們可以把它的作用想像成汽車的方向盤，它引導和改變人

們的努力方向。也就是說，在太極訓練的前5個月，受試者實際上一直在調節和控制自己，讓自己適應每週數次的太極訓練，這種持續的自我調節和控制用到的是前扣帶回這個腦區，所以受試者大腦中扣帶回周邊的神經白質纖維就會增長，這是持續的自我調節和控制的結果和證據。換句話說，這是受試者前5個月連續的太極訓練造成的行為變化結果，是與自我調節控制和堅持毅力相關的腦區的功能增長相關的。

除此之外，在連續太極訓練5個月之後，這些受試者頭腦中海馬迴結構中的神經元密度開始增長。海馬迴有著極其重要的認知功能。沒了它，人們就記不住近幾年遇到的所有的人和事，甚至連昨天晚上吃的什麼也可能完全想不起來。之前人們認為海馬迴與人的所謂情節記憶（就是伴隨清晰的自我意識的記憶）有關，而近期的研究則進一步發現，海馬迴的功能可能遠遠不止這個，它甚至還與人們的創造力有關，如果海馬迴損傷，人們就有可能不會創造性地解決手頭的任務。

更有甚者，有研究還發現當使用抗憂鬱藥物治療人們的憂鬱症狀時，在服藥的最初階段，人們主觀上其實並沒有明顯的感受，在服藥數週之後，人們的主觀感受才會發生明顯變化，感覺會變得更加良好，這個過程就是藥物的起效過程。而這個起效過程中的一個充滿戲劇性的變化就是，在當人們罹患憂鬱症的時候，他們整個的世界觀都是悲觀和灰色的；而在服藥一段時間之後，當藥物開始發揮作用時，即使這個人所處的客觀環境沒有發生任何變化，也沒有心理專家替他做心理治療或疏導，他自身也沒有因為某種際遇而突然對自己的人生有某種感悟，但這個人的世界觀、人生觀也會因此變得積極樂觀起來。對於這種明顯的變化，許多人似乎都把它歸功於藥物的神奇療效。在這項研究中還有一個有趣的地方是，研究者同時追蹤了人們在服藥期間的大腦變化，結果發現：當人們的主觀感受變得良好的時候，恰恰就是海馬結構中的神經元因藥物的作用開始增長的時候。也就是說，藥物之所以會

讓人在主觀上明顯地感到自己變得耳聰目明、頭腦靈活、記憶力和創造力增加並變得更加積極、更加樂觀，這一切很有可能都要歸功於或至少是部分地歸功於藥物讓個體的海馬功能變得更加強大了。

這些受試者在堅持太極訓練5個月之後，大腦中海馬迴的神經元數量開始增加，而這種變化會帶來種種良好的積極體驗和感受，讓受試者感覺神清氣爽並充滿創意。因此，受試者就願意堅持下去，即使沒有外在要求他們這樣做，他們也仍然會堅持太極訓練，有的受試者甚至借此養成了畢生都堅持太極訓練的良好習慣。這種堅持不但使身體受益，而且使他們的心理（心智）更加健康、更加積極。

憂鬱、焦慮和睡眠障礙已經是現代人的高發病症，幾乎每個人的朋友圈中都會有一兩個人出現憂鬱的狀況，有些人甚至嚴重到無法正常生活。身為從事心理學工作的研究者，經常有某個朋友或某個朋友的孩子無法正常上班，或者無法正常上學，好像得了憂鬱症，聯絡我能否幫忙進行心理諮詢，或者推薦心理諮詢專家等。

在這種背景下，前幾年某房地產公司前總裁M先生的跑步治療憂鬱症的勵志故事，在網路上廣為傳播，這也使得跑步治癒憂鬱的功效被一部分民眾熟知。不同於上述提到的太極訓練，跑步對普通人而言，其實是更不容易堅持的一項體育鍛鍊活動。從M先生的自述中，很容易理解他身為房地產高速發展時期的高管，因為工作和生活方式而患有憂鬱和焦慮等問題。M先生的工作壓力不僅有公司內部管理和銷售上的壓力，也有公司的外部壓力，如需要與政府、業主、房地產項目各部門廣泛接觸和溝通，事情具有不確定性，沒有可以遵循的可控規律，並且需要投入全部的精力和體力，工作時間長，工作內容也繁複，這些複雜的壓力都對M先生的身心造成了一定的影響。通常，身為大公司高管，他會比一般人具有更好的抗壓能力，不然也不會超越他人升到副總裁位置。但事實上任何人在壓力之後身體免疫力都會下

降，只是不同的人下降程度不同而已，高壓之下每個人的身體都會出現一些小的症狀，如感冒和各種疼痛病症。如果我們不能好好放鬆，也沒有足夠的休息和康復時間，身體就會一直處於疲勞和亞健康狀態。

這種狀況不需要持續很長時間，負面情緒、睡眠問題、焦慮和更為嚴重的憂鬱症就會隨之而來。M先生曾嘗試透過讀書、寫作等方法來使自己有所好轉，也接受了精神和心理方面的治療，服用針對症狀的相應藥物等，但這些方法都沒有調動或不足以調動M先生的腦內多巴胺系統，因而對於其所患的嚴重憂鬱症狀效果並不顯著。

此後，M先生嘗試跑步，從幾百公尺然後到幾公里，最後一發不可收拾地跑半程馬拉松以至全程馬拉松，成為馬拉松的愛好者和推廣者。M先生經過幾年的堅持，不需要再吃抗憂鬱藥，而且憂鬱症消失了，睡眠問題也解決了，重新獲得了健康快樂。M先生自述，他在跑的過程中體驗到的是滿滿的快樂，跑步對他而言是一種享受和放鬆，一切煩惱都消失了。馬拉松和跑步成為M先生生活中最不可缺少的活動，以至他對跑步上癮了。在這個故事中，有兩個不可或缺的細節值得關注。

第一個細節是M先生參加跑步的最初的3個月極其重要，只有熬過前3個月並一直堅持練習，最終才能愛上跑步，並將跑步鍛鍊內化為自己內心深處的需求。M先生第一個月開始跑步時，是在外在壓力下進行的，是在朋友、專業跑步人員以及身邊工作人員的監督和陪跑下堅持下來的，否則對於一個厭惡跑步的人來說，他是會找各種理由不去跑步的。當他不願出門跑步時，有助手強拉他出門；當他堅持不下來時，有專業人士在旁邊進行指導和鼓勵。當然，除了旁人的幫助，個人的努力和堅持也是至關重要的。

第二個細節是M先生的性格具有堅持性和毅力等特點。他之前有長達10年之久的冬泳愛好，他把這種堅持性和毅力遷移到了跑步上，最終堅持了下來。當然，對個體而言，找到適合自己的運動和鍛鍊方式很重要。跑

步相對冬泳、讀書、寫作，活動強度更大，同時具有更高的自我控制和自我調節性，跑步能夠隨時進行，可以不受周圍環境以及個體所處情境的影響，也就是說，跑步能夠更為有效地激活 M 先生腦內的多巴胺，成為治癒憂鬱的良藥。

運動促進人心理健康的關鍵在於堅持性，如何才能提升一個人參與運動的堅持性呢？心理學透過精巧的實驗設計，在推動青少年提升體育運動堅持性方面取得了一定的成效。在研究中，研究者將180名高一學生隨機分成三組，每組60人，每組接受不同的激勵，研究者要求受試者堅持完成運動目標。以平板支撐為例，三種不同的激勵方式如下：

- 精細目標實驗組要求受試者做一組平板支撐動作，經測算，能達到最佳標準的時間為116秒，請盡可能堅持。
- 粗略目標實驗組要求受試者做一組平板支撐動作，經測算，能達到最佳標準的時間為110秒，請盡可能堅持。
- 控制組不設目標，只簡單要求受試者做一組平板支撐動作，請盡可能堅持。

之後所有受試者均評價了自己的目標清晰度和目標堅持度，然後比較三組受試者的運動成績提升比，即與個體原來的基線相比提升的成績比率。結果發現精細目標實驗組的目標清晰度、目標堅持度和運動成績提升比均顯著高於粗略目標實驗組和控制組，而粗略目標實驗組又均顯著高於控制組。這一研究結果表明，目標制定越精細到某個具體數值，受試者對任務的認知越深入，相應的提升程度越高，對目標的認知也越清晰，個體從目標中獲得堅持的鼓勵度也越高，這些最終對於受試者運動成績提升的效果也越加顯著。這意味著精細目標設置可以作為一種提升青少年參與運動堅持性的干預措施，這種干預能夠幫助他們更為準確地認清目標，獲得堅持下去的動力，進而達成運動目標，最終提升其身心健康。

## 二、運動促進個體身心健康的其他影響因素

　　運動能夠提升和促進快樂，除了上述提到的積極影響因素之外，也存在著某些消極影響因素（即起阻礙作用），在生活中如果能消除某些消極影響因素，這種做法在一定意義上也會造成積極的正向作用。在國外已有的、關注青少年和一般民眾以運動促進身心健康的研究中，主要提到了社會和環境因素、父母的社會經濟地位在其中的作用。

　　從社會和環境因素以及社會經濟地位對自我心理健康和身體健康的影響來看，國外的研究發現，非白人婦女以及社會經濟地位低的群體，其體育運動程度相比其他群體低，在身心健康上的表現也較差。國外的研究發現，父母的社會經濟地位影響了青少年的身體健康、體育休閒運動鍛鍊的頻率、心理健康。父母社會經濟地位較低的家庭，家庭收入低，只能用於家庭日常生活開銷，不可能將金錢過多投入到孩子的體育運動活動中，同時父母也沒有多餘的時間用於自己的運動或者陪伴孩子運動，這也勢必影響到孩子在體育休閒運動上投入的精力和時間。從總體和統計上看，低社會經濟地位父母的孩子運動能力較差。在之前提到的跑步治癒憂鬱的例子中，也能看到經濟在其中的作用，經濟不富裕家庭的憂鬱症患者相比富裕家庭，肯定會缺少經濟和精神上的支持。

　　青少年的身體素質連年下降，各項身體機能，如力量、耐力和爆發力等一直呈現下降趨勢，這已經成為必須引起重視的問題。從國家層面而言，需要在社會政策方面給予支持，幫助不論是來自富裕還是來自貧困家庭的孩子，讓所有孩子都能獲得平等的機會，利用學校和社會力量，提升青少年體育活動的堅持性，從而提高青少年的運動程度和身體素質，最終獲得身心健康。

# 因為生活充滿 OOXX，所以需要「樂觀商數」的心理學：

## 多比效應 × 習得性失助 × 積極體驗，現在起提升「樂商」，哪怕沒有贏在智商跟情商！

作　　者：任俊，應小萍
發 行 人：黃振庭
出 版 者：崧燁文化事業有限公司
發 行 者：崧燁文化事業有限公司
E - m a i l：sonbookservice@gmail.com
粉 絲 頁：https://www.facebook.com/
　　　　　sonbookss/
網　　址：https://sonbook.net/
地　　址：台北市中正區重慶南路一段六十一號八
　　　　　樓 815 室
Rm. 815, 8F., No.61, Sec. 1, Chongqing S. Rd.,
Zhongzheng Dist., Taipei City 100, Taiwan

電　　話：(02)2370-3310
傳　　真：(02)2388-1990
印　　刷：京峯數位服務有限公司
律師顧問：廣華律師事務所 張珮琦律師

國家圖書館出版品預行編目資料

因為生活充滿 OOXX，所以需要「樂觀商數」的心理學：多比效應 × 習得性失助 × 積極體驗，現在起提升「樂商」，哪怕沒有贏在智商跟情商！ / 任俊，應小萍 著 .-- 第一版 .-- 臺北市：崧燁文化事業有限公司 , 2023.08
面；　公分
POD 版
ISBN 978-626-357-573-8( 平裝 )
1.CST: 成功法 2.CST: 情緒商數
177.2　　112012791

### 版權聲明

定　　價：475 元
發行日期：2023 年 08 月第一版
◎本書以 POD 印製
Design Assets from Freepik.com

電子書購買

臉書